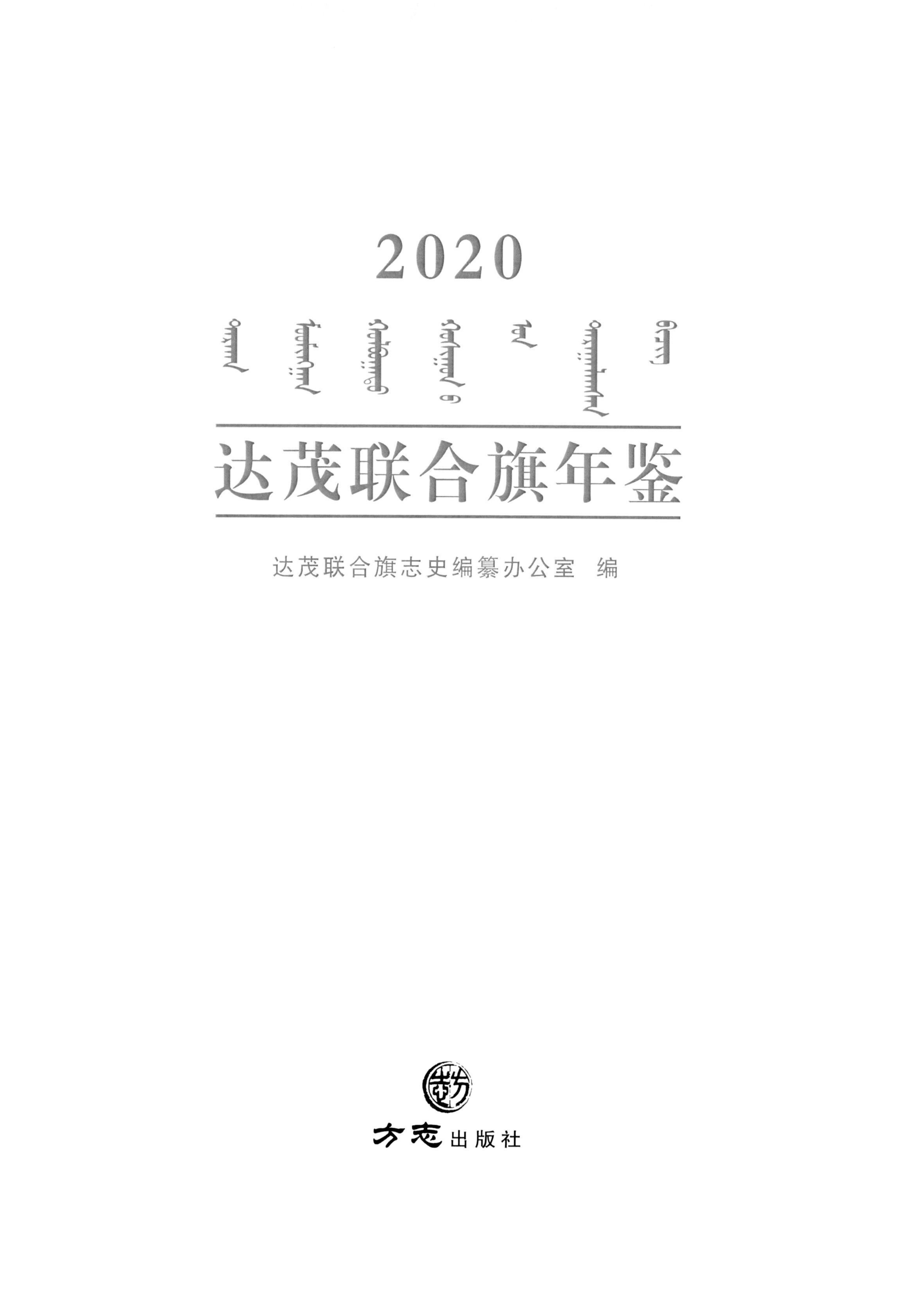

2020

达茂联合旗年鉴

达茂联合旗志史编纂办公室　编

方志出版社

图书在版编目(CIP)数据

达茂联合旗年鉴. 2020 / 达茂联合旗志史编纂办公室编. -- 北京:方志出版社, 2020.12
ISBN 978-7-5144-4683-8

Ⅰ. ①达… Ⅱ. ①达… Ⅲ. ①达尔罕茂明安联合旗 - 2020 - 年鉴 Ⅳ. ①Z522.64

中国版本图书馆 CIP 数据核字(2021)第 141247 号

达茂联合旗年鉴(2020)

编　　者: 达茂联合旗志史编纂办公室
责任编辑: 黄　彦
出 版 者: 方志出版社
地址　北京市朝阳区潘家园东里 9 号(国家方志馆 4 层)
邮编　100021
网址　http://www.zgfzcb.cn
发　　行: 方志出版社图书经销中心
电话(010)67110500
经　　销: 各地新华书店
印　　刷: 包头市京精彩色印务有限责任公司
开　　本: 889 × 1194　1/16
印　　张: 20.4
字　　数: 422 千
版　　次: 2020 年 12 月第 1 版　　2020 年 12 月第 1 次印刷
印　　数: 001 ~ 300 册
ISBN 978-7-5144-4683-8　　定价: 180.00 元

《达茂联合旗年鉴（2020）》编纂委员会

主　　任　雪　松

　　　　　刘海泉

副 主 任　王利军

委　　员　杨志敏　贾智源　冯俊飞　冯国成　王宏伟　吕丽娜

主　　编　王宏伟

编　　委　樊瑞祥　李晨辉　包　妍　付晓颖　谢　安　甘地戈

　　　　　姜　哲　陈福佳　张璟旭　郭晓宇　杨　浩　张敏慧

　　　　　靳旭超　韩晓宇　李岩峰　赵彦泽　任虹霞　道日娜

　　　　　牧　仁　李　喆　刘宇星　郝永乐　皇宇璇　杨　帆

　　　　　乌达巴拉　于阿木古楞

美　　编　古麦平面设计工作室

编辑说明

一、《达茂联合旗年鉴(2020)》坚持以马克思列宁主义、毛泽东思想、邓小平理论、“三个代表”重要思想、科学发展观、习近平新时代中国特色社会主义思想为指导,坚持辩证唯物主义和历史唯物主义的立场、观点和方法,记载达茂联合旗2019年度自然、政治、经济、文化、社会等各个方面发展情况,力求达到存史资治的作用。

二、《达茂联合旗年鉴(2020)》共设特载、达茂联合旗概览、大事记、中国共产党达茂联合旗委员会、达茂联合旗人民代表大会、达茂联合旗人民政府、中国人民政治协商会议达茂联合旗委员会、纪律检查委员会、监察委员会、军事、法治、群众团体、综合经济管理、财政税务金融保险、农村牧区经济、工业与园区建设、商贸流通、城乡建设、环境和生态保护、交通运输、信息通信、教育、文化旅游体育融媒体建设、医疗卫生、民政管理民族事务、人力资源和社会保障、苏木乡镇等类目。

三、记录时限为2019年1月1日至12月31日,收录资料的地域范围为达茂联合旗行政区域。

四、《达茂联合旗年鉴(2020)》所载内容均由达茂联合旗旗属和驻旗各机关、企事业单位、社会团体提供。

目 录

教　育

综述

中学教育

小学教育

医疗卫生

达尔汗苏木

查干哈达苏木

巴音敖包苏木

特 载

在旗委十三届十二次全会暨全旗经济工作会议上的讲话

旗委书记　雪　松

（2019 年 1 月 17 日）

这次会议的主要任务是以习近平新时代中国特色社会主义思想为指导，深入学习党的十九大和十九届二中、三中全会精神，认真学习贯彻中央经济工作会议、自治区党委十届八次全会暨全区经济工作会议和包头市委十二届八次全会暨全市经济工作会议精神，报告旗委常委会 2018 年工作，安排部署今年全旗经济工作。

一、旗委常委会一年来的工作

2018 年，旗委团结带领全旗各族干部群众，深入学习贯彻习近平新时代中国特色社会主义思想和党的十九大精神，严格按照自治区党委和包头市委的部署要求，迎难而上、真抓实干，全旗经济社会各项事业持续健康发展。预计城镇和农村牧区常住居民人均可支配收入分别增长 7.5% 和 9%，一般公共预算收入完成 5.71 亿元。

这一年，我们坚持不忘初心、牢记使命，确保各项工作沿着正确方向前进。始终把政治建设摆在首位。旗委常委会牢固树立“四个意识”，带头学习贯彻党的十九大和十九届二中、三中全会精神，组织集体学习 22 次、中心组学习 14 次，自身建设水平不断提升。坚决执行党中央重大决策部署。始终把三大攻坚战、经济高质量发展、全面从严治党等党中央明确的重点工作，摆在全局工作突出位置，强化研究部署、督查推进，用实际行动践行“两个维护”。充分发挥领导核心作用。支持人大、政协依法依章履行职责，人大监督、政协参政议政作用明显增强。切实履行党管武装职责，支持驻旗部队改革，旗民兵应急连在包头军分区集中点验检查考核中获得全市第二名。发挥统一战线优势，集聚各方力量服务发展大局。稳步推进工青妇改革，圆满完成共青团、总工会换届任务。

这一年，我们坚持凝心聚力、同向发

力,三大攻坚战取得良好开局。有效防范化解重大风险。通过预算安排、土地出让、争取上级资金、审价核减等手段,累计化债18.85亿元,其中“十个全覆盖”10项工程欠款7.46亿元全部化解;做好民生投入、农民工工资支付保障等工作,守住不发生系统性风险的底线。强力推进精准脱贫攻坚。突出精准要义,标注、清退582户1475人;全面落实“五个一批”措施,年内实现脱贫145户318人,完成年度目标的159%;82个单位658名领导干部结对帮扶,切实发挥驻村干部作用,扶贫责任体系进一步夯实;扎实推进扶贫领域作风建设,强化扶贫资金监管,各级督查反馈问题得到有效整改。全力开展污染防治工作。实施新达茂稀土废水处理资源化利用、原黑脑包废矿渣堆场治理、富磊热力脱硫等7个综合治理项目;生产矿山地质环境治理率达到100%,经验做法得到自治区肯定和推广;中央环保督察反馈涉及我旗12项问题完成整改11项,中央环保督察“回头看”转办我旗18件问题全部整改完毕。

这一年,我们坚持转型发展、优化提升,优势产业进一步做大做强。工业经济稳中向好。实施亿元以上重大项目88个,完成投资44.4亿元,建成巴润工业园区120万吨铁精粉输送管道;主要工业产品产量持续增长,铁精粉、熟石灰和水泥熟料产量分别增长4.8%、31%和33.7%,工业用电量增长29.2%,规模以上工业企业总产值预计同比增长7%;清洁能源并网总规模达到341万千瓦,年内累计发电63.2亿千瓦时、实现产值34.4亿元,分别增长23.2%、22.4%。农牧业发展提质增效。坚持把保护环境作为前提,全面推进“两区划定”,新增灌溉面积5.4万亩,农业生产基础进一步夯实;积极与小尾羊公司对接,探索发展家庭牧场、舍饲圈养模式下的现代畜牧业;实施品牌战略,建立农牧业追溯平台,申报无公害、绿色、有机食品企业27家101个单品,注册农畜产品商标达到87件。三产服务业稳步推进。创建国家全域旅游示范区通过自治区初审验收;全年接待游客261.4万人次、实现旅游收入18.4亿元,分别增长12.9%、22%;建成我旗首家跨境电子商务线下体验店,培育重点电商企业3家,商贸服务规模逐步扩大。

这一年,我们坚持夯实基础、统筹推进,城乡一体化发展水平显著提升。城乡基础设施逐步完善。加快推进“多规合一”,基础地理信息平台建设取得重大进展;希拉穆仁至百灵庙一级公路实现双幅通车,国道210线、331线及旅游公路项目共完成路基353.7公里、路面214.7公里;创建自治区“四好农村路”示范旗,规划实施农村公路项目18个、总里程105.6公里;百灵通用机场建设工程竣工验收并完成校验飞行;实施配电网建设工程,建成500千伏输变电站,改善了山北地区网架结构,打通了近40个清洁能源企业、

400 万千瓦容量清洁能源外送瓶颈，基础保障能力全面提升。百灵庙镇建设提档升级。新铺设城镇供水管网管道 22.6 公里、燃气管网 10 公里，新增绿化 10 万平方米，完成二期棚改回迁安置和 438 套公租房分配任务；24 个住宅小区、108 万平方米实施物业管理，较上年增加 31 万平方米。农村牧区建设有序推进。建成牧区水窖 1587 个，完成 1808 户房屋安全性鉴定；实施农村牧区人居环境三年整治行动，认真做好建制镇市政基础设施维修维护，加强村容村貌整治，全面清理整顿城乡私搭乱建、乱堆乱放等行为，实现管理规范化、长效化运行。

这一年，我们坚持综合施策、源头防治，生态环境质量持续好转。草原生态保护不断加强。严格落实新一轮草原生态补奖政策，强化禁牧管护，加大非法征占用草原惩处力度，加强巴音杭盖自然保护区保护建设；建成百灵庙西出口山体复绿与生态修复、天然草地改良和人工草地建植等项目，改良天然草地 5 万亩，山体复绿 3300 亩，植被盖度达到 27%。林业生态建设积极推进。实施京津风沙源治理、退耕还林还草、重点区域绿化等工程，完成封山育林 9 万亩、人工造林 2 万亩、义务植树 30.5 万株；发展林下经济和林带间种植中药材等经济作物 2000 亩，落实柠条平茬项目 3 万亩，有效带动林业产业发展和农牧民增收。生态环境治理初见成效。推进河湖长制，建立旗、苏木乡镇、嘎查村三级河湖长体系；实施沙源二期、小流域治理和塔尔洪河河道治理工程，种植水保生态林 565 公顷，治理水土流失面积 65 平方公里、河道 6.6 公里，水面面积达到 66.5 平方公里。

这一年，我们坚持动真碰硬、攻坚克难，改革开放力度不断加大。深化改革顺利推进。全年实施 12 个领域 105 项改革任务，出台改革成果 142 项；加快推动“最多跑一次”改革，完成法制事项梳理，加快实施“一口受理”“一网通办”，达茂旗信用平台正式入驻市民大厅；统筹开展农村牧区集体产权制度改革，基本完成土地、草牧场确权工作，土地流转面积达到 23 万亩；深化商事制度改革，发放“多证合一、一照一码”营业执照 611 户，营商环境更加优化。口岸建设成效明显。海关保税仓库完成主体和道路硬化，完成 1 号仓储大棚整改，推动 2 号大棚竣工投用，3 号大棚主体完工，进口肉类指定口岸项目竣工并通过预验收；积极申报满都拉国家铁路口岸，珠恩巴音至杭吉口岸铁路通过蒙古国议会批准，塔温陶勒盖至杭吉口岸矿运公路取得蒙方同意建设意见；口岸进出口货物首次突破 300 万吨，达到 312.2 万吨，增长 38.1%，贸易总额达到 16.2 亿元，增长 38.5%，保持快速增长势头。交流合作不断加强。实施招商引资“旗长工程”，全年签约口岸开发、新能源等重大项目 20 个，引进国内（区外）资金 12 亿元；加强对蒙合作交流，成功举办中国蒙古国研究会2018年年会暨学术研讨会。

这一年，我们坚持以人为本、改善民生，公共服务水平明显提升。促进就业创业发展。推行定向、订单式培训，成功举办“春风行动”、就业援助月、专项招聘等活动，城镇新增就业1516人，农牧民转移就业22764人；完成创业培训566人，发放创业担保贷款3208万元，保持零就业家庭动态清零。织密社会保障网络。城乡居民社会养老保险实现参保全覆盖，特困人员、城镇“三无”人员、受灾群众救助金全部发放到位，各项社会保险累计征缴基金1.5亿元，支出2亿元。实施教育提升行动。投入500多万元改善基层学校办学条件；与青山区8所中小学开展结对共建，百灵庙中学与包钢五中深度合作办学；中考重点升学率和人数均实现翻倍。推进健康达茂建设。深化公立医院改革，实现优质医疗资源上下互通，推进公共卫生服务均等化；1所基层卫生院业务用房建设项目获自治区批复，建成卫生监督综合大楼，蒙医医院整体搬迁并投入使用。加快文体事业发展。成功举办第六届游牧文化旅游节，开展丰富多样的群众性文化活动；完成12个广播电视发射台标准化建设，安装户户通2000套；乌兰牧骑结合十九大精神创作楚拉嘎好来宝、歌曲、二人台等节目，送戏送电影下乡1100场。

这一年，我们坚持守望相助、团结奋斗，社会大局保持和谐稳定。成功迎战“7·19”洪灾。认真落实习近平总书记关于防汛抢险救灾工作重要指示精神，建立干部三级包联制度，24小时巡防值守重要河段，有效保障人民群众生命安全。全力组织灾后重建，强化防灾减灾应急保障，受灾群众实现温暖过冬、安全过冬。扫黑除恶专项斗争强力推进。及时成立领导小组，抽调业务骨干组成工作专班，实体化运作，制定出台信息报送、联席会议等21项制度，完成市委扫黑除恶工作专项巡察、督导整改；摸排涉黑涉恶案件线索40条，打掉恶势力团伙4个，全市首例恶势力犯罪案件在旗人民法院公开开庭审理并宣判。信访矛盾问题妥善化解。开展信访矛盾化解“四个攻坚战”、社会矛盾纠纷排查化解专项行动，抓好网上信访工作，切实解决信访突出问题，接待群众来访167批1455人，信访批次和人次分别下降12.6%和20.1%。安全生产工作平稳有序。落实安全生产工作责任制，认真开展隐患排查，加强道路交通、非煤矿山、危险化学品、建筑施工、食品药品等重点领域监管，消除安全生产隐患点737个。民族团结进步成果不断巩固。实施兴边富民行动，开展民族团结进步教育，引导干部群众向全国优秀共产党员潘志荣、戍边牧民阿迪雅等先进典型学习；开展宗教领域问题隐患排查整改，扎实做好新形势下宗教工作。

这一年，我们坚持聚焦主责、抓好主业，党的建设得到全面加强。思想政治建设不断深化。深入学习习近平新时代中国特色社会主义思想和党的十九大精神，认真开展发展观政绩观教育，扎实开展“作风建设年”活动，组织集中宣讲640场（次），发放蒙汉文学习资料1.8万余册，实现党员干部学习教育全覆盖。全面落实意识形态工作责任，完成属地内87个网宣平台的登记备案。基层基础保障坚强有力。健全完善“135”边疆口岸区域化党建模式，开展光伏项目集体经济试点，持续推进嘎查村集体经济“清零递增”，圆满完成嘎查村（社区）“两委”换届选举工作，城市基层党建工作稳步推进。干部教育管理从严从实。创新建立旗级领导包联苏木乡镇工作机制，推动领导干部深入基层抓工作落实；实施干部素质提升工程，举办“周五大讲堂”10期，培训科级干部2400多人次；建立科级干部个人重大事项报告监督档案，开展“吃空饷”“违规兼职”等问题排查；及时更新科级后备干部库，全年引进各类人才195人。党风廉政建设持续推进。深入开展专项治理、专项巡察和集中整治等，共处置问题线索332件，立案94件，组织处理61人，给予党纪政务处分63人。运用监督执纪“四种形态”处理187人次，其中运用第一种形态处理123人次，占处理总人次的65.8%；深化国家监察体制改革试点工作，赋予派驻机构监察职能，向12个苏木乡镇派出监察办公室，基本实现对所有行使公权力的公职人员监察全覆盖。

一年来，我们积极应对国内外各种机遇和挑战，经济社会保持良好发展态势。包头市可再生能源综合应用示范区获国家能源局批复、融媒体中心被中宣部确定为全国县级媒体融合发展改革试点、国家健康促进旗通过验收、明安青少年德育基地被命名为全国中小学生研学实践教育基地、达茂旗学生资助管理中心被授予全国学生资助工作“推荐学习单位”。我旗被授予自治区慢性病综合防控示范区、乌兰牧骑被评为自治区“一类乌兰牧骑”、黄花滩绿色食品产业园区被评为自治区级农牧业产业化园区、达尔汗苏木被评为自治区爱民固边模范苏木乡镇、石宝镇湾尔图新村获批自治区新农村新牧区示范嘎查村。

成绩来之不易，奋斗充满艰辛。这些成绩的取得，得益于我们始终坚定理想信念，时刻以习近平新时代中国特色社会主义思想为指导，牢记使命担当，结合达茂旗实际落实新发展理念。得益于我们始终强化理论学习，准确把握党中央、自治区党委和包头市委的决策部署，抓住主要矛盾，科学施策，精准发力，细之又细地抓好落实。得益于我们始终牢记宗旨意识，坚守让全旗人民过上好日子的理念，把群众的事当成最大的事，切实解决群众最关心的产业发展、增收致富、扫黑除恶等问题，提升群众的幸福指数。得益于我们始终发扬实干精神，紧盯重大风险防范化解、精准脱贫、污染防治等目标任务，全身心投入，一步一个脚印做好本职工作。得益于我们始终保持团结奋斗,上下同向、勠力同心,面对困难挑战,心往一处想,劲往一处使,凝聚起干事创业的强大合力。

这些成绩的取得,是党中央、自治区党委和包头市委正确领导的结果,是全旗各级党组织和广大干部群众共同奋斗的结果。在此,我代表旗委常委会,向所有为达茂旗建设发展作出贡献的同志们、朋友们,表示衷心的感谢并致以崇高的敬意!

在肯定成绩的同时,我们也要清醒地认识到,工作中还存在一些问题和不足。一是随着政府投资项目减少,重点项目投资明显低于去年同期,在建项目结构不合理,拉动经济增长的产业性项目较少。二是财政刚性支出增加使得财政压力明显加剧,未脱贫人口后续脱贫难度较大,推进生态恢复治理仍需付出艰苦努力,三大攻坚战任务艰巨。三是工业经济转型进展不明显,农牧业组织化程度不高,旅游市场管理体系不够完善,商贸和金融服务业层次较低,产业结构优化压力较大。四是电力、通信、交通等基础设施建设欠账较多,教育、医疗、文化等公共服务质量不高,社会民生领域存在短板。五是干部学习创新能力不足,学历、年龄梯次结构不合理,年轻干部培养有待加强。六是营商环境还不够优化,项目审批流程有待进一步便利化,招商队伍专业性不强、招商项目储备不足。这些问题需要我们深入研究、切实加以解决。

二、全面完成今年经济工作各项重点任务

今年是中华人民共和国成立70周年,是全面建成小康社会的关键之年。在中央经济工作会议上,习近平总书记指出了我国发展面临的5个新机遇,进一步坚定了我们抢抓机遇、加快发展的信心和决心。在全区经济工作会议上,自治区党委从中央较大幅度增加地方政府专项债券规模、加快实施一批补短板增后劲的重点项目、完善支持西部发展的政策措施、重视能源经济发展等8个方面列举了全区发展面临的宝贵机遇和利好因素,这些机遇同样是我们推动高质量发展的现实机遇。在全市经济工作会议上,市委用“七个坚持”总结了抓经济工作的经验成效,对今年的经济工作作出具体安排部署,为我们开展工作提供了重要指导。全旗上下要深刻认识我旗经济面临的新形势新任务,进一步坚定发展信心,抓住用好各种机遇,积极主动作为,努力推动高质量发展。

中央提出,今年经济工作的总体要求是:以习近平新时代中国特色社会主义思想为指导,全面贯彻党的十九大和十九届二中、三中全会精神,统筹推进“五位一体”总体布局,协调推进“四个全面”战略布局,坚持稳中求进工作总基调,坚持新发展理念,坚持推动高质量发展,坚持以供给侧结构性改革为主线,坚持深化市场化改革、扩大高水平开放,加快建设现代化经济体系,继续打好三大攻坚战，着力激发微观主体活力，创新和完善宏观调控，统筹推进稳增长、促改革、调结构、惠民生、防风险工作，保持经济运行在合理区间，进一步稳就业、稳金融、稳外贸、稳外资、稳投资、稳预期，提振市场信心，增强人民群众获得感、幸福感、安全感，保持经济持续健康发展和社会大局稳定，为全面建成小康社会收官打下决定性基础，以优异成绩庆祝中华人民共和国成立70周年。

围绕落实中央、自治区、包头市经济工作会议精神，围绕落实稳预期要求，结合我旗实际，确定今年经济发展的主要预期目标是：地区生产总值增长6.5%左右，城乡常住居民人均可支配收入分别增长8%和9%左右，城镇登记失业率控制在3.9%以内。

做好今年的经济工作，要以习近平新时代中国特色社会主义思想为指导，按照中央关于今年经济工作总体要求，贯彻新发展理念，坚持稳中求进工作总基调，落实“巩固、增强、提升、畅通”八字方针，着力提高施策发力的精准度，在打赢三大攻坚战上实现新突破；着力提高经济运行的稳健度，在推动高质量发展上实现新突破；着力提高区域经济的开放度，在全面深化改革开放上实现新突破；着力提高人民群众的幸福度，在社会治理能力现代化上实现新突破。重点抓好以下工作。

（一）聚焦重大决策落实，在打赢三大攻坚战上实现新突破。打赢防范化解重大风险、精准脱贫、污染防治攻坚战，是全面建成小康社会必须跨越的关口。要提高政治站位，聚焦工作重点和目标任务，确保中央重大决策部署落实落地。

一要打好防范化解重大风险攻坚战。全力化解政府债务。严格执行化债管理规划，盘活公共文化服务中心、闲置土地等国有资产，统筹考虑、积极稳妥化解政府性债务，确保完成年度化债目标。坚决遏制新增债务，严控政府投资项目、政府投资基金准入等债务增量，逐步消除地方隐性债务风险。有效化解金融风险。坚持稳金融，强化对小额信贷、金融担保等领域监管，深入推进金融信贷矛盾纠纷排查化解等专项行动，结合扫黑除恶工作，重拳打击变相套贷等农村牧区高利贷问题，加大工作力度，加强正面引导，做好支农惠农贷款等金融知识普及工作，坚决整治金融乱象。强化财税支撑作用。积极培植财源，设立专项资金项目库，提高入库项目质量，加大专项资金争取力度，优化财政资金配置，做好保工资、保运转、保基本民生等工作。加快财政管理体制改革，规范基层财政所运转，依法管理、依规记账，探索实行代理记账，推动基层财政工作科学化、规范化运行。加强财政资金投入绩效评价，全面推广使用公务卡，建立债务定期报告、风险预警应急处理等制度，确保不发生系统性金融风险。

二要打好精准脱贫攻坚战。突出产业带动。完善扶贫产业项目库，依托本地特色资源优势,发展光伏、乡村旅游、电商等扶贫新业态,推广天创黄芪、小尾羊、金杰光伏等龙头企业扶贫模式,稳定入股分红、订单合作、劳务用工等利益联结,提升贫困户抵御风险能力。坚持精准施策。继续深入摸排致贫原因,找准病根,因人因户落实“五个一批”帮扶措施,综合实施基本医保、大病保险、医疗救助等健康扶贫政策,开展贫困人口创业就业培训,解决“两不愁三保障”面临的突出问题,完成123户247人脱贫目标,确保全面脱贫。保持帮扶建档立卡贫困人口的连续性和稳定性,积极争取上级政策支持,有效解决“边缘户”问题,防止返贫和产生新的贫困。全面加强管理。层层压实扶贫工作责任,加强驻村干部管理,提升帮扶实效。结合中央、自治区、包头市反馈的资金管理使用、贫困识别退出、小额信贷逾期等问题,深入研究脱贫各环节、各细节工作,举一反三推进脱贫攻坚领域问题整改,提高工作精细化水平。

三要打好污染防治攻坚战。坚决贯彻习近平生态文明思想。落实主体环境功能区定位,划定并严守生态保护红线、环境质量底线、资源利用上线和环境准入负面清单,加快基础地理信息平台建设,推动实施“多规合一”,构筑祖国北疆绿色万里长城。全力打赢蓝天碧水净土保卫战。严格落实“大气十条”“水十条”“土十条”,解决突出环境问题,如期完成中央环保督察反馈问题整改。推进宝鑫特钢等重点工业企业低排放改造,确保全旗空气质量优良天数达到329天以上。实施污水处理厂中水回用、艾不盖河流域污染整治等工程,消除建成区黑臭水体。加强工业固废违规倾倒专项整治、工业园区固废渣场建设管理,推进绿色矿山建设,提高土壤环境质量。统筹山水林田湖草生命共同体建设。实施新一轮退耕还林还草、京津风沙源治理等工程,森林覆盖率达到14.8%。开展河湖划界确权,落实“一河(湖)一策”治理举措,健全完善水治理长效体系。严格落实草原生态保护补奖政策,推动自然保护区内矿业权依法有序退出,加大非法占用草原打击力度,实现山水林田湖草一体化生态保护和修复。

(二)聚焦发展第一要务,在经济高质量发展上实现新突破。推动经济高质量发展,要全力以赴抓项目、抓投资、抓服务、抓环境,实现经济规模、质量和效益同步提升。

一要以转型升级为主线,不断优化产业结构。坚持以供给侧结构性改革为主线,加快转变粗放型资源开发模式,调整优化产业结构。推动传统产业转型升级。紧抓《包头市稀土产业发展行动计划(2018—2020)》出台机遇,引导聚丰稀土、新达茂稀土等企业实施技改升级,推动稀土前端产品、富钾板岩、铌钪等资源深加工,提高资源综合利用率。推进石宝铁矿等企业与包钢等国内大型企业战略性合作,鼓励新上项目优先采购本地产品,促

进企业合作共赢。推动新兴产业培育壮大。立足资源"高地",依托获批可再生能源综合应用示范区,争取增量配电业务试点政策,形成能源价格使用"洼地"。加快建设特高压直流输电外送通道、风电运维服务中心等,推动清洁能源就地消纳,新增并网发电20万千瓦以上。用好用活自治区颁布的《国家重点生态功能区产业准入负面清单(试行)》,鼓励支持市场主体集约、高效、有序发展符合主体功能定位的适宜产业,帮助解决20万吨氟化铝项目前期手续办理问题,确保项目年内开工。推动非资源型产业加快发展。围绕创建国家全域旅游示范区验收,加快希拉穆仁景区公众服务平台建设,建设花海三期等项目,推动希拉穆仁景区公司化经营。强化宣传推广、管理服务,探索开发蒙医药疗养、低空旅游等产业,提升旅游产品品质。盘活百灵那达慕文化产业园、演艺中心资源,通过市场化模式运营游牧文化旅游节。加快农村牧区电子商务发展,推广石宝镇"三个平台"的成功经验做法,搭建农畜产品网上销售平台,拓宽农牧民增收渠道。

二要以项目建设为抓手,做优做强实体经济。优先抓好项目建设。坚持稳投资,抓住国家实施积极财政政策的机遇,全力争取地方政府专项债券和一般债券,用好政府投资杠杆撬动作用,发挥民间投资主力军作用,多渠道筹措项目建设资金,多部门合力解决项目手续制约问题,力争年内重点项目完成投资70亿元以上。围绕满都拉口岸、巴润工业园区、千万千瓦风电基地建设,策划符合国家产业政策和自治区、包头市产业布局的稀土原材料深加工、氟化工等重大项目,增加二产、三产项目储备,深入研究,提升入库项目的针对性和可操作性。支持民营经济发展。落实好支持民营企业健康发展的各项政策措施,制定"一企一策"帮扶方案,做好存量企业管理服务,加强政策宣传与引导,搭建银企对接平台,解决企业发展资金不足问题,构建亲清新型政商关系,引导民营企业健康、有序发展,规模以上工业企业复工率达到80%以上。大力推进招商引资。实施招商引资"旗长工程",组建专业招商队伍,瞄准市场需求和企业定位开展精准招商,齐心协力、共同补齐招商短板。积极承接华北地区产业转移项目,引进增量企业,鼓励现有投资商增资、引资,提升招商工作水平,力争签约落地项目20个、协议投资100亿元以上。实施园区振兴计划。完成巴润工业园区调区工作,合理规划园区产业布局,加强工作衔接,构建协调有序的管理体系,推动园区健康发展。充分发挥比较优势,推动新上工业项目全部入驻园区,工业企业全部纳入园区服务管理,做大园区规模。转变建设理念,以市场化思维推进园区供排水、电力管网等基础设施建设,加快推进技术改造,提升园区综合承载能力,实现集中集约发展。

三要以乡村振兴为重点,促进群众增

收致富。打造专精特优现代农牧业。发挥土地、草场绿色资源优势,大力引进农牧业龙头企业,打造绿色有机农畜产品种养基地,以“企业(合作社)+基地+农户”模式,发展订单种植10万亩、订单养殖20万头(只)。扩大莜麦、红皮小麦等杂粮和特色经济作物种植规模,推动“达茂黄芪”注册地理标志证明商标,打造专精特优系列品牌,充分释放品牌效益,促进农牧业发展质量整体提升。新建黄芪深加工基地,完善黄花滩现代农牧业产业园区配套设施,发展特色种养、乡村旅游、休闲度假等产业新业态,打造特色鲜明的农牧业田园综合体。推动城乡融合发展。加快百灵庙镇城市化转型,统筹新城开发和旧城改造,实施老旧小区供热管网改造,推进镇区管道燃气使用,实现物业管理全覆盖。统筹规划棚改腾空区建设,适度增加城镇建设用地土地供应,提升城镇管理水平。完成乡村振兴战略五年规划、县域乡村建设规划编制,立足地区特色和产业优势,推动满都拉、希拉穆仁等建制镇创建特色小镇,用好管好“十个全覆盖”工程建成的各类设施,打造以百灵庙为中心、各建制镇为节点的现代城镇体系。优化城乡发展环境。突出抓好垃圾污水处理、厕所革命和村容村貌整治提升,在希拉穆仁、石宝建设生活污水处理厂,加快农村牧区卫生厕所改造,确保实现农村牧区人居环境集中整治行动目标。实施氟病区水质达标工程,新建输变电线路86.9公里,新增公路380公里,创建自治区“四好农村路”示范旗,改善农村牧区饮水、用电、出行条件。推动包满铁路、百灵通用机场尽快开通运营,推行电信普遍服务,增强发展保障能力。

(三)聚焦抢抓发展机遇,在全面深化改革开放上实现新突破。坚持改革不停顿、开放不止步,积极探索符合民族边境地区实际的改革举措,立足口岸优势全面扩大对外开放,开拓更好发展前景。

一要持续深化“放管服”改革,全面优化营商环境。加快政务服务标准化建设。实行政务服务事项清单管理制度,统一事项清单、办理标准和网上平台,统一制定并公开标准化办事指南,做到事项名称、编码、申请材料、办理流程、收费标准和承诺时限“六统一”,约束自由裁量权,实现“涉企收费进清单,清单之外不收费”,推动管理服务公开、透明、高效。推广“互联网+政务服务”模式。加快标准化网上政务服务平台建设,推动政务服务向“两微一端”延伸拓展,90%以上公共服务事项实现网上办理。落实国务院数据共享责任清单,打通信息壁垒,实现业务数据互联互通、信息共享,提高基层窗口工作效率。全力推进“简政放权”。加快“一网一门一次”改革,坚持一次性告知、一窗分类受理、一表申请等制度,推进跨部门跨领域联合审批,进一步压缩审批时限,努力做到企业和群众办事“只进一扇门”“最多跑一次”。实行投资项目会商调度机制和重大项目联席会议制度，推广招商项目全程代办服务模式，开辟园区项目审批绿色通道，最大限度利企便民。

二要加快重点领域改革，确保各项改革任务落实。全面完成机构改革。严格落实中央机构改革任务要求和自治区、包头市统一安排，牢牢把握时间节点，严肃纪律要求，统筹推进机构改革各环节工作，确保工作有效衔接、人员思想稳定，在3月底前完成机构改革任务。深入推进先行先试三项改革。完善龙头企业与农牧民利益联结机制，年内力争流转土地25万亩、草牧场200万亩，通过有偿转让、就近务工、土地入股等形式，带动农牧民持续增收。创新对蒙合作机制，借鉴希拉穆仁实景演出项目与蒙古国合作成功经验，把政府间外事交流、教育医疗合作等拓展到民间文化交流、企业经贸合作上，搭建对蒙交流平台，形成集聚效应，全方位加强对蒙合作。深化生态文明体制改革，落实自然资源资产离任审计制度，稳步推进环保、水资源“费转税”改革后续工作，提升生态文明建设成效。有序开展其他领域改革。结合旗情实际，深挖潜力，推进财政管理体制、口岸运行管理等改革，扎实开展教育“管办评”分离、医疗服务共同体建设、国家县级媒体融合改革试点等工作。

三要推动口岸经济发展，提升对外开放水平。加快基础设施互联互通。紧抓珠恩巴音—杭吉铁路获批契机，加强与中蒙有关部门沟通对接，启动建设跨境铁路，打通满都拉口岸通向蒙古国铁路通道。推动赛音山达—杭吉口岸公路、杭吉口岸—塔温陶勒盖矿运公路建设，新建跨境贸易电商服务平台，力争满都拉国家铁路口岸年内获批。构建大口岸发展格局。继续实施互市贸易区、海关保税仓库等项目，加快建设集装箱园区、口岸物流园区及铁路专用线，推动进口肉类指定口岸通过国家验收。整合国际物流园区产业，申报自治区级经济开发区。充分发挥满都拉口岸作为呼包鄂地区距乌兰巴托最近的陆路口岸优势，积极谋划口岸产业布局，做深做活边境旅游、跨境合作、资源深加工、商贸流通、清洁能源等产业，打造多元化综合性口岸，提升外向型经济活跃度，推动通道经济向落地经济转变。扩大对外经贸合作。坚持稳外贸，依托易大宗、奥信公司在蒙古国的矿产资源贸易优势，全力服务和支持包钢通过满都拉口岸进口蒙古焦煤、铁矿石等资源，力争全年过货突破400万吨。加快引进精通口岸贸易、熟悉蒙古国经济政策和社会法律的紧缺人才，为口岸长远发展提供人才保障。

（四）聚焦稳定第一责任，在社会治理能力现代化上实现新突破。主动适应我国社会结构、社会矛盾出现的新变化，坚持以人民为中心的发展思想，坚守底线、突出重点，加强和创新社会治理，打造共建共治共享的社会治理格局。

一要打好扫黑除恶硬仗，夯实社会治理的群众基础。加强源头防范治理。坚持部门联动、信息共享,加强重点人群、重点领域动态化、常态化排查管控,完善宣传发动机制,从小恶小乱抓起,将黑恶势力消灭在萌芽状态。突出打击整治并重。坚持有黑扫黑、有恶除恶、有乱治乱,紧盯征地拆迁、民间借贷、聚众赌博、草场征占等重点行业领域,加大打击力度,以专项斗争为牵引,带动解决盗抢骗、黄赌毒、传销等违法犯罪问题。坚持依法办案。组织专门力量对案件线索进行甄别,加强串并研判,严把案件事实关、证据关、程序关和法律适用关,提高办案质量和效率。深挖彻查"保护伞"。将扫黑除恶与反腐败、基层"拍蝇"结合起来,加大监督执纪力度,严打涉黑涉恶违法犯罪案件背后"关系网""保护伞",彻底铲除黑恶势力滋生土壤。

二要深化平安达茂创建,营造社会治理的良好环境。推进社会法治环境建设。加快依法治旗进程,健全重大行政决策合法性审查和集体讨论决定程序,严把文件制度出台的法律关、审查关,完善法律顾问、法律援助、司法救助等制度,确立全社会的规则意识,提高法治观念、法治水平,形成全民守法的社会氛围。推进社会诚信环境建设。加快企业和个人征信平台建设,提升全社会的诚信意识,严厉打击购物欺诈、旅游宰客、网络诈骗、虚假炒作、征地拆迁漫天要价等不诚信行为。推进社会稳定环境建设。学习借鉴新时代"枫桥经验",抓好信访积案化解、重点群体稳控等工作,依法及时解决群众合理诉求。实施"雪亮工程",加强视频监控一体化建设和联网应用,用好"24小时警局"平台,全力支持配合公安、边防部门工作,提升社会治理智能化水平。健全完善应急处突机制,狠抓安全生产责任制落实,强化食品药品安全监管,保障人民群众生命财产安全。推进国家安全环境建设。高标准抓好国防建设,建强民兵应急连,争创"双拥模范旗"八连冠。落实党的民族宗教政策,发挥北疆军警地联动综治服务中心和"北疆堡垒户"作用,加强出入境管控,严防敌对势力渗透破坏,维护边境安全稳定。

三要践行社会主义核心价值观,强化社会治理的文化引领。以核心价值观凝聚社会人心。建设新时代文明实践中心,打造融思想引领、道德教化、文化传承为一体的综合性平台,培育文明新风、良好家风、淳朴民风,推动社会治理从"刚性"向"柔性"转变。以红色文化引领社会风尚。深入挖掘、传承百灵庙抗日武装暴动、草原英雄小姐妹等革命历史文化,弘扬英雄事迹,依托新打造的党性教育基地,培育特色鲜明的红色教育品牌。结合迎接中华人民共和国成立70周年,发挥乌兰牧骑"草原文艺轻骑兵"作用,精心组织特色文体活动。完善文化基础设施,建设文化旅游部首批陆邻综合性文化服务中心试点。以文明创建提升服务水平。实施文明村镇创建"五年规划",扎实开展"七大创建"行动,打造群众参与文明创建的品牌活动,努力争创全国文明城市。

四要补齐民生领域短板，增强社会治理的基础保障。抓好创业就业和社会保障。坚持稳就业，完善促进就业创业的各项政策，依托“互联网+”开展培训，增强创业创新对就业的带动作用。持续扩大各项保险覆盖面和受益面，提升城乡低保规范化水平，加大对特殊困难人群救助，实现应保尽保。优先发展教育事业。下大力气研究解决教育短板问题，加强“智慧校园”“互联网+教育”建设，深化百灵庙中学与包钢五中合作办学，千方百计稳定生源，提高教育教学质量，推进教育高质量发展。提升医疗服务水平。深入推进分级诊疗，开展基层卫生院和社区卫生服务中心达标建设，促进公共卫生服务均等化。推动蒙医院医护型养老保健服务中心落地开工，加强基层卫生院蒙中医馆建设，实现优质医疗资源城乡均衡配置。普及科学的健康理念，增强健康意识，提高医疗保障水平，补齐医疗服务短板。

三、加强和改善党对经济工作的领导

面对新形势新任务，必须把思想和行动统一到中央、自治区党委、包头市委的决策部署上来，科学把握，精准施策，全面提升党领导经济社会各项事业发展的能力水平。

（一）加强学习，创造性贯彻落实党中央方针政策和工作部署。要提高政治站位。认真学习习近平新时代中国特色社会主义思想，树牢“四个意识”，坚定“四个自信”，坚决做到“两个维护”，坚定不移贯彻落实党中央的各项重大决策部署，以实际行动维护以习近平为核心的党中央权威和集中统一领导。严格落实意识形态工作责任制，做好属地互联网站、政务微平台、自媒体平台清查备案工作，把牢意识形态工作领导权和主动权。要推动思想解放。认真学习领会中央的有关政策，善于从中找信息、抓机遇，把中央精神转化为推动工作的具体思路和措施，把政策用好用活；学习先进地区的新思路、新理念，跳出思维定式、工作惯性，转变不适应发展需要的观点、理念，强化开拓进取的创新意识，紧密结合地区实际深入思考，拓展工作思路，以开放的理念推动工作落实。要提升能力素质。综合运用脱产培训、网络授课、“周五大讲堂”、双向挂职、一线锻炼等方式，加强干部教育培训，结合发展需要和干部需求开展“菜单式”培训，弥补干部知识空白、经验盲区、本领短板，增强推动高质量发展的本领；以嘎查村（社区）“两委”干部常态化培训为重点，加强理论政策和履职培训，提升基层干部工作水平。

（二）突出规范，不断提高党的建设质量。要推进运行机制规范化建设。发挥旗委常委会领导核心作用，坚持民主集中制，严格执行“三重一大”事项集体决策制度，以常委会自身建设带动全旗党的建设。加强党的全面领导，支持人大及其常委会依法履职，支持人民政协依照章程开展工作，支持法检两院独立公正行使职权,有序扩大各层次各领域政治参与。要推进组织体系标准化建设。严格执行《中国共产党支部工作条例》,加强组织联建、资源整合、工作融合,推广“互联网 + 党建”模式,亮明党员身份,消除党建工作“空白点”。指导支部规范开展“三会一课”、组织生活会、主题党日等活动,理顺基层组织与其他组织的关系,健全党组织重大事项议事规则,推进活动场所标准化建设,保障基层党建工作经费。要推进反腐倡廉制度化建设。认真贯彻执行《中国共产党纪律处分条例》《公职人员政务处分暂行规定》等条例规定,综合运用监督执纪“四种形态”,提高第一种形态运用比例,提升工作成效。紧盯不敬畏、不在乎、喊口号、装样子的问题,深化扶贫领域腐败和作风问题等专项治理,严肃查处侵害群众利益的不正之风和腐败问题,进一步巩固反腐败斗争压倒性胜利。正确认识巡察监督作用,立足日常监督、长期监督开展巡察,创新巡察方式,通过常规式巡察、专项巡察、“点穴式”巡察及巡察“回头看”,做到问题发现在早、发现在小,加强对巡察整改情况的监督检查,着力形成震慑。深化纪检监察体制改革,巩固提高党内监督与国家监察效能,形成统一领导、全面覆盖、权威高效的监督体系。

(三)促进提升,确保各项工作见到实效。要大兴求真务实之风。全面贯彻中央“八项规定”及其实施细则精神,认真落实自治区、包头市、达茂旗相关配套规定,严查严防形式主义、官僚主义“十种新表现”,切实解决表态多调门高、行动少落实差等问题,说实话、出实招、办实事,以脚踏实地的实际成效取信于民。要大兴调查研究之风。紧扣群众生产生活、经济社会发展实际开展调查研究,深入基层与群众交朋友,求真知、听真话、察实情,掌握第一手资料,提出切实可行的解决办法,加快破解制约我旗发展的难题,推动经济社会持续健康发展。要大兴真抓实干之风。立足工作实际,对旗委、政府的重大决策、重要部署和重点项目进行细化实化,明确工作责任、工作措施,建立任务台账,以钉钉子精神抓好落实。对已经定下的事情,要抢时间、抓进度,能办的立即办,该什么时间完成就什么时间完成,以锲而不舍的毅力紧紧咬住,久久为功,确保各项工作落地落细落实。

展望新的一年,达茂旗的发展充满挑战,更孕育着希望。让我们更加紧密地团结在以习近平为核心的党中央周围,高举习近平新时代中国特色社会主义思想伟大旗帜,坚定信心、真抓实干,扎实推动经济社会高质量发展,为谱写“建设亮丽内蒙古,共圆伟大中国梦”的达茂篇章而不懈奋斗!

政府工作报告

——在达茂联合旗第十五届人大二次会议上的工作报告

达茂联合旗旗长 张永文

（2019年1月25日）

一、2018年工作回顾

过去一年，我们在旗委的坚强领导下，以习近平新时代中国特色社会主义思想为指引，深入学习贯彻党的十九大精神和习近平总书记对内蒙古重要讲话重要指示精神，坚持稳中求进工作总基调，践行新发展理念，落实高质量发展要求，坚定信心、沉着应对，团结一心、砥砺奋进，经济社会保持健康稳定的发展态势。全年地区生产总值同比增长3.7%；社会消费品零售总额增长6.2%；城镇和农村牧区常住居民人均可支配收入分别达到39978元和15257元，增长7.4%和10.9%；一般公共预算收入完成5.71亿元。

（一）三大攻坚战初战告捷。把打好三大攻坚战作为实现高质量发展的重中之重，聚焦跨关口、聚力补短板，多维入手破解制约全面建成小康社会的突出问题。坚决打好防范化解重大风险攻坚战。制定出台政府债务化解方案，摸清债务底数，统筹化债举措，千方百计化解债务18.85亿元，完成年度目标任务的104.3%，“十个全覆盖”十项内工程欠款全部清偿。修订《政府投资项目管理办法》，争取地方政府一般债券1.7亿元，各类金融机构清收不良贷款7200万元，有效缓解了累加债务、推高风险的隐患。坚决打赢精准脱贫攻坚战。整合投入扶贫资金1.15亿元，“六个精准”“五个一批”政策效应充分显现，全旗145户318名贫困人口实现脱贫。分级分类建立扶贫产业项目库，973名贫困人口与小尾羊公司、丰域合作社、金杰电力公司等共建共享扶贫产业链。强化扶贫领域作风建设，调整充实驻村工作队员17名，拨付驻村工作经费和补贴154万元，两次开展扶贫动态管理清查核实，标注、清退582户1475人。落实“志智双扶”要求，推树了一批自主脱贫典型示范户。自治区扶贫考核、专项督查反馈问题全部得到整改。坚决打好污染防治攻坚战。蓝天、碧水、净土保卫战顺利推进,拆除10蒸吨以下燃煤锅炉18台,新建富磊热力脱硫塔等环保设施,23家加油站全部安装油气回收装置。启动百灵庙污水处理厂扩能改造工程,新达茂稀土工业废水资源化利用项目竣工。建成石宝铁矿、白云鄂博西矿绿色矿山,治理废弃矿井矿坑251处,矿山地质环境治理工作走在自治区前列。完成巴音杭盖自然保护区矿权清退工作,为140家企业办理征占用草原手续。中央环保督察"回头看"转办信访问题全部整改销号。

(二)经济运行稳中提质。坚定不移贯彻新发展理念,聚焦增活力、聚力育动能,有力有效提升经济运行的质量和效益。搞好企业生产经营。落实振兴实体经济政策措施,为企业减轻各类税费负担2.1亿元,降低企业用电成本579万元,工业用电量、产品外运量分别增长29.2%和22.1%,规模以上工业增加值增长7.7%。推进企地融合发展。举办"两地三方"民族团结座谈会,与包钢集团、白云矿区合力打造经济发展共同体。协调包钢集团为新达茂稀土增加原料供应、为巴润园区民营选厂提高加工费结算比例。将石宝镇调入点状开发区,为三合明西部异常区铁矿开发创造条件。加快重点项目建设。在政府投资大幅压减的情况下,组织实施亿元以上项目88个,完成投资44.4亿元,天宇牧歌牛羊屠宰厂、南京风电满都拉一期等26个项目竣工,形成了新的经济增长点。实施园区振兴计划。启动园区调区工作,完成土地集约利用评价报告、发展方向区规划报告评审。建成园区污水处理、供热改造、尾矿库技改等环保项目,发展环境持续改善。推进巴润公司胶带输送项目,启动清洁能源研发试验中心建设,120万吨铁精粉输送管道项目投入使用。强化招商引资工作。实施招商引资"旗长工程",参加第三届丝绸之路国际博览会等各类招商活动14次,签约航空产业园、口岸建设、新能源大数据等项目20个,协议投资259亿元。引进中国银行、农商银行在我旗设立分支机构,金融机构存贷款余额分别达到41.3亿元和27.5亿元。

(三)产业结构加快调整。立足解决"四多四少"问题,聚焦转方式、聚力促转型,加快构建现代经济体系。积极发展现代农牧业。有效应对先旱后涝多重自然灾害,完成草原蝗虫灭杀120万亩,新增高效节水灌溉5.4万亩,黄芪、雪菊、藜麦等特色种植面积达到20万亩。希勒德格良种繁育基地稳定运营,引进澳洲白等良种母畜2600只,带动2000户牧户实现增收。新增家庭农牧场55个,农牧民参与产业化经营比例达到81%。实施农畜产品品牌战略,注册商标达到87件,27家企业101个单品实现"三品一标"认证。黄花滩绿色食品产业园区被评为自治区级农牧业产业化园区。加快推动工业提质增效。

实施稀土脱硝催化剂、高分子助剂等下游产业延伸项目，包钢蒙普50万吨铁精粉生产项目建成投运。开工建设天翊达、中节能风电供热等10个清洁能源项目，清洁能源新增并网17万千瓦，累计发电63.2亿千瓦时、增长23.2%。协助推动包头市可再生能源综合应用示范区获得国家批复。着力提升口岸发展水平。深化“三互”大通关改革，建成货运通道智能卡口，通关时间大幅缩短。实施1号储煤大棚标准化改造，新建2号3号封闭式储煤大棚，煤炭物流园区功能更加完善。进口肉类指定口岸建成并通过预验收，满都拉铁路口岸通过自治区评审论证。珠恩巴音至杭吉口岸铁路、塔温陶勒盖至杭吉口岸矿运公路前期工作取得积极进展。口岸过货首次突破300万吨、达到312.2万吨，增长38%。大力推动文化旅游提档升级。新建改建标准化旅游厕所105座，明安至三分渠旅游公路主体完工，呼吉日图至满都拉旅游公路基本建成，环达茂600公里“草原自驾游”线路初步形成。新建套马沟农庄、诗画草原等旅游项目，完成吉穆斯泰景区改造，3家景区被列为包头市旅游扶贫示范基地。狠抓希拉穆仁景区旅游市场综合整治，从严查处私搭滥建、搭客宰客等旅游乱象。成功举办第六届游牧文化旅游节，创建“国家全域旅游示范区”通过自治区初审验收。全年接待游客261.4万人次、增长12.9%，实现旅游收入18.4亿元、增长22%。

（四）城乡建设协调推进。突出以人为核心的新型城镇化，聚焦均衡性、聚力上水平，加快建设宜居宜业的美好家园。大力提升百灵庙城镇品位。进一步完善市政设施功能，更新改造供水管网22.6公里，新建燃气管道10公里。改造棚户区350户，建成安置房1368套。实施补绿增绿护绿工程，新增城市绿地10万平方米。加快治理城镇“脏乱差”顽瘴痼疾，开展“物业管理服务质量提升年”活动，物业管理面积新增31万平方米。深入实施乡村振兴战略。启动乡村振兴战略五年规划编制工作。实施农村牧区集体产权制度改革，土地、草牧场确权工作基本完成。编制农村牧区人居环境整治三年行动方案，研究建立城乡环境卫生、公共设施长效管护机制，154个村庄实现环境卫生常态化管护，石宝镇湾儿图新村获评自治区“乡村振兴示范嘎查（村）”。不断强化基础设施保障。争创自治区“四好农村路”示范旗，建成通村公路10条75.9公里，满都拉口岸至白云鄂博等3条等级公路开工在建，百灵庙南出口公路拓宽改造项目启动实施，希拉穆仁至百灵庙一级公路建成通车，新增黑色路面230公里。完成牧区户用电改造1113户。建成百灵庙500千伏输变电站，有效破解清洁能源外送瓶颈。新建优化通信基站74座，为70个行政村接通通信光缆。建成牧区水窖1587座，解决了1763户牧民安全饮水问题。达茂通用机场建成并进行校验飞行。持续推进生态保护建设。扎实开展城市开发边界、永久基本农田、生态环保“三条红线”划定工作。全面贯彻河湖长制,6大水系101条河流纳入“一河一策”管理体系。实施生态河道、小流域治理等工程,治理水土流失面积65平方公里。完成京津风沙源治理、退耕还林等工程13.8万亩,改良天然草地5万亩。严格落实新一轮草原生态保护补奖政策,草原生态环境进一步改善。

(五)民生福祉持续增进。坚持以人民为中心的发展思想,聚焦得实惠、聚力抓改善,切实让发展红利惠及各族群众。着力加强就业社保工作。城镇新增就业1516人,发放创业担保贷款3208万元,保持“零就业家庭”动态“清零”。城乡低保标准分别提高8.1%和9.6%,农村牧区特困人员、城镇“三无”人员、孤儿供养金标准提高14%以上。企业退休人员基本养老金、城乡居民基础养老金人均每月提高135元和18元。城乡居民基本医保财政补助标准人均提高40元,遗属生活困难补助每人每月增加211元。开展退役军人信息采集工作,各类优抚对象抚恤金和生活补助标准持续提高。扎实开展农牧民工工资治欠保支行动,劳动者合法权益得到有效维护。切实办好人民满意教育。完成大苏吉小学附属幼儿园教学楼、满都拉国际小学教师周转宿舍建设。与青山区8所学校开展结对共建,百灵庙中学与包钢五中深度合作办学,促进优质教育资源共享。中考重点上线率高于全市5个百分点,高考二本上线率增长5.6%。明安镇青少年德育教育基地被命名为“全国中小学生研学实践教育基地”。重视提升人民健康水平。深化公立医院改革,完成蒙医院整体搬迁,建成妇幼疾控综合服务大楼,启动医护型养老服务中心项目,残疾人托养中心主体完工。我旗成为全国首批64个健康促进县(区)之一。朵兰戈尔社区、民政福利园区被确定为包头市“新家庭计划”试点。大力发展文化体育事业。进一步完善基层文化站室基础设施,公共文化服务中心纪念馆开放投入使用、博物馆正在装修布展、传媒中心开始搬迁入住,农村牧区广播电视升级改造全面完成。旗融媒体中心被确定为全国60家县级媒体融合发展改革试点之一。实施文化惠民工程,送戏送电影下乡1100场,建设“红色蒙古包”30座,广播剧《红砂》在区市旗三级调频广播同步播出。乌兰牧骑蝉联自治区“一类乌兰牧骑”称号,被评为全区25个优秀乌兰牧骑之一,原创小品《人之本性》荣获第二届全区蒙汉语小戏小品比赛最佳编剧、最佳表演奖。组织举办职工运动会、千人徒步走等体育活动,全民健身参与率达到45%。审计、统计、档案、科技、气象、地震、水文、人防、外事、红十字等工作取得新进步,工会、共青团、妇联等群团组织作用得到新加强,税务、海关、边防、金融机构等为全旗经济社会发展作出新贡献。

（六）社会治理有力有序。扎实推进祖国北疆安全稳定屏障建设，聚焦保平安、聚力促和谐，加快实现社会治理能力和治理体系现代化。强力推进扫黑除恶专项斗争。坚持有黑扫黑、有恶除恶、有乱治乱，落实“两个一律”“一案三查”要求，制定“六项机制”，全面开展涉黑涉恶线索排查，打掉恶势力团伙4个，全市首例恶势力犯罪案件在我旗公开开庭审理并宣判。深化平安达茂建设。全面推行“三见警”常态化巡逻机制，“24小时警局”和公安民警“亮身份、当楼长、保平安、护稳定”活动受到群众好评，刑事案件立案率、治安案件受理率分别下降28.2%和16.4%。加强社会矛盾排查化解工作，信访批次和人次分别下降12.6%和20.1%。“七五”普法通过中期检查验收，法治化水平不断提升。创新社区治理，建成“12349”为老服务平台；按时完成嘎查（村）“两委”换届，基层基础建设得到加强。坚决抓好安全生产工作。严格落实安全生产责任制和防控措施，30家企业被核准为安全生产标准化企业。建立旗乡村网格化监管体系，聘请专家定期“把脉会诊”，组织开展拉网式专项检查3次，消除安全生产隐患点737个，有效保护人民群众生命财产安全。全面加强应急救援管理。面对百年一遇的重大洪灾，全旗上下万众一心、众志成城抗洪抢险救灾，紧急转移疏散群众1960人，242名受灾人员得到妥善安置和有效救助；全力开展灾后重建工作，重建住房47套、维修加固13套，水毁基础设施得到及时修复，确保安全畅通。高度重视非洲猪瘟疫情防控工作，设置检查站点14处，严阵以待、严防死守，确保了不输入、不发生疫情。认真落实党的民族宗教政策。争取少数民族发展资金和兴边富民资金1710万元，实施兴边富民行动项目13个，达尔汗苏木被评为自治区“爱民固边”模范苏木乡镇，戍边牧民阿迪雅入选“内蒙古好人榜”。深入开展民族团结宣传教育和民族团结进步创建活动，依法管理宗教事务，民族和睦、宗教和顺、社会和谐局面进一步巩固。

（七）政府自身建设不断加强。坚持以民之所望为施政所向，聚焦转职能、聚力强服务，努力建设人民满意的服务型政府。切实加强政治建设。进一步树牢“四个意识”，坚定“四个自信”，持续推进“两学一做”学习教育常态化制度化，研究制定学习贯彻党的十九大精神方案和党建工作要点，深入学习贯彻习近平总书记重要指示批示精神和党中央决策部署，坚持用习近平新时代中国特色社会主义思想武装头脑、指导实践、推动工作，切实用实际行动坚决践行“两个维护”，始终保持政治上的坚定正确。全面推进依法行政。认真执行政府常务会学法制度，建立政府法律顾问制度，重大决策严格执行公众参与、专家论证、风险评估、合法性审查、集体讨论决定的法定程序。修订政府工作规则，完善政府（党组）“三重一大”事项集体决策制度,政府决策行为更加合法合规。不断强化权力监督。加强预算执行、民生资金、政府投资、经济责任审计,完善行政事业单位财务内控制度。自觉接受旗人大工作监督、法律监督和旗政协民主监督,接受旗人大常委会工作审议16次,向旗政协常委会通报工作情况8次,办理人大代表建议68件、政协委员提案93件。全面加强政务公开,重大建设项目批准和实施、公共资源配置、社会公益事业等领域实现全程网站公示,政府权力在社会监督、舆论监督下更加规范。着力提升政府效能。有序推进政府机构改革,优化配置政府职能,更好发挥施政为民作用。深化"放管服"改革,开展群众办事"百项堵点疏解行动",集中整治企业群众办事"十大烦心事",窗口服务事项办理时限由30个工作日压缩为3—7个工作日,完成370项审批服务事项流程再造。扎实开展"作风建设年"活动,以大学习大调研大落实推动政府公职人员作风明显转变,干事创业氛围更加浓厚。

成绩来之不易,奋斗历经艰辛。过去一年,我们用责任和担当有效应对各类风险挑战,用智慧和勇气全力破解各类困难问题,用真情和汗水努力兑现各项为民承诺,顶住了经济下行压力,防范了系统性债务风险,夺取了脱贫攻坚阶段性胜利,攻克了一批环保顽疾,抵御了百年一遇的洪水,化解了诸多社会矛盾,经济社会发展迎来了更加广阔的空间和更加光明的前景。这些成绩的取得,是以习近平为核心的党中央和上级党委、政府坚强领导、亲切关怀的结果,是旗委统揽全局、科学决策的结果,是旗人大、旗政协鼎力支持、有效监督的结果,是各苏木乡镇各部门广大干部同心同德、攻坚克难的结果,是全旗各族人民负重自强、苦干实干的结果。在此,我代表旗人民政府,向在各个岗位上辛勤劳动、赤诚奉献的全旗干部群众,向各位人大代表、政协委员,向驻旗部队官兵和公安政法干警,向所有关心、支持、参与达茂建设的社会各界人士、各位企业家,表示衷心的感谢、致以崇高的敬意!

安不忘危,稳不忘忧。在总结成绩的同时,我们也清醒地认识到,我旗发展不平衡不充分问题仍然突出,与人民群众日益增长的美好生活需要仍有较大差距。一是产业发展层次有待提高。农牧业集约化、现代化程度仍然较低,工业产业链条短、附加值低、生产方式较为粗放,以文化、旅游、口岸为主的服务业尚未深度破题,新旧动能转换不足,"四多四少"问题依然存在。二是财政收支矛盾较为突出。固定资产投资下滑严重、没有完成预期目标,项目投产达效率不高,部分企业生产经营困难,税收增长动力不足,"三保"支出压力较大,政府债务化解任务艰巨。三是发展环境需进一步优化。城乡发展的现实水平与群众期待还有不小差距,精细化管理有待进一步提升。生态环保压力较大,草原生态保护和修复任重道远。营商环境亟待改善,一些改革举措和政策没有完全落实,制约民营经济发展的融资难、贷款难等问题比较突出。四是社会民生领域尚有不少短板。教育、文化、医疗等优质资源供给难以满足人民群众日益增长的美好生活需要,城乡居民收入增长不快,贫困边缘人口的发展问题需研究解决,基层社会治理能力有待提高。五是工作作风转变还不够到位。个别部门和少数干部危机意识和紧迫感不强,思想观念、创新意识、担当精神还不适应新形势发展需要;有的干部不注重学习,本领不强、能力不足,解决问题和困难的办法不多,办事效率低下,执行力落实力较差。问题导向就是努力方向。我们要以“功成不必在我”的精神境界和“功成必定有我”的历史担当,不懈怠,不松劲,聚精会神做好政府各项工作。

二、2019 年工作安排

2019 年是中华人民共和国成立 70 周年,是决胜全面建成小康社会的关键之年。政府工作的总体要求是,以习近平新时代中国特色社会主义思想为指导,全面贯彻党的十九大和十九届二中、三中全会精神,深入落实习近平总书记对内蒙古重要讲话重要指示精神,按照上级党委、政府和旗委的决策部署,统筹推进“五位一体”总体布局和协调推进“四个全面”战略布局,坚持稳中求进工作总基调,坚持新发展理念,坚持推动高质量发展,坚持以供给侧结构性改革为主线,坚持深化市场化改革、扩大高水平开放,加快建设现代化经济体系,继续打好三大攻坚战,着力激发微观主体活力,创新和完善宏观调控,统筹推进稳增长、促改革、调结构、惠民生、防风险工作,保持经济运行在合理区间,进一步稳就业、稳金融、稳外贸、稳外资、稳投资、稳预期,提振市场信心,增强人民群众获得感、幸福感、安全感,保持经济持续健康发展和社会大局稳定,为全面建成小康社会收官打下决定性基础,以优异成绩庆祝中华人民共和国成立 70 周年。

主要发展预期目标是:地区生产总值增长 6.5%左右,一般公共预算收入增长 6%左右,社会消费品零售总额增长 7%左右,城镇和农村牧区常住居民人均可支配收入分别增长 8%和 9%左右,城镇登记失业率控制在 3.9%以内。

重点抓好以下几个方面工作:

(一)着力打好三大攻坚战,夯实高质量发展基础

推动风险防范化解取得更大进展。落实坚定、可控、有序、适度要求,新上政府投资项目一律实行债务风险评估和合法性审查,严格控制新增债务,有效防范风险隐患。完善年度债务化解方案,强化责任分解落实,盘活公共资源、闲置土地等国有资产,优化财政支出结构,确保完成年度化债任务。千方百计培植新税源,抓严抓实税收征管入库工作;合理配置财政资金,严格绩效评价,规范基层财务管理,

优先做好“三保”工作;加强新增地方政府债券项目申报和再融资债券争取工作,有效解决经济发展建设投入不足问题。完善金融监测预警和应急处置机制,深入开展金融信贷矛盾纠纷排查化解、民间高利贷整治等专项行动,支持金融机构依法处置不良贷款,坚守不发生系统性风险底线。

推动精准脱贫取得更大实效。围绕解决好“两不愁、三保障”面临的突出问题,落地落实脱贫攻坚各项政策措施。切实抓好产业扶贫,对有劳动能力的贫困人口依托资源优势,发展光伏、乡村旅游、电商等扶贫新业态,巩固发展天创黄芪、小尾羊等企业扶贫模式,稳定入股分红、订单合作、劳务用工等利益联结。做好政策兜底保障,对丧失劳动能力的贫困人口,落实救助供养、大病救治、生活兜底等保障措施;保持建档立卡贫困人口帮扶政策的连续性和稳定性,有效解决“边缘户”问题,防止返贫和产生新的贫困。落实扶贫工作责任,继续强化动态管理,确保贫困人口应纳尽纳、帮扶政策应享尽享。扎实推进“阳光扶贫”“廉洁扶贫”,加强扶贫项目资金绩效管理,抓好脱贫攻坚中央巡视反馈问题整改。年内确保完成123户247名建档立卡贫困人口脱贫任务。

推动污染防治取得更大成果。深化中央环保督察“回头看”、草原生态环境专项督察反馈问题整改。抓好燃煤散烧和工业废气治理,加强道路和建筑工地扬尘防控,推进宝鑫特钢等重点工业企业低排放改造,打赢蓝天保卫战。加强饮用水水源地保护,实施艾不盖河、扎达盖河水生态治理等项目,对河道及排污口开展常态化巡查监管,消除建成区黑臭水体,打好碧水保卫战。完成土壤污染现状调查,开展重金属污染耕地风险排查整治,推进地膜化肥减量增效、畜禽粪污资源化利用;加强工业固废违规倾倒专项整治、工业园区固废渣场建设管理,打好净土保卫战。有序开展“散乱污”企业深度整治,帮助重点企业制定环境治理解决方案。完善巴音杭盖自然保护区管护机制,依法退出自然保护区内工矿企业。

(二)着力抓好新动能培育,打造高质量发展引擎

聚力攻坚项目建设。坚持以项目建设引领经济发展,突出投量、投向、投效并重,全力以赴推动项目建设,全年组织实施亿元以上重点项目61个,年内完成投资70亿元以上、竣工20个以上。完善“一个项目、一名领导、一套班子、一抓到底”工作机制,实行项目前期手续全程代办、集中联审,全方位服务项目建设,力争3月底前所有项目四项手续全部办结,4月底续建项目全部复工,5月底新建项目全部开工。

聚力服务民企发展。认真落实习近平总书记民营企业座谈会重要讲话精神和支持民营经济高质量发展政策措施,立足“抓大、扶小、扭亏、育新、延链”,建立领导干部包联民营企业制度,综合施策降低企

业用电、物流、用人、税费、融资成本，增强微观主体活力。鼓励民营企业参与电力多边交易，降低一般工商业电价。深入整治违法违规涉企收费，着力解决拖欠民营企业账款问题。实施中小企业培育工程，支持上中下游、大中小企业成龙配套、协同发展。依法保护企业合法权益，让各类市场主体在达茂旗受到尊重、感到公平、舒心发展。

聚力精准招商引资。深入实施招商引资“旗长工程”，聚焦产业转型升级、生态环保、健康医疗、商贸物流、文化旅游等领域，精准制定招商路线图，加紧策划、储备、引进一批税源支撑型和产业发展型项目。健全县级领导带头招、重点部门全面招、相关单位主动招的招商体系，组建专业招商队伍，开展以商招商、联合招商、对口招商、委托招商，鼓励现有投资商增资、引资，吸引更多关联性、聚集性强的补链、延链、扩链、强链项目落地。全年签约落地项目20个以上，协议投资额100亿元以上；策划储备项目100个以上，投资额500亿元以上。

聚力强化园区支撑。优化园区空间布局和产业规划，完成园区调区工作，完善道路、给排水等基础设施，清理盘活园区闲置土地和低效利用厂房，着力解决低端化、空心化问题。推动20万吨氟化铝等一批项目开工建设。争取增量配电业务试点，实施智能微电网、金杰全球智能风电运维服务平台等项目。加快包头北千万千瓦级大型现代风电基地、百万千瓦级光伏发电基地建设，推动建设山北至山南工业园区清洁能源消纳输送通道，提高能源综合利用效率和供应保障能力。

（三）着力推进经济结构调整，构筑高质量发展产业支撑

提升农牧业现代化水平。认真落实藏粮于地、藏粮于技要求，大力推广良种良法等实用技术，发展订单种植10万亩以上。扩大莜麦、红皮小麦等杂粮和中药材等经济作物种植面积，推进黄芪精深加工。发挥希勒德格肉羊良种繁育基地辐射带动作用，发展订单养殖20万头（只）以上。大力引进培育农牧业龙头企业，新增市级以上示范合作社8家以上，扶持发展产业化联合体10个以上。完善黄花滩农牧业产业园区基础设施，加快建设绿色农畜产品加工基地；推动“达茂黄芪”地理标志证明商标认定工作，创建自治区畜牧业绿色发展示范旗县、全国有机产品认证示范区。

提升工业新型化水平。大力促进产业升级换代，支持聚丰稀土、新达茂稀土等企业实施技改，推动稀土前端产品、铌钪等资源深加工。加快实施10万吨粗铜冶炼、20万吨稀土合金柔性铸铁管及配件生产线、铁选尾矿萤石综合利用等项目，积极推动克克齐铜钴蛇纹岩、乌兰陶勒盖铜镍矿、乌珠新乌素铜铅锌矿开发项目。大力推进企地融合，积极承接包钢产业项目转移，实施胶带输送、稀土冶炼加工等

项目,新建包钢矿业三合明西部异常区铁矿石采选项目。围绕建设可再生能源综合应用示范区,推动懿晟、旋顺等清洁能源项目竣工投产。坚持腾笼换鸟,有序淘汰落后、低端、过剩产能,依法处置“僵尸企业”。

提升文化旅游融合化水平。围绕创建国家全域旅游示范区,全面促进文化旅游深度融合发展。办好第七届游牧文化旅游节。加快完善旅游公路、旅游标志、自驾游营地、景区厕所等服务设施,建成全域旅游集散中心,优化环达茂“草原自驾游”景观线路。实施航空产业园基础设施、低空旅游、飞行培训中心等项目,积极推进达尔汗大草原旅游区、哈萨尔景区和龙梅玉荣旧居改造建设, 新增 A 级景区 2 家以上。推进希拉穆仁草原旅游景区提档升级,新建库烈古城、花海三期等项目,引进企业实行公司化、集团化运营,成立旅游行业协会,增强行业自律能力。全年旅游接待人数突破 280 万人次、旅游收入达到 20 亿元,分别增长 7%和 8%以上。

提升商贸金融品质化水平。大力促进民族手工艺品、民族食品发展,完善牧民创业园、民族风情园功能,引进更多商户入驻园区,扩大生产经营,放大辐射效应。加快重点商业综合体建设,确保哈萨尔酒店年内投入运营。推进快递下乡和电子商务进农村牧区,完善苏木乡镇综合服务平台站点,建设电子商务产业园,让更多优质农畜产品直接进入市场、卖出好价钱。启动实施满都拉农畜产品物流仓储贸易园区项目。引导符合条件的企业上市挂牌,扩大直接融资比例。鼓励各类金融机构增加中小微企业、“三农三牧” 领域投放,支持中国银行、农商银行达茂支行扩大业务、稳定发展,引进建设银行、交通银行等金融机构发展担保、租赁等新业态。

(四)着力深化改革扩大开放,激发高质量发展活力

深化重点领域改革。按时完成政府机构改革任务,进一步理顺政府部门职责关系。深化税收制度改革,完成环保、水资源费转税改革。完善综合治税平台建设,推行个体和零散税收社会化管理。加强全口径预算编制和预算资金绩效管理,提高专项资金使用效率。落实好个人所得税专项附加扣除政策。深化综合行政执法体制改革,推动执法重心下移,加大对草牧场破坏、农村牧区环境污染等行为打击力度,把该管的事情管好。完善户籍制度改革,做好在城镇就业的农牧业转移人口落户工作。深化农村牧区“三变”改革和集体产权制度改革,支持农牧户以土地、草牧场经营权入股,参与企业经营收益,年内力争流转土地 25 万亩、草牧场 200 万亩。

深化对外开放合作。改进优化口岸营商环境,推动海关、边检等部门简化通关流程,推进一体化联合查验。启动建设口岸集装箱园区及铁路专用线,新建口岸隔离场所、汽贸中心、原油及成品油海关监管场所,确保进口肉类指定口岸通过国家

验收并投入使用。加快满都拉口岸至塔温陶勒盖矿运公路、至赛音山达跨境公路、至珠恩巴音跨境铁路建设，力争满都拉国际铁路口岸年内获批。全年进出口货物突破400万吨、增长28%以上。大力推进跨境旅游发展，争取将满都拉口岸列为国家对蒙开放“一日游”口岸。继续深化人文、经贸各领域合作，组织办好中蒙俄商品展销会、满都拉—杭吉文化旅游节等展会节庆活动，建设跨境电商服务平台，扩大在草原生态保护、草原病虫害防治等方面的合作。

深化营商环境建设。大力推进政务服务“一网一门一次”改革，大幅压减办事环节、工作流程和办结时限，让企业和群众到政府办事像“网购”一样方便。实行投资项目会商调度机制和重大项目联席会议制度，健全项目代办服务机制，在市民大厅设置代办窗口，实现所有投资项目全程代办。修订行政审批事项目录管理清单，坚决取消不合法、不合理、不必要的审批事项和前置条件，建立公平开放透明的市场规则和法治化营商环境。加快推进“互联网＋政务服务”，到年底90%以上的审批服务事项实现网上办理。深化商事制度改革，完善“双随机、一公开”监管。提升市民大厅服务效能，以“店小二”“保姆式”服务，构建“亲”“清”新型政商关系。

（五）着力实施乡村振兴战略，补齐高质量发展短板

提升百灵庙镇综合承载能力。统筹新城开发和旧城建设，启动老旧小区供热管网改造工程，实施鼎泰热力热源扩容项目，铺设供热供气管网6.1公里。规划建设棚改腾空区，实施吉泰商住小区、金三角华府等建设项目，开工建设庙式商业文化旅游产业园，建成旗档案馆。巩固自治区园林县城创建成果，抓好既有公园广场绿植补种，建成区新增绿地5万平方米，努力构建“开窗见绿、出门见园、移步见景”的园林生态系统。持续加强“洁净城镇”建设，实施物业管理三年提升计划，全面开展城市“六乱”专项整治行动，在所有住宅小区合理划定停车位，规划新建公用充电桩，进一步提升宜居水平。

提升美丽乡村建设水平。完成乡村振兴战略五年规划、县域乡村建设规划编制。深入推进人居环境整治三年行动计划，全面整治农村牧区“五乱”，重点抓好垃圾污水处理、厕所革命、村容村貌提升，以点带面在44个重点村建设生活垃圾和污水处理设施，新建公共厕所58座，启动建设20个乡村振兴示范村。大力发展乡村新兴产业，打造一批具有地域特色的田园综合体、农牧家乐和精品民宿。健全农村牧区环境卫生和公共设施长效管护机制，鼓励农牧民经济组织参与农村牧区公共服务。完善农牧民工返乡创业扶持政策，大力培育农牧业职业经理人、经纪人、乡村工匠和职业农牧民。深入推进文明乡风、良好家风、淳朴民风建设，广泛开展“五好家庭”等评选表彰活动，选树一批道

德模范,提高乡村社会文明程度。

提升基础设施支撑能力。统筹推进公路、水利、电网等基础设施建设,加快建设黄家滩至百灵庙二级公路,确保乌兰敖包至乌珠尔边防公路全线通车,满都拉口岸至白云鄂博公路一幅通车,南出口公路拓宽改造、呼吉日图至满都拉、达尔汗至查干哈达公路主体完工。建好管好护好运营好农村牧区公路,新建改建乡村旅游公路、扶贫公路、通村公路40公里,高标准创建自治区“四好农村路”示范旗。推动包满铁路、达茂通用机场尽快开通运营。结合光伏扶贫,新建一批户用型清洁能源项目,推动农村牧区燃煤替代。实施饮水安全巩固提升、氟病区水质达标工程,保障农牧民喝上健康的饮用水。实施电信普遍服务项目,完成23个行政村移动4G网络建设。

(六)着力推进绿色达茂建设,擦亮高质量发展底色

实施好重点生态工程。统筹推进山水林田湖草系统治理,继续推进国土绿化行动,完成重点区域绿化1000亩。抓好重点生态工程建设,完成沙源治理32万亩、退耕还林还草27.9万亩。开展地下水超采区综合治理。全力抓好防汛抗旱工作,实施水生态综合治理项目,完成席边河和二里半河治理,小流域治理面积20万平方米。严格落实新一轮草原生态奖补政策,加快草原荒漠化、沙化治理,持续改善草原生态环境。

落实好绿色低碳发展。加快谋划实施一批环保产业项目,促进生态效益、经济效益、社会效益相协调。全力推行“山长制”管理,加快赛乌素金矿等绿色矿山建设,完成矿区环境综合治理35平方公里。鼓励发展林下经济、绿色种养殖等生态惠民产业,新增林下经济种植面积300亩以上。推进资源节约集约利用,实行最严格的耕地保护和水资源管理制度,依法盘活处置城乡低效建设用地和闲置土地。完成百灵庙污水处理厂扩能改造。深入开展节约型机关、绿色家庭、绿色学校、绿色社区创建行动,倡导简约适度、绿色低碳的生活方式。

完善好生态保护机制。落实主体功能区政策措施,强化能源和水资源消耗、建设用地等总量和强度“双控”行动,推动“多规合一”平台建设。推行领导干部自然资源资产离任审计,完善生态环境损害责任追究制,支持开展环境公益诉讼。全面落实河湖长制,建立河湖名录,开展划界确权工作和“清四乱”专项行动,让“河畅、水清、岸绿、湖美”成为常态。健全完善保护发展森林资源目标责任制,开展森林资源二类调查,森林覆盖率提高到14.8%。加强环境执法监测体系和能力建设,健全联合执法机制,以零容忍严厉打击环境违法行为。

(七)着力加强社会民生建设,满足高质量发展需要

实施就业创业促进行动。加强全方位

公共就业服务，抓好企业职工稳定就业、失业人员再就业等工作，加强定向式、订单式职业技能培训，提升就业创业能力。全年城镇新增就业1500人，农牧民转移就业2万人以上。深入落实“创业包头”三年行动计划，发放创业担保贷款3000万元以上，创业带动就业500人以上。扎实做好复员军人安置、管理和保障工作。实施农牧民增收行动计划，努力增加农牧民财产性、经营性、转移性收入。坚持聚天下英才而用之，创新完善育才引才留才用才机制，让各类人才在达茂各尽其用、各展其才。

实施教育质量提升行动。加快完善教育基础设施，新建百灵庙中学等5个体育活动室，实施蒙古族学校等校舍维修改造工程。继续落实“领航校长”“卓越教师”计划，大力开展师德师风教育，推进教师绩效考评和按劳分配制度改革，强化教师队伍的专业素养和职业精神建设。优化校际间师资配置，集中力量把基础教育办好，千方百计稳定生源，提升初高中阶段办学质量。引导规范民办幼儿园办学行为，鼓励发展民办教育培训机构。支持发展搏克、射箭等民族传统文化特色教育，创建自治区民族教育先进典型。加强德育和素质教育，积极创建市级“文明校园”。坚持开门办教育，建立学校与学生、家长沟通互动机制，构建开放式教育教学评价体系，努力办好人民满意教育。

实施健康达茂建设行动。加强医疗基础设施建设，新建基层卫生院业务用房和周转宿舍3处，开工建设医护型养老保健服务中心项目。深化公立医院改革，加快分级诊疗和医共体建设，促进优质医疗资源共享。实施蒙医药振兴行动计划，加强基层卫生院蒙中医馆建设，在蒙医院设立蒙医药研发机构。完善“一免一降四提高一兜底”医疗保障体系，减轻群众大病医疗费用负担。巩固全国健康促进旗创建成果，着力抓好健康教育和慢性病、地方病防治，全旗居民健康素养水平达15%以上。加强食品药品监管，开展校园周边流动餐车、食品加工生产小作坊等专项整治行动。

实施社会保障兜底行动。坚持尽力而为、量力而行，全面实施全民参保计划，完善社会保险制度，各项社会保险新增扩面1400人以上。落实城乡低保和各项优抚政策，加强特困人员、优抚对象、受灾群众等群体的基本生活保障。做好特殊困难群体救助工作，开展农村牧区留守儿童、空巢老人关爱行动，确保弱有所扶。新建“为老服务站”19个，引进社会资本新建敬老院1所。严格落实农牧民工工资支付保障制度，构建更加和谐的劳动关系。

实施文化体育惠普行动。完善城乡公共文化服务中心配套设施，建设国家文化部首批陆邻综合性文化服务中心。推动文化事业繁荣发展，支持广大文艺工作者深入生活、扎根人民，推出更多具有时代性的精品力作，广播剧《红砂》入选自治区

“五个一工程奖”。加强乌兰牧骑建设，深入开展创作、演出和业务培训，更好地发挥草原“红色文艺轻骑兵”作用。加大敖伦苏木古城等遗址保护力度，推动“哈萨尔祭祀文化”申报国家非物质文化遗产。加强文化市场监管。支持鼓励各类全民健身活动，新建查干哈达小型体育健身中心，建成11人制足球场。启动智慧广电建设，落实好县级媒体融合发展改革试点各项任务。

实施社会治理创新行动。认真落实习近平总书记重要指示和中央“十个新突破”要求，力度不减、节奏不变、尺度不松，集中攻积案、清线索，坚决查处各类“保护伞”，重拳打击“黄赌毒”“盗抢骗”等犯罪活动，驰而不息推进扫黑除恶专项斗争。坚持事要解决，依法及时解决群众合理诉求，打造法治信访、阳光信访。加强基层矛盾纠纷调处工作，建成自治区一级司法所8个。认真贯彻中央、国务院推进安全生产领域改革发展意见，落实党政领导干部安全生产责任制，坚持安全发展，强化属地管理，切实抓好安全管理规范化建设，有效防范安全生产风险，坚决遏制重特大生产安全事故。加强应急队伍建设和应急物资储备，提高防灾减灾和应急救援能力。大力践行社会主义核心价值观，深入开展精神文明创建活动，争创“全国文明城市”。依法管理民族宗教事务，推进边境立体化防控体系试点建设，创建双拥模范旗“八连冠”。

打铁必须自身硬。政府各工作部门、单位要始终坚持对党绝对忠诚的政治品格、勤政务实的工作作风，尽职尽责、担当作为，建设人民满意的服务型政府。要旗帜鲜明讲政治。把加强党的政治建设摆在首位，牢固树立“四个意识”，坚定“四个自信”，坚决维护习近平总书记党中央的核心、全党的核心，坚决维护党中央权威和集中统一领导，全面推动习近平总书记重要指示批示精神、上级党委政府和旗委各项决策部署落地生根、开花结果，确保政府各项工作始终沿着正确的方向前行。要依宪施政履职责。不断增强宪法观念和法律意识，依法行使职权、履行职责、开展工作，重大事项合法性审查实现全覆盖。认真执行旗人大及其常委会的决议决定，自觉接受旗人大的法律监督和工作监督，主动接受旗政协的民主监督，高质量办理建议提案。全面强化政务公开，切实保障人民群众的知情权、参与权、表达权、监督权，做好新媒体环境下舆情引导和回应工作，让权力在阳光下运行。要务实担当抓落实。弘扬苦干实干的优良作风，细化任务书、列出时间表、绘出施工图、明确责任人，确保各项工作推动有方、落实有力。大力推行“一线工作法”，健全完善“四下基层”制度，着力打通政策落实“最后一公里”。完善正向激励和容错纠错机制，为实干者撑腰，为干事者鼓劲，让广大干部想干事、敢干事、能干事、干成事。治理庸政懒政怠政和政务失信行为，不断提升政府的执行力落实力公信力。要清正廉洁树形象。严格履行全面从严治党主体责任，严肃党内政治生活，坚决把纪律规矩挺在前面，营造良好政治生态。深入贯彻中央“八项规定”及其实施细则精神，驰而不息纠正“四风”。强化重点领域和关键环节监督，加强公共资金、国有资产、国有资源等廉政风险防控，抓早抓小，防微杜渐。严肃财经纪律，坚持节用裕民，严控“三公”经费支出，把有限的资金用在民生最需要的地方。政府系统所有干部要用行动诠释忠诚、用责任书写担当，始终保持干事创业的激情和攻坚克难的韧劲。

事业是打拼出来的，幸福是奋斗出来的。让我们更加紧密地团结在以习近平为核心的党中央周围，在旗委的坚强领导下，始终同全旗各族干部群众想在一起、走在一起、干在一起，不忘初心、牢记使命，以永不懈怠的精神状态和一往无前的奋斗姿态，在新时代展现新作为、创造新业绩，用人民满意的成绩庆祝中华人民共和国成立70周年！

达茂联合旗人大常委会工作报告
——在达茂联合旗十五届人大二次会议上的工作报告

人大常委会主任　弓　华

（2019年1月26日）

2018年工作回顾

一年来,旗人大常委会在旗委的领导下,以习近平新时代中国特色社会主义思想和党的十九大精神为指导,积极适应人大工作的新形势新要求，坚持党的领导、人民当家做主和依法治国的有机统一,认真贯彻落实旗委重大决策部署，主动作为、完善机制、注重实效,依法履行宪法和法律赋予的职责,圆满完成了旗十五届人大一次会议确定的各项目标任务,实现了新一届人大工作的良好开局。

一、坚持党的领导,服务发展大局

常委会始终坚持党的领导,紧紧围绕旗委重大决策部署，制定年度工作计划，通过法定程序把旗委的主张转变为全旗人民的自觉行动，做到与旗委思想上合心,工作上合力,部署上合拍,确保人大工作始终在党委领导下依法有序开展。旗委高度重视人大工作,听取人大常委会党组工作汇报2次,多次对人大常委会的视察报告、审议意见作出批示。人大常委会坚决贯彻旗委意图,组织人大代表围绕“三大攻坚战”依法履行监督职责,为防范化解重大风险、精准脱贫、污染防治献计出力。坚持在参与中支持,在支持中服务,在服务中监督,常委会班子成员按照旗委统一安排,分别包联1个苏木乡镇,以全面从严治党为抓手,协助推进包联地区党的建设和经济、政治、文化、社会、生态文明等各方面重点任务的落实。

二、围绕服务中心,认真履行监督职责

强化经济工作监督,推动经济行稳致远。常委会认真落实《中华人民共和国预算法》，组织财经委员会成员和预决算审查人员开展学习培训，提高审查监督能力;依法推进预算公开,进一步增强预算透明度,接受社会监督。听取和审议了旗

政府2018年计划、预算上半年执行情况的报告，提出保障存量企业正常生产，加速产业结构调整和转型升级；推进重点项目建设，精准招商引资等审议意见。听取和审议了审计工作报告和审计发现问题整改落实情况报告，督促加大审计监督力度，切实提高资金使用绩效。

加强社会事业监督，推进和谐社会建设。对《内蒙古自治区工资集体协商条例》实施情况进行执法检查，要求健全完善工资集体协商的组织体制、工作机制，形成政府统筹主导、三方密切配合的工作格局。对草牧场确权工作开展专题调研，提出规范工作程序，健全完善相关档案资料，依法依规把工作做细做实。对民族宗教工作进行专题调研，提出加强统筹协调，保障宗教活动正常开展；加强组织建设，充分发挥宗教管理“三级网络”作用等3条审议意见。

加强民生热点监督，主动回应群众关切。农业环境保护工作是落实乡村振兴战略的需要，旗人大常委会组成调研组对全旗农业面源污染综合治理情况进行专题调研，要求进一步提高广大群众的环境保护意识；加强对农产品的质量安全和农药残留的检测，确保农产品的安全。围绕《中华人民共和国大气污染防治法》实施情况开展执法检查，提出强化建筑工地、棚改区抑尘措施和稀土园区环境整治的审议意见。常委会组成人员认真学习《中华人民共和国食品安全法》和《中华人民共和国药品管理法》，围绕食品药品监管工作开展专题调研，向旗政府提出把依法行政的各项要求落实到保障食品药品安全工作的各个方面、每个环节，切实提高执法人员依法行政能力；加强职业道德教育和法律业务培训，全面推进食品药品监管队伍建设的审议意见。

加强司法工作监督，推进依法治旗进程。先后听取和审议了旗人民法院民商事审判工作情况的报告、旗人民检察院关于司法体制和检察工作的报告。要求旗人民法院牢固树立服务发展大局观念，为全旗加快发展提供优质高效司法服务。加强人民陪审员制度建设，保障人民陪审员在案件评议中的话语权。加快青年法官的培养，不断提高青年法官的司法能力和水平。要求旗人民检察院着力做好普法宣传工作，进一步建立符合检察工作特点和司法规律的检察人员管理机制，促进检察队伍人才专业化建设。完善规范性文件备案审查工作机制，推动全旗规范性文件备案审查工作深入开展。

抓好审议意见的落实，努力增强监督实效。常委会先后听取和审议了“一府一委两院”关于常委会审议意见落实情况的报告12项，表决结果均为满意。在听取每项审议意见落实情况的报告前，常委会都要组织部分委员、市旗人大代表，通过听取汇报、实地察看等方式，督查和了解审议意见的办理情况，确保常委会审议意见的有效落实。“一府一委两院”对常委会作出的审议意见高度重视,认真研究,细化措施,狠抓落实,有效地解决了工作中存在的问题,促进了相关工作的顺利开展。通过抓好审议意见的督查落实,形成了“人大监督、‘一府一委两院’办理”的良性互动机制,推动了全旗经济社会持续健康发展。

做好人大信访工作,维护群众合法权益。常委会把人大信访工作作为一项重要工作来抓,坚持人大信访工作责任制和常委会领导接访日制度,加强信访督办,畅通信访渠道,认真做好来信来访的受理、交办和催办工作。常委会共受理群众来信来访32件(90余人次),全部进行了转办。对重要信访件,常委会都及时研究,重点督办,切实维护了来访群众的合法权益。

积极配合完成市人大组织开展的调研检查。配合市人大常委会完成了对养老保险工作、农田草牧场确权登记、“七五”普法工作等开展调研,进一步促进相关工作在我旗的顺利推进。

三、把握工作大局,依法行使重大事项决定权和人事任免权

围绕事关全局和长远发展的重大事项,常委会在深入调查研究的基础上,经过认真审议,适时作出了决定或决议。审查批准了旗政府《关于2017年财政收支预算执行情况及支出预算调整的报告》《关于全旗“六五”普法工作完成情况和“七五”法制宣传教育规划安排情况的报告》《关于2016年旗本级预算执行和其他财政收支的审计查出问题整改落实情况的报告》,并作出相应的决议。

在人事任免工作中,常委会始终坚持党管干部不动摇,坚持民主考察、会议票决、就职表态、颁发任命书、宪法宣誓等程序,做到了党管干部与人大依法任免的有机统一,为全旗经济社会发展提供了有力的人事组织保证。一年来,依法任免“一府一委两院”工作人员70名。同时,继续加强干部任后监督,认真施行旗人大常委会《关于实行政府组成部门负责人履职承诺制的办法》,对政府组成部门主要负责人开展了履职评议,并进行了满意度测评。

四、坚持服务主体,充分发挥代表作用

人大代表是人民代表大会的主体。常委会作为代表机关,坚持把充分发挥代表主体作用作为密切联系群众、提高常委会工作质效的重要抓手,完善保障机制,创新服务载体,不断提升代表工作水平。

提高代表履职能力。旗人大常委会坚持把代表培训作为一项基础性工作来抓,组织开展旗十五届人大代表集中培训2次,邀请内蒙古党校、市人大常委会等方面领导和专家为代表们作专题讲座,使代表了解掌握人大工作的基本知识。为代表征订《内蒙古人大》《包头人大》等资料和书籍,让代表掌握人大工作动态。同时,组织人大代表先后赴孝感市、呼伦贝尔市、土右旗等地区考察交流,学习人大代表主题活动先进经验。一年来,共邀请76位代表列席人大常委会会议、参加视察、专题调研、执法检查等活动，帮助代表找准履职着力点，提高履职能力和水平。

激发代表履职活力。2018 年，旗人大常委会将人大代表活动主题确定为“助力精准扶贫，保护草原生态环境”。旗、苏木乡镇两级人大积极组织人大代表围绕精准扶贫和草原生态保护开展调研，提出建议 12 条。涌现出了一批带头致富、扶贫济困、引领发展的优秀人大代表。常委会始终将代表满意、群众认可作为办好议案、建议的第一标准，进一步改进办理方式，加大督办力度。2018 年，常委会先后听取旗政府关于人大代表建议意见办理情况的报告 3 次，对加强移动通信网络建设等重点建议进行跟踪督办，组织人大代表深入实地进行督查。一年来，代表提出的 63 件建议、批评和意见，现已基本办结，一批群众关心关注的突出问题得到了有效解决，激发了代表多提建议、提好建议的积极性。

强化代表履职管理。健全旗人大常委会组成人员联系代表和代表联系选民的“双联”机制，常委会组成人员定期深入所在选区“人大代表之家”参加活动，协调帮助解决选区实际困难。建立了人大代表与民情信息员长效联系机制。健全完善代表联系选民和接受选民监督机制，规范代表述职评议活动，使代表的履职情况置于选民的监督之下。组织 2 名市人大代表在常委会上述职并进行满意度测评；指导各苏木乡镇人大组织旗、乡两级人大代表向选民述职，进一步增强人大代表的履职意识和密切联系群众意识。加强代表履职管理，推进基层代表履职平台建设，本着“全面建家、驿站补充、流动覆盖、突出特色”的原则，创建了“人大代表草原驿站”、“流动人大代表之家” 和 “驼队人大代表之家”，在百灵那达慕产业园新建了一处富有民族特色的旗级“人大代表之家”，并指导苏木乡镇人大对“人大代表之家”进行了提档升级。全旗“人大代表之家”建设得到进一步提高，为代表履职学习、联系选民、开展活动、沟通交流搭建了平台。

五、强化自身建设，不断提高履职能力

常委会进一步加强自身建设，以提高依法履职能力和工作水平为重点，坚持开展思想政治教育和业务培训学习，不断提高常委会组成人员和人大工作者的履职能力。

以政治建设不断完善保障能力。全面推进常委会机关党的建设，坚决维护党的领导，坚定党员干部政治立场，坚定不移贯彻政治路线，严明政治纪律。严格执行“三会一课”制度，通过党支部集中学习、专题研讨、深入基层宣讲等形式，就党的十九大精神进行了深入系统的学习。常委会党组班子成员带头讲党课，认真组织召开学习会和民主生活会，扎实过好组织生活，使党员干部在思想深处受到了严格的党性锻炼与洗礼。

以思想建设不断提升理论水平。按照

建设学习型机关的目标,推进“两学一做”学习教育制度化常态化,将每周五定为集中学习日,组织干部职工读原著、学原文、悟原理,不断提高常委会组成人员和机关干部的理论和业务水平。组成人员及机关干部参加上级党委、人大和旗内组织举办的各类学习培训96人次,完成了旗人大常委会机关工作人员的全部轮训。选派干部参加各类培训、学习、精准扶贫等全旗重点工作,使机关干部得到了多方面锻炼提升,依法履职、开拓创新的能力不断增强。

以作风建设不断强化工作实效。进一步转变工作作风,认真贯彻落实中央八项规定及相关配套规定,把机关各项制度落到实处。加强党风廉政建设,全面落实从严治党主体责任和党内监督责任,以党章为遵循,以纪律为戒尺,促进干部自觉遵守廉洁从政有关规定和要求,在常委会及机关内部形成了风清气正、廉洁自律的工作氛围。常委会领导班子成员和机关干部按照“大学习、大调研、大落实”有关要求,定期下基层访民情,积极帮助推动解决群众生产生活中的困难。

注重上下联动,增强履职合力。按照市人大常委会的工作安排,配合搞好执法检查、调研、视察等相关活动,紧紧围绕市人大常委会工作重点开展上下联动。加强对苏木乡镇人大工作的联系指导,印发了《关于旗人大常委会领导联系苏木乡镇人大工作安排的通知》,常委会主任总体联系,各位副主任分别包联3个苏木乡镇。组织苏木乡镇人大干部学习培训,提升基层业务工作水平;召开苏木乡镇人大工作座谈会,加强苏木乡镇之间相互学习交流。指导乡镇人大依法开好人代会,组织开展好代表评议、接待选民等活动。邀请人大主席参加常委会开展的执法检查、调研等工作,带动和指导各苏木乡镇人大结合自身实际,加强与代表的联系,深入群众,了解民情,反映民意,不断提高基层人大工作水平。

旗人大常委会过去一年取得的成绩,是旗委正确领导的结果,是全体人大代表与“一府一委两院”和广大人民群众共同奋斗的结果。在此,我谨代表旗人大常委会,向所有关心、支持、帮助人大工作的同志们,表示崇高的敬意和衷心的感谢!

在肯定工作成绩的同时,我们也清醒地认识到,常委会的工作与新形势新任务对我们的要求相比,与各位代表和人民群众的期望相比,还存在不少差距。主要是:工作制度还不够完善、监督方式还比较单一,代表履职激励机制还不健全,常委会组成人员调查研究能力还有待进一步提高,机关工作作风仍需持续改进等。对于这些问题,我们要在今后的工作中认真研究并加以解决。

2019年的主要任务

2019年是中华人民共和国成立70

周年，是深入学习贯彻党的十九大精神、决胜全面建成小康社会第一个百年奋斗目标的关键一年，做好今年的工作意义重大。我们要坚持以习近平新时代中国特色社会主义思想为指导，全面贯彻党的十九大、十九届二中、三中全会精神，深入领会习近平总书记关于坚持和完善人民代表大会制度的重要思想，按照旗委十三届十二次全体会议的决策部署，准确把握改革发展新趋势，积极顺应人民群众新期待，自觉落实从严治党新要求，认真履行各项法定职权，在进一步推动人大工作与时俱进、充分发挥人大职能优势、全力服务改革发展大局上迈出更加坚实的步伐。

（一）坚持党的领导，服务中心工作

一是坚持重大事项请示报告制度，全面贯彻落实旗委重大决策部署，自觉与旗委保持目标同心、步调一致，保证人大工作正确的政治方向。二是紧紧抓住经济社会发展中重点难点问题，依法行使决定权，强化事前介入，在认真审议有关议案的基础上，适时作出决议、决定，把党的主张经过人大法定程序转变为全旗人民的共同意志。三是切实做好民生实事项目人大代表票决制试点工作，围绕全旗重大民生事项作出决议决定，及时听取旗人民政府对已作决议决定贯彻执行情况的报告，促进决议决定有效落实。四是增强工作的主动性，圆满完成旗委安排的中心工作；对全旗重点项目建设情况开展代表视察，全力服务好全旗工作大局。

（二）完善监督方式方法，着力增强监督实效

综合运用执法检查、视察和专题询问、上下联动监督等方式，进一步提高监督的针对性、实效性。尤其是要加大对旗人大常委会审议意见落实情况的监督力度，确保提出的审议意见和建议逐条落到实处。

在经济监督上取得新突破。加强对年度国民经济和社会发展计划、预决算的审查监督，依法听取和审议旗人民政府2019年计划、预算前一阶段执行情况的报告；强化对政府债务的监督，定期听取旗政府债务管理情况的报告；审查批准旗人民政府2018年财政收支决算情况的报告、2018年预算执行情况和其他财政收支情况的审计工作报告。加强审计查出问题整改情况的跟踪监督，听取和审议对审计查出问题整改落实情况的专项报告。加强对国有资产管理情况的监督，听取和审议旗政府关于国有资产管理情况的报告，有效拓展人大监督范围，切实增强对财政经济领域的监督力度。听取和审议旗政府关于农畜产品品牌化发展情况的报告，推动我旗农畜产品进一步提升知名度和市场占有率。对民营企业发展情况进行调研，支持民营企业发展壮大。

在社会监督上实现新作为。对全旗学前教育工作开展调研，推动学前教育长足发展。听取和审议旗政府关于河湖长制落

实情况的报告,实现我旗水环境和水生态的显著改善。围绕物业、供热等相关法律法规开展执法检查,提升城镇建设管理水平。对人民群众普遍关注的热点问题进行专题询问。紧紧围绕《关于打赢脱贫攻坚战三年行动的指导意见》相关部署要求,对全旗精准脱贫工作进行主任集体视察,并对精准脱贫"五个一批"部门进行评议,督促相关部门履职尽责。充分运用好工作评议和专题询问等监督方式,使人大常委会在社会建设领域的监督上实现新作为。在法治监督上再上新台阶。听取和审议旗政府关于扫黑除恶专项行动工作情况的报告、旗监察委员会关于开展扶贫领域腐败问题专项治理情况的报告、旗人民法院关于执行工作情况的报告、旗人民检察院关于公益诉讼工作情况的报告。通过组织常委会组成人员和部分人大代表旁听庭审,增进对法院审判工作的了解,提高自身法律素养。健全规范性文件备案审查工作机制,认真开展规范性文件备案审查的各项工作,依法将相关规范性文件全部纳入备案审查范围,全面担负起宪法法律赋予的各项职责,续写法治建设的新篇章。

(三)坚持程序规范,抓好干部任免

坚持党管干部和人大依法任免干部有机统一,把充分发扬民主和严格依法办事结合起来,落实好旗委人事安排部署。规范人事任免程序,严格任前资格审查,坚持任前法律知识考试、无记名投票表决、颁发任命书、表态发言、宪法宣誓等制度。加强任后监督,切实抓好人大常委会《关于实行政府组成部门负责人履职承诺制办法》的组织实施,对法官、检察官进行履职评议。督促干部牢记宗旨,依法履职,勤政廉政,自觉接受人大监督。

(四)发挥代表主体作用,深化拓展代表工作

巩固人大代表之家提档升级和星级评定成果,为人大代表履职打造更加优质的平台。一是发挥好"人大代表之家"作用,完善代表联系群众制度,建立人大代表与民情信息员长效联系机制,畅通社情民意反映渠道。建立代表履职服务网络平台,将代表信息、代表议案建议办理、代表学习培训等内容在达茂人大门户网站公布。围绕人民群众关注的热点、难点、重点问题,通过代表之家常态化开展调研学习、联系选民、持证视察等工作。二是加强人大代表同国家机关的联系,抓好旗人大常委会组成人员联系人大代表工作制度的落实,经常听取代表的意见建议,邀请代表列席会议、参加有关活动。建立健全代表约见国家机关负责人制度,人大及有关国家机关要做好协调服务工作。三是提高议案建议办理质量。建立旗人大常委会组成人员督办重点建议机制,完善代表建议办理工作评价、考核制度,选择重点部门听取代表建议办理工作情况的报告,并进行满意度测评。对优秀代表议案建议进行表彰。四是做好代表履职服务保障工作。组织多种形式的代表培训。在市人大

常委会的指导下，做好代表远程学习培训平台建设。五是加强对人大代表履职考核监督。深化代表向选民（选举单位）述职工作，推进人大代表述职常态化。完善代表履职考核制度，建立履职档案和履职积分公示制度，健全代表履职激励约束机制。

（五）不断加强自身建设，筑牢人大工作基础

更加注重常委会及机关党建工作。深入学习贯彻党的十九大精神和习近平新时代中国特色社会主义思想，牢固树立“四个意识”，坚定“四个自信”，做到“两个维护”，坚持正确政治方向。强化常委会及机关党建工作，认真落实党组抓党建工作主体责任，严格执行党风廉政建设责任制，落实好“两个责任”和反腐倡廉各项制度。严格落实意识形态工作责任制。着力提升机关内部管理水平，改进工作作风，营造团结、协作、务实、高效的机关工作氛围。

更加注重制度体系建设。按照机构改革相关要求，优化人大常委会内设机构，明确工作职责，制定、修改、完善工作制度和议事程序，提高人大工作规范化、标准化、制度化水平。切实增强制度执行力，形成以制度管权、管事、管人的机关运行机制，发挥制度的根本作用。在市人大常委会的指导下，稳步推进“智慧人大”建设，提升信息化建设水平。加强人大制度和人大工作宣传力度，推动人大工作与时俱进、创新发展。

更加注重基层人大建设。发挥好联结市、苏木乡镇人大的桥梁纽带作用，根据市人大常委会年度联动工作安排，制定本地区人大上下联动年度工作计划。紧紧围绕上级党委和旗委加强苏木乡镇人大工作和建设的意见精神，指导苏木乡镇人大切实履行好各项职责，增强苏木乡镇人大工作实效。通过组织培训、学习考察、工作座谈、经验交流研讨等形式，促进上下级人大之间的经常性联系沟通。深入挖掘苏木乡镇人大代表工作履职事迹，努力展现基层人大代表风采。积极帮助解决苏木乡镇人大工作中遇到的困难和问题，提升全旗人大工作整体水平，持续深化全旗人大工作“一盘棋”格局。

让我们在中共达茂旗委的领导下，坚定信心、振奋精神，迎难而上、扎实工作，不断夺取各项事业的新胜利，共同谱写达茂各族人民美好生活的新篇章！

政协达茂联合旗第十四届委员会常务委员会工作报告

——在政协达茂联合旗第十四届委员会第二次会议上的工作报告

政协主席　苏　德

(2019年1月24日)

一、2018年工作回顾

2018年，是全面贯彻落实党的十九大精神的第一年，是十四届政协积极探索、努力实践,不断开创政协工作新局面的一年。一年来,政协常委会在包头市政协的悉心指导和中共达茂旗委的坚强领导下,在旗人大、政府的大力支持和各部门的积极配合下,坚持以习近平新时代中国特色社会主义思想为指导,紧紧围绕旗委、政府中心工作,牢牢把握团结和民主两大主题，在历届政协工作的基础上,主动作为、开拓创新,认真履行政治协商、民主监督、参政议政职能,充分发挥政协协商民主重要渠道和专门协商机构作用,为推动全旗经济社会发展贡献力量,实现了十四届政协工作的良好开局。

(一)加强学习、增进共识,共同思想政治基础更加牢固

把坚持和发展中国特色社会主义作为巩固共同思想政治基础的主轴，加强理论学习,增进思想共识,努力提升履职素质。

一是始终坚持党对政协工作的领导。坚决维护以习近平为核心的党中央权威和集中统一领导，自觉服从旗委领导,严格执行请示报告制度,真正把坚持党的领导融入政协工作的全过程。坚定不移地按照新形势下党对人民政协协商民主建设的总体部署,把统筹推进“五位一体”总体布局和协调推进“四个全面”战略布局作为履职要务，研究制定2018年工作要点和协商计划，并提请旗委常委会会议通过,确保政协履职工作始终与旗委中心工作同频共振。

二是始终坚持把思想政治建设放在首位。严格政协机关集体学习制度,以集中学习、领导领学、专题研讨、领导讲党课的形式,认真学习习近平新时代中国特色

社会主义思想、党的十九大和习近平总书记对内蒙古工作的重要指示精神，引导委员、干部树牢“四个意识”，坚定“四个自信”，为政协履职提供坚强思想保障。深入开展习近平总书记关于加强和改进人民政协工作重要论述大学习大讨论活动，在“达茂政协”公众平台开设“学习路上”专栏，刊登理论文章，推动思想政治建设往实里走、往深里走，切实增进思想共识和政治共识。

三是始终坚持以专题教育提升动力。深入推进“两学一做”学习教育常态化制度化，组织开展“作风建设年”活动，把活动与政协工作结合起来，与服务全旗改革发展稳定大局结合起来，强化委员担当意识，认真履行职责，着力造就政治坚定、珍惜荣誉、敢于担当的政协委员队伍。积极开展“强化纪法学习，争做清风干部”专题警示教育，以反面案件为镜鉴警钟长鸣，以先进典型为标杆担当实干，对标道德高线、突出纪律红线、守住法律底线，知行合一、外化于行，筑牢拒腐防变的思想防线。

（二）围绕中心、服务发展，协商议政水平显著提升

把促进发展、服务发展作为履职的第一要务，围绕事关全旗经济社会发展的重点领域，开展多层次协商议政活动，组织调研、协商活动136次，形成调研、协商报告13份，提出建议127条。

一是助推产业结构转型升级献良策。产业是立旗之本、强旗之基、富民之要。旗政协聚焦文化旅游、实体经济、向北开放发展，围绕“充分挖掘民族文化体育资源，推动文化旅游融合发展”，在认真调研、广泛协商的基础上，深入分析希拉穆仁草原文化旅游产业融合发展存在的问题，提出“建立大景区集团经营管理模式”等22条建议，旗委、政府主要领导均给予充分肯定，要求职能部门认真抓好落实。围绕“培育发展农村牧区实体经济，助力乡村振兴战略”“加强境内外基础设施互联互通，推动满都拉口岸向北开放发展”，组织委员开展调研、协商，提出“大力扶持重点企业和合作社”等28条建议，为推动我旗产业结构转型升级，建设现代化经济体系献智献策。

二是助推生态文明建设建真言。绿水青山就是金山银山。旗政协密切关注全旗生态文明建设，围绕“加强自然保护区规划保护，推动生态文明建设”，组织相关部门、委员，就巴音杭盖自然保护区保护情况进行专题研究，提出“严格落实生态保护措施，对保护区内违规放牧现象进行清理整顿”等13条建议，旗委、政府高度重视，所提建议得到较好落实。围绕“工矿企业恢复生态环境情况”，从加大生态环境恢复治理力度、加强生态环境后期管护等5个方面提出建议；就腾格淖尔湖保护工作进行主席集体视察，提出中肯意见，为筑牢祖国北疆生态安全屏障竭智献计。

三是助推社会事业发展谋实招。教育、文化、卫生等社会事业的发展关系老

百姓的切身利益。旗政协以此为切入点,围绕“乌兰牧骑事业发展和服务基层”“提升教育教学质量,办人民满意教育”“法律‘六进’工作及公共法律服务”“国家、自治区级文物遗址保护”和“基层卫生院运行”等开展调研视察,从多层次、多角度,提出“理顺乌兰牧骑机构设置” 等38条建议,有力推动全旗社会事业发展。关注城镇建设,围绕“突出地域特色和民族文化,加快推进特色小镇建设”“百灵庙镇棚改政策落实”和“百灵庙镇分质供水和农村牧区安全饮水巩固提升情况” 开展专题协商,提出“培育特色产业、避免同质化竞争”等18条建议,为提升城镇建设水平,改善人居环境据实建言。

(三)关注民生、反映民意,政协履职工作举措更加务实

把实现和维护广大人民群众的根本利益作为履职的出发点和落脚点,不断提升服务民生、维护民利、反映民意的能力水平。

一是着力强化民主监督。充分发挥政协民主监督的独特优势和重要作用,围绕人民群众密切关注的热点难点问题,就洪灾受损和灾后重建、精准脱贫等工作开展主席集体视察,就百灵庙镇集中供暖等民生问题进行协商式监督,切实发挥政协监督助推作用。创新民主评议方法,对环保局、司法局、教育局等5部门进行民主评议,促进部门转变作风、改进工作。推荐委员参加法检两院、政府部门的各类座谈会、听证会、民主测评活动,履行民主监督职责,推动我旗民主政治建设进程。委员列席人代会,讨论政府工作报告、“法检两院”工作报告等;主席、副主席分别列席旗委常委会、政府常务会议,积极参政议政,强化民主监督。

二是着力改进提案工作。深化提案办理机制,加强提案办理的跟踪落实,切实发挥提案在促进改革、服务民生方面的助推作用。十四届一次会议以来收到委员提案108件,立案89件。选择“关于加快百灵庙镇污水处理及中水利用”等8件重点提案,由主席、副主席亲自督办、带案视察,切实将提案工作落到实处。所有提案均已办复,答复率100%,委员满意和基本满意率93%,一批涉及百姓生活的教育医疗、社会保障、城镇建设等问题得到有效解决。公开提案办复意见,接受社会监督,有效提升提案办理质量。加强提案办理考评,结合民主评议对文体广电局等5部门的提案办理情况进行评议,切实改进提案工作方法。

三是着力畅通社情民意。注重发挥社情民意“直通车”作用,完善信息员网络,强化信息员队伍建设,在小文公乡、达尔汗苏木、巴润工业园区、小文公波罗图村、水塔街社区等5个不同层面分别设立社情民意信息直报点,及时反映社情民意信息。将反映社情民意工作作为委员履职考评的重要依据,纳入履职管理范围。拓宽社情民意信息渠道,积极反映基层群众的

诉求和呼声，全年收集编发《社情民意信息》22期，其中，上报市政协6期。多篇信息得到旗委、政府领导批示和职能部门回复，一批涉及城镇管理、交通出行、环境保护等方面的问题得到及时妥善处理。

（四）强化担当、积极作为，主动参与全旗重点工作

准确把握政协性质定位，强化责任担当意识，主动适应新形势新任务，以改革思维、务实举措，主动服务全旗中心工作。

一是助力包联地区工作。按照旗委安排，主席、副主席主动开展包联苏木乡镇工作，帮助包联地区分析困难问题，明确措施办法，理清发展思路。建立联系制度，以全面从严治党为抓手，与包联地区领导班子共同推动地区政治、经济、文化、社会、生态文明等方面的重点任务落实，有效指导包联地区做好“三大攻坚战”、防汛抗洪、非洲猪瘟防控等工作。选派一名副主席督导全旗嘎查村“两委”换届工作，确保换届工作顺利进行。

二是助力防范化解农牧民借贷风险和信访隐患。就全旗牧民借贷情况，组织相关部门地区负责人、牧民代表、部分委员，协商“促进政策性贷款良性运转，帮助广大牧民脱贫致富”的新方法，切实防范农牧民大额借贷风险。按照全旗信访工作安排，主席、副主席耐心接待包联地区群众来信来访，主动对接包联信访案件，采取定点接访、重点约访、带案下访、上门回访等形式，积极化解信访案件，稳控信访隐患人员。

三是助力打赢脱贫攻坚战。制定《达茂旗政协系统助力脱贫攻坚工作实施方案》，选派干部驻村指导小文公乡波罗图村开展脱贫攻坚工作。组织委员深入贫困村，开展“送健康、送温暖”助力脱贫攻坚、爱心捐赠、“光明行”社会公益、农牧业实用技术培训、“心手相牵·共创美丽家园”等活动，帮助乌克忽洞镇碾草湾村解决太阳能光伏发电通电问题，为小文公乡西拐子村55名贫困人口免费入意外保险。《关于帮助部分因病致贫国贫户解决医药费报销难的建议》被市政协采纳，通过市级层面帮助特殊慢病国贫户解决医药费用报销问题，以实的举措助力打赢脱贫攻坚战。

（五）突出民主、开放包容，团结联谊更加广泛

把握团结和民主两大主题，充分发挥政协纽带作用，做好联谊交流、对外宣传工作，为全旗经济社会发展凝聚智慧和力量。

一是巩固团结合作基础。完善与民主党派人士、工商联成员、无党派人士联系制度，为其履职建言搭建平台，创造条件。坚持走访委员制度，听取委员对全旗经济社会发展和政协工作的意见和建议；走访委员企业，帮助解决实际问题；支持委员创办实业，推动全民创业创新，充分发挥人民政协协调关系、汇聚力量的重要作用。举办政协老干部迎新春茶话会、“巾帼

建功守边疆·共圆伟大中国梦”迎“三八”主题活动,深化团结联谊,广泛凝聚共识。

二是扩大对外联谊交往。加强与包头市政协的沟通联系,承办市政协“纪念抗战·情系边疆”主题采风和“关爱留守儿童·播撒爱心阳光”等活动以及多个调研组在我旗的考察调研活动,围绕“农牧民利益联结机制”“依托和保护民族文化资源,打造特色旅游项目”等内容在市政协专题协商会上进行发言,得到市政协的高度认可。加强与各地区政协的联系交往,组织委员赴吉林叶赫满族镇、二连浩特市、巴林右旗、乌审旗、青山区等地考察学习,接待天津静海区、土右旗、正镶白旗等地政协考察组来我旗考察学习,联系青山区政协在旗民族幼儿园开展捐资助学活动,捐赠款物7.3万元,进一步增进地区间的合作交流。

三是加强对外宣传工作。创建“达茂政协委员之窗”微信群、“达茂政协”微信公众平台,及时发布政协动态、提案办理、理论学习、委员风采等内容,引导社会各界密切关注我旗政协工作,扩大政协工作宣传面。抓好重点工作的深度报道,撰写《政协动态》98期,向市政协报告《每周工作动态》,政协宣传报道的针对性和有效性明显提高。启动《达茂政协志》编纂工作。指导委员向上级政协和各类杂志报纸投稿,理论文章《拓宽渠道、创新形式,切实做好民主评议工作》被《同心》杂志刊发,理论研究成果更为丰硕。

(六)夯实基础、务实创新,自身建设进一步加强

以提升履职效能为重点,以完善制度机制为关键,着力推进工作创新,筑牢履职基础,不断提升政协工作科学化水平。

一是切实推进工作机制创新。将加强政协自身建设作为政协履行职能的重要前提,在健全工作机制上发力,助推政协事业发展。制定政协全体会议、常委会和主席会议等工作规则,完善政协调研、视察、协商、民主监督、提案办理和社情民意等工作制度,规范政协工作流程。制定专委会联系指导界别工作和加强界别小组活动等实施方案,搭建从全体会议到常委会、主席会议,从专委会联系指导界别到界别小组活动、委员个体履职的参政议政平台。

二是切实加强委员队伍建设。筹建“委员工作室”,加强委员联络服务工作,拓展委员知情明政渠道。制定《政协协商议政成果转化实施办法》,完善委员建言献策落实反馈机制,促进委员履职成果的转化运用。强化委员学习,组织委员培训3批次,通过印发《委员工作手册》、举办培训班、以会代训等方式,提高委员思想素质和履职能力。制定委员履职考评办法,充分调动委员履职的自觉性。制定常委述职管理办法,组织常委向常委会议述职,切实提升常委履职能力。为各专委会配备2名兼职副主任和1名工作人员,支持专委会加强同委员和社会各界的联系,

充分发挥专委会基础性作用，全年开展各类履职活动20余次。

三是切实强化政协机关建设。明确机关工作人员岗位职责，完善机关财务、公务用车管理、请销假等工作制度，健全机关管理机制。实施政协机关信息化建设和走廊文化建设，实现政协机关办公信息化，机关办公环境明显改善。实施机关档案管理提档升级工程，政协机关成功晋升为自治区档案管理一级单位。加强政协机关精神文明建设，接受文明单位测评验收，政协机关服务、保障能力明显提升。

四是切实抓好政协党的建设。完善政协党组和机关党组议事规则，党的制度建设进一步加强。设立3个专委会党支部，将机关以外的党员委员纳入专委会党支部进行双重教育、管理，并负责联系对应界别的非中共党员委员，实现党对政协工作领导的全覆盖。落实意识形态工作责任制，把好思想舆论导向。严格落实“三重一大”事项集体决策制度和党风廉政建设“两个责任”要求，邀请旗纪委负责人列席党组会议，充分发挥党组主体责任和纪委监督责任。严格遵守中央“八项规定”及其实施细则，增强预防腐败能力。严肃党内政治生活，政协领导以普通党员身份参加机关党支部组织生活。举办“不忘初心、牢记使命”主题党日活动，接受红色教育，激励机关党员干部敢于担当、主动作为。

新一届政协一年来所取得的成绩，得益于旗委的正确领导，得益于旗人大、政府和社会各界的大力支持，得益于广大政协委员的共同奋斗。在此，我代表十四届政协常委会，向所有关心和支持政协工作的各位领导和同志们表示衷心的感谢，向认真履行职能、努力奉献社会的全体委员致以崇高的敬意！

回顾一年来旗政协常委会的履职实践，对照新时代对人民政协工作的新要求和人民群众的新期望，我们的工作还有一定差距，主要表现在：一是民主监督的实效性有待进一步强化，二是协商议政成果有待进一步转化落实，三是委员履职的积极性、主动性、创造性有待进一步提高。针对这些情况，真诚希望大家提出意见建议，让我们共同把我旗政协工作推向新台阶。

二、2019年工作安排

2019年是中华人民共和国成立70周年，也是中国人民政治协商会议成立70周年，面对新时代、新任务，旗政协工作的总体要求是：高举中国特色社会主义伟大旗帜，以习近平新时代中国特色社会主义思想为指导，全面贯彻党的十九大精神以及习近平总书记关于加强和改进人民政协工作的重要论述，认真落实旗委十三届十二次全会决策部署，牢牢把握团结、民主两大主题，以推动高质量发展为履职要务，以增进人民福祉为工作的出发点和落脚点，以加强协商成果转化、拓宽民主监督渠道、增强参政议政针对性为重点，创新举措、力求实效，为我旗经济社会发展作出新贡献,以优异成绩庆祝中华人民共和国成立70周年。

(一)坚定正确方向,切实用新思想统领政协工作

一要强化党对政协工作的全面领导。坚持把习近平新时代中国特色社会主义思想作为人民政协工作的根本遵循,深入学习贯彻习近平总书记关于加强和改进人民政协工作的重要论述,严格落实全国政协关于提升政协工作质量的新部署新举措新要求。坚决维护以习近平为核心的党中央权威和集中统一领导,充分发挥政协党组作用,努力把党的主张转化成政协各族各界人士的共识,推动党的决策部署在政协组织中落地生根、开花结果。

二要为实现新目标积极担当作为。紧紧围绕新时代中国特色社会主义事业的目标任务,紧密联系我旗改革发展稳定的实际,深入开展"立足本职促发展、当好委员献良策"主题活动,引导广大委员强化担当、主动作为,以发展大局为重,以民生关切为念,深入协商议政,积极建言献策,以实际行动为我旗经济社会高质量发展,加快推动全面建成小康社会贡献力量。

三要坚持推进"同心"实践。牢牢把握正确政治方向,扎实做好政协统战工作,在把握大团结大联合的主题中画出最大同心圆,在坚持一致性和多样性的统一中找到最大公约数,坚持做到与旗委、政府政治同向、思想同心、工作同步。聚焦中心任务和重点工作,使政协工作与旗委、政府中心工作同步合拍、同轴运转、同频共振,努力形成统一战线参与达茂建设的强大合力。

(二)把握关键领域,切实强化政协履职实效

一要在做好政治协商上下功夫。围绕旗委十三届十二次全会的安排部署,履职尽责、献计出力,紧扣经济高质量发展、全面深化改革开放、社会治理、支持民营企业发展等重点工作,精选课题开展政协常委会、主席会议专题协商和专委会对口协商。着力推动协商成果转化,通过多种形式加强与旗委、政府领导的沟通对接,形成会前汇报沟通、会中当面献策、会后跟踪的工作模式,保证协商成果转化高位推进。定期听取政府或相关部门有关协商报告建议的办理情况通报,积极开展监督视察,跟踪问效协商建议采纳落实情况。

二要在推进民主监督上用力气。拓宽民主监督渠道,完善监督程序和机制,围绕防范化解重大风险、精准脱贫、污染防治"三大攻坚战"的政策落实和重点领域改革任务落实情况开展民主监督,推动旗委、政府中心任务完成。完善会议监督、视察监督、提案监督、评议监督、专项监督的内容和形式,把民主监督融入政协经常性工作,对政府相关部门进行民主评议,不断提升民主监督的实效。

三要在开展参政议政上出实招。坚持把满足人民日益增长的美好生活需要作

为政协履职的价值追求，聚焦决胜全面建成小康社会和我旗社会事业发展的重大问题，倾心履职尽责。紧扣旗委总体部署，选择公共文化服务提升、促进创业就业等旗委、政府高度重视，人民群众普遍关注的社会民生问题，深入开展调查研究、咨政建言，协助破解民生工作难题，促进民生事业又好又快发展，不断满足广大群众日益增长的美好生活需要。

（三）创新履职实践，切实提升政协工作整体水平

一要不断提升提案工作质量。坚持问题导向，紧紧围绕旗委十三届十二次全会提出的奋斗目标，聚焦全旗中心工作，聚力民生热点问题，选准切口、深入调研、提准建议，着力提升提案质量。将协商贯穿提案工作全过程，强化办前提前协商、办中跟踪协商、办后运用协商。加大主席会议督办重点提案力度，强化带案视察、重点督办和办理评议，着力提升提案办理实效，确保重点提案和一般提案的满意率均达到92%以上。

二要改进社情民意和宣传报道工作。加大社情民意信息直报点建设力度，拓展社情民意信息的汇集渠道。围绕旗委、政府重大决策部署和社会关注的问题，开展社情民意信息“微调研”，提出有见解、有深度的社情民意信息。向市政协和自治区政协反映事关我旗改革发展稳定的社情民意，充分发挥社情民意信息“直通车”作用。加强宣传报道，办好“达茂政协”微信公众平台和《政协动态》专刊，广泛宣传党的统战工作方针政策、政协重要工作和活动成果，营造协商民主的良好氛围。撰写政协理论研究文章，加大投稿力度，不断扩大旗政协的社会影响。

三要扎实做好文史资料工作。在中华人民共和国成立70周年和人民政协成立70周年之际，征集历届政协老领导、委员与人民政协相关的史料，以及政协委员参与专题调研、视察考察、提案、社情民意信息、文史资料等履职工作的回忆文章和音像史料，编辑出版政协纪事书籍。完成《达茂政协志》编纂工作。挖掘整理达茂文史史料，编辑出版新版《达茂文史资料》专辑。组织委员和书画摄影爱好者进行作品创作，举办“庆祝建国70周年和人民政协成立70周年”书画摄影作品展。

四要积极为改革发展凝心聚力。加强与社会各界的沟通与联系，协助旗委、政府做好理顺情绪、化解矛盾、增进团结的工作，营造和谐安定的党群干群关系。扩大与党外人士、宗教人士的联系交往，鼓励和引导他们牵线搭桥，为我旗发展凝聚力量，扩大朋友圈、划好同心圆。结合政协系统助力脱贫攻坚工作，主动深入界别群众和基层群众结“亲戚”，组织开展精准扶贫、慈善捐赠、志愿服务等社会公益活动，为群众解难题、办实事、做好事。认真做好上级政协来达茂调研、开展活动的协调服务，密切与各地区政协的联系与互动，交流工作经验，促进工作开展。

(四)激发履职活力,切实加强政协自身建设

一要加强委员队伍建设。完善委员联络服务机制,加强“委员工作室”建设,拓展委员知情明政平台,扩大委员履职参与面,确保委员在政协干事有舞台、建言有渠道,切实发挥好委员助推旗委、政府中心工作的重要作用。开展“委员履职提升年”主题活动,加强委员教育培训,办好“学习路上”专栏,激发广大委员参政议政、履职尽责的活力。创新常委管理模式,扩大常委述职范围,引导常委深刻认识人民政协面临的新形势、新任务,不断增强履行职能的紧迫感和使命感,积极参加旗政协组织的各种会议和活动,切实发挥好常委表率和中坚骨干作用。

二要加强专委会和机关建设。严格落实专委会“四个好好”要求,要好好学习,把学习当作政治责任抓在手里,抓出成效;要围绕全旗中心工作,精心选择课题,好好调研,不断提升工作水平;要改进工作作风,规范调研程序,做实“课前功课”,用心调研走访,认真查摆存在问题,精心提出对策建议,好好提高工作质量;要好好抓党建,严格专委会党支部组织生活,努力把党的主张转化成广大委员的共识,从而实现党的意图。加强专委会联系指导界别,充分发挥界别小组优势,推动界别工作不断创新发展。加强机关文化建设,重视干部队伍素质提升和纪律建设,增强机关干部爱岗敬业、忠诚服务的使命感和责任感,全面提高机关工作效率,为委员履职搞好服务、提供保障。

三要加强政协党的建设。坚持全面从严治党,巩固“两学一做”学习教育常态化制度化和“作风建设年”成果,自觉践行“两个维护”,牢固树立“四个意识”,坚定“四个自信”。严格遵循党章,规范“三会一课”、民主生活会和组织生活会,组织党组成员定期为机关党员讲党课,并以普通党员身份参加机关支部组织生活,进一步严肃党内政治生活。加强思想建设,严格落实意识形态责任制,把牢意识形态工作主动权。严格落实党风廉政建设责任制,自觉遵守政治纪律和政治规矩,认真落实“一岗双责”,增强预防腐败能力,着力打造对党绝对忠诚的干部队伍。

新思想引领新时代,新使命开启新征程。让我们紧密团结在以习近平为核心的党中央周围,在旗委的坚强领导下,围绕中心、服务大局,同心同德、锐意进取,努力推进人民政协事业迈上新台阶,为谱写“建设亮丽内蒙古,共圆伟大中国梦”达茂篇章贡献智慧和力量!

达茂联合旗概览

【建置沿革】达尔罕茂明安联合旗，简称达茂联合旗，1952年10月由达尔罕旗和茂明安旗联合而建（达尔罕意为“神圣不可侵犯”，茂明安意为“千户部落”），位于阴山北麓，内蒙古自治区20个边境旗（市）和33个牧业旗之一。东邻乌兰察布市四子王旗，西接巴彦淖尔市乌拉特中旗，南连呼和浩特市武川县、包头市固阳县，北与蒙古国接壤，国境线长88.6公里。全旗辖7个镇、2个乡、3个苏木。总面积18177平方公里。

【人口民族】总人口12万，有汉、蒙古、回、满、朝鲜、达斡尔、鄂伦春、藏、苗、土家族等23个民族，少数民族人口1.89万人（蒙古族1.78万人），是典型的边境少数民族地区。旗政府所在地百灵庙镇距呼和浩特市、包头市均为160公里左右，处于呼包鄂经济区两小时辐射圈内，中蒙满都拉—杭吉国家级双边性常年开放公路客货运输口岸，是对蒙开放重要通道之一。

【自然资源】达茂联合旗地域辽阔，物产丰富。探明的金属、非金属矿藏达32种，境内有近20亿吨铁矿、86亿吨褐煤、22亿吨石灰石、4.1亿吨磷矿，还有储量可观的稀土、金、锰、铜、萤石等矿产资源。风能和太阳能开发前景广阔，年平均有效风速时数6000小时以上，风能资源总储量达3181万千瓦；年均日照时数为3100小时，年太阳辐射总量6000焦耳/平方米以上。农牧业资源丰富，有1.66万平方公里天然草牧场和120万亩耕地，马铃薯、牛羊肉、皮毛绒等农畜产品畅销全国。

【名胜古迹】境内有希拉穆仁草原、敖伦苏木古城遗址、金堑壕遗址等国家级重点文物保护单位，有哈布图·哈萨尔祭奠堂、汉长城、康熙营盘等历史遗迹。民国25年（1936年），乌兰夫等老一辈无产阶级革命家领导的百灵庙抗日武装暴动，打响蒙古民族抗日的第一枪；同年11月，傅作义领导发起的百灵庙战役，鼓舞全国人民抗日的信心和决心。20世纪60年代，草原英雄小姐妹龙梅、玉荣的光荣事迹，就发生在这里。20世纪50年代，达茂人民献出世代祭奠的圣山——白云鄂博，支援包钢建设。2008年，服从建设祖国北疆生态安全屏障大局，在全区、全国率先实施为期10年的阶段性禁牧，为国家草原生态保护补奖机制的出台探索成功经验，2万禁牧牧民因此被评为“感动包头”年度集体人物。

大事记

一月

1月5日，召开中国共产党达茂联合旗第十三届委员会第十一次全体会议。出席会议的旗委委员23人，候补委员5人。旗有关方面负责同志列席会议。全会由旗委常委会主持。旗委书记雪松作讲话。全会以习近平新时代中国特色社会主义思想为指导，深入学习贯彻习近平总书记关于深化党和国家机构改革的重要论述精神、党的十九大和十九届二中、三中全会精神，全面落实党中央、自治区党委、包头市委关于深化地方机构改革的部署要求，传达学习上级党委和政府批准的《达茂联合旗机构改革方案》，审议通过《达茂联合旗机构改革实施意见》，对全旗机构改革工作作部署。旗委副书记、政府旗长张永文就《实施意见(讨论稿)》作说明。

1月17日，召开中国共产党达茂联合旗第十三届委员会第十二次全体会议。席会议的旗委委员27人，候补委员1人。旗有关领导，旗纪委监委领导班子成员，有关方面负责同志，部分党代表列席会议。旗委书记雪松，旗委副书记、政府旗长张永文分别作讲话。

1月21日，达茂旗与北方国际合作股份有限公司举行签约仪式。签约仪式上，达茂旗与北方国际合作股份有限公司签署合作协议。未来，双方将在满都拉口岸基础设施和跨境物流通道建设、境外矿用公路建设及矿产品进出口等方面展开合作。

1月24日，政协达茂联合旗第十四届委员会第二次会议开幕。旗领导雪松、张永文、弓华、苏德出席会议，并在主席台前排就座。原政协老领导特邀出席会议。在达茂旗的包头市政协委员，以及达茂旗各苏木乡镇党政主要领导，巴润工业园区管委会负责人，旗直各部门、各事业单位负责人和驻旗各部门、单位负责人，部分民营企业和规模以上企业负责人列席会议。大会第一次全体会议由旗政协副主席何建军主持，会议应到委员123人，实到110人，符合政协章程规定。旗政协主席苏德代表政协达茂联合旗第十四届委员会常务委员会作工作报告。苏德在报告中全面回顾2018年工作，并对2019年工作进行安排部署。

1月25日，达茂联合旗第十五届人民代表大会第二次会议在会务中心开幕。会议由大会主席团常务主席、执行主席弓华主持。雪松、弓华、张永文、敖特根苏德、马全旺、艾静、姚培清、李永新、孙志良、张锦中、斯日古楞、张辉担任大会的执行主席。列席本次大会的有原旗级领导和不是代表的旗级领导，部分自治区、市人大代表，旗直机关事业单位负责人，苏木乡镇政府负责人，驻旗各部门负责人及部分规模以上企业负责人，出席旗政协十四届二次会议的全体委员。大会第一次全体会议应到代表143人，实到133人，符合法定要求。

1月30日，达茂旗举办2019年各族各界迎新春茶话会。旗委书记雪松，旗委副书记、政府旗长张永文，旗人大常委会主任弓华，旗政协主席苏德，离退休老领导代表，“两代表一委员”代表，各群众团体代表，企业单位、劳动模范、道德模范代表，驻旗部队、武警部队官兵代表，少数民族、宗教界代表，科技界、教育界、医疗卫生代表，农牧民代表，军烈属、战斗英雄、革命伤残军人代表，基层公安干警代表，各苏木乡镇、巴润工业园区管委会、旗直各部门单位，驻旗各单位的负责同志欢聚一堂。

二月

2月12日，中共达茂联合旗第十三届纪律检查委员会第四次全体会议召开。参加此次会议的旗纪委委员14人，列席192人。旗委书记雪松出席会议并作重要讲话。旗委、旗人大、旗政府和旗政协的领导同志出席会议。全会由旗纪委常委会主持。全会以习近平新时代中国特色社会主义思想为指导，全面深入学习贯彻党的十九大、十九届中央纪委三次全会、十届自治区纪委五次全会、十二届市纪委四次全会精神，全面落实旗委十三届十二次全会精神，总结2018年全旗纪检监察工作，研究部署2019年工作任务，审议通过姚培清代表旗纪委常委会所作的《忠于职责使命 锐意改革创新扎实推动新时代纪检监察工作高质量发展》的工作报告。

2月13日，在白云鄂博矿区，“两地三方”主要领导人欢聚一堂，召开以“企地融合、区域协同开创新时代‘两地三方’发展新局面”为主题的2019年“两地三方”民族团结座谈会，签署合作框架协议，再次唱响民族团结进步的赞歌。包钢(集团)公司董事长、党委书记魏栓师，董事、总经理、党委副书记孙国龙，达茂旗委书记雪松，旗委副书记、旗长张永文，旗人大常委会主任弓华，旗政协主席苏德，白云鄂博矿区区委书记张勇东，区委副书记、区长黄敏，区人大常委会主任郝金花，区政协主席薛剑出席会议。白云铁矿、宝山矿业公司、巴润分公司、沃尔特矿业公司和“两地三方”相关部门、单位负责人参加会议。黄敏主持会议。座谈会上，张勇东、雪松、魏栓师分别作主旨发言。

2月26日，达茂旗在会务中心召开2019年第一季度安全生产工作会议暨全旗安全生产大检查动员部署会。达茂旗委副书记、政府旗长张永文主持会议。旗领导格日勒、孟和巴特尔及旗直各相关单位、各苏木乡镇主要负责人参加会议。会议通报了锡林郭勒盟“2·23”重大事故情况；传达了中央、自治区有关领导批示精神及自治区安全生产紧急电视电话会议精神。会上，相关部门负责人安排部署全旗安全生产大检查有关工作。

2月28日，达茂旗召开嘎查村集体经济现场观摩会。旗委常委、组织部部长李永新出席会议并讲话，旗委组织部、财政局、科扶办等部门单位相关负责人及12个苏木乡镇党委副书记、组织委员共23人参加。此次会议采取现场观摩和会议交流的形式进行。

三月

3月13日，达茂旗委深化机构改革协调小组组织召开全旗机构改革工作推进培训会，旗内各部门主要负责人和相关工作人员共计120余人参加会议。会上，旗委常委、组织部长、旗委深化机构改革协调小组组长李永新作重要讲话。各相关部门的负责人分别就转隶及部门“三定”工作、办公用房及公务用车调配、档案管理及工作纪律等内容进行安排部署。

3月14日，达茂旗委书记、旗委编委主任雪松主持召开中共达茂联合旗委员会机构编制委员会第1次会议。会议研究审议通过《中共达茂联合旗委员会机构编制委员会工作规则》《中共达茂联合旗委员会机构编制委员会办公室工作细则》和旗直各部门“三定”规定人员编制框架。此次会议为各部门做好“三定”落实工作创造了条件，为按时完成全旗机构改革任务奠定基础。

3月16日，达茂旗委书记雪松在会务中心主持召开专题学习习近平总书记在参加十三届全国人大二次会议内蒙古代表团审议时的重要讲话精神部署会，并就达茂旗如何贯彻落实会议精神做出安排部署。会上，旗委常委、宣传部部长艾静结合全旗实际，对今后一段时间学习、宣传习近平总书记讲话精神做出详细安排。

3月19日，达茂旗委书记、旗委编委主任雪松主持召开中共达茂联合旗委员会机构编制委员会第2次会议。会议研究审议通过旗直18家机构“三定”规定，研究部署下一步重点任务。

3月20日，达茂旗应急管理局、政务服务局、工信和科技局、商务局、卫生健康委员会、文体旅游广电局、住建局、医疗保障局、农牧局、林草局、自然资源局、退役军人事务局13个机构举行集中挂牌仪式。

3月22日，达茂旗召开全旗党建工作会议，深入贯彻上级组织、宣传、统战、政法工作会议精神，认真落实从严治党要求，全面总结部署全旗党建各项工作。

3月26日,包头市委副书记、市长赵江涛到达茂旗调研脱贫攻坚工作,并召开座谈会。达茂旗委书记雪松,旗委常委、政府副旗长石钟琴,旗委常委、旗委办主任王利军,政府副旗长孟和巴特尔陪同调研。赵江涛先后实地调研石宝镇就业、电商、土地流转三个服务平台和石宝镇二柱农牧业专业合作社、宝玉农牧业专业合作社柠条、秸秆颗粒饲草料加工基地及百灵庙镇黄花滩项目区天然草地改良和人工草地种植项目建设情况。

四月

4月8日,自治区党委第二巡视组巡视达茂联合旗工作动员会召开。会前,自治区党委巡视工作领导小组成员、巡视办主任苑瑞先主持召开与达茂联合旗委书记雪松和旗委副书记、旗长张永文的见面沟通会,传达习近平总书记关于巡视工作重要指示精神和全国巡视工作会议暨十九届中央第三轮巡视动员部署会精神。动员会上,自治区党委第二巡视组组长李健就即将开展的巡视工作作动员部署,苑瑞先就配合做好巡视工作提出要求。会议由包头市委常委、纪委书记、监委主任陈万荣主持。自治区党委第二巡视组副组长及成员,包头市委联动巡察组成员,被巡视三个旗区党政主要负责人,达茂联合旗委、人大、政府、政协党组领导班子成员,旗人民法院、人民检察院党组班子成员,各苏木乡镇党委书记、乡镇长、人大主席及纪委书记,旗直属部门和企事业单位(含驻旗单位)主要负责人,以及相关科级以上领导干部列席会议。

五月

5月13—14日,内蒙古自治区党委常委、宣传部部长白玉刚一行到达茂旗就基层宣传思想文化工作进行调研。白玉刚一行先后深入蒙根部落、希拉穆仁镇红格尔敖包景区、满都拉口岸、百灵那达慕文化产业园区、融媒体中心进行实地调研。

六月

6月25日,第七届全国道德模范评选表彰活动组委会审核确定由各地和军队系统推荐的303名全国道德模范候选人,并在中央主要媒体和重点网站进行集中公示宣传。达茂旗满都拉镇牧民阿迪雅入选全国诚实守信类道德模范候选人。

七月

7月10日,包头市人大常委会主任徐德林一行调研达茂旗人大工作开展情况。旗人大常委会主任弓华、旗委副书记马全旺及相关部门负责人陪同调研。徐德林一行通过实地查看、召开座谈会、听取汇报等方式,全面了解民生实事项目人大代表票决制开展情况和代表履职积分公示制情况。

7月10日，达茂联合旗与赛音山达县缔结为友好城市合作协议在乌兰巴托市签订。

7月12日，包头市大弘矿山工程有限公司与蒂森克虏伯工程技术（中国）有限公司在包头市达尔罕贝勒酒店就巴润胶带运输项目设备采购举行签约仪式。达茂旗委书记雪松、巴润工业园区管委会主任冀全柱、工商银行包头分行、企业负责人出席签约仪式。

7月20日，第七届游牧文化旅游节暨达茂联合旗第30届那达慕大会在百灵那达慕文化产业园盛大开幕，一场民族风情浓郁的文化盛宴呈献给八方来宾。

7月21日，自治区党委第二巡视组向达茂联合旗反馈巡视情况。会议向达茂联合旗委书记传达自治区党委书记李纪恒听取巡视情况汇报时的讲话精神，自治区党委第二巡视组组长李健代表巡视组反馈巡视情况。自治区监委委员火亮对抓好巡视整改工作提出要求。包头市委常委、统战部部长乌云主持反馈会议并作总结表态。达茂联合旗旗委书记雪松就做好巡视整改工作作表态。

7月30日至31日，自治区党委常委、包头市委书记张院忠在达茂旗调研时强调，要做实做细学习宣传贯彻习近平总书记考察内蒙古重要讲话精神工作，进一步提高政治站位，树牢“四个意识”，做到“两个维护”，落实好政治责任，全力做好各项工作，为筑牢我国北方重要生态安全屏障和祖国北疆安全稳定屏障作出新贡献。

八月

8月6日，结合正在开展的“不忘初心、牢记使命”主题教育和学习贯彻落实习近平总书记考察内蒙古重要讲话重要指示精神，自治区党委副书记、自治区主席布小林深入达茂旗调研。

九月

9月16日，达茂旗“不忘初心、牢记使命”主题教育工作会议召开。旗委书记雪松出席并讲话。

9月30日上午9时，达茂旗在政府门前集会隆重举行升国旗仪式，庆祝中华人民共和国成立70周年。旗四大班子领导，各苏木乡镇、旗直机关单位、驻旗部队、统战人士、道德模范、劳动模范、中小学生和农牧民代表近1200人参加升国旗仪式。

十月

10月16日，达茂旗安委会召开2019年第10次会议，传达学习市安委办《关于深刻吸取近期事故教训进一步加强安全生产大检查工作的紧急通知》及自治区有关领导关于呼市回民区施工事故批示，通报全旗第三季度安全生产情况，安排部署下一步重点工作。旗委常委、常务副旗长石钟琴主持会议并讲话。

10月17日上午，达茂旗委书记雪松围绕如何守初心、担使命，切实抓好基层党建工作为全旗领导干部讲“不忘初心、牢记使命”主题教育专题党课。

十一月

11月7日，在四川省蒲江县召开的全国推动“四好农村路”高质量发展现场会上，交通运输部、农村农业部、国务院扶贫办联合为全国“四好农村路”示范县授牌，达茂联合旗名列其中，成为包头市第一个荣获此称号的旗县。

11月12日，包头市政协党组书记陈智率调研组到达茂旗调研走访，旗领导雪松、苏德、马全旺等陪同。陈智一行实地走访政协机关，认真了解相关情况，看望旗政协机关干部职工，并召开座谈会。

11月26日，包满铁路三期工程建设总结表彰大会在满都拉火车站举行。达茂旗委常委、常务副旗长石钟琴，巴润工业园区管委会主任冀全柱出席会议，包满铁路公司、中铁十四局相关领导和员工参加会议。包满铁路巴音花—满都拉段工程线路全长26.133公里。包满铁路巴音花至满都拉段建设铺架工程的圆满结束，标志着包满铁路建设取得重大进展。

十二月

12月20日，达茂联合旗妇女第十二次代表大会在旗会务中心召开。包头市妇联副调研员李俊，旗领导马全旺、朱占国、张巴根那、杨柏军、张辉、格日勒、何建军、莎仁高娃、尹桂君出席会议。

中国共产党达茂联合旗委员会

重点工作

【中心工作】2019 年，达茂旗始终坚持以习近平新时代中国特色社会主义思想为指导，深入贯彻党的十九大和十九届二中、三中、四中全会精神，认真落实习近平总书记关于内蒙古工作重要讲话、指示批示精神和自治区党委、包头市委安排部署，全力以赴保增长，凝心聚力建小康，经济社会各项事业取得新进展。地区生产总值同比增长 4.9%，城乡常住居民人均可支配收入分别增长 6.7%和 11.1%，固定资产投资增长 3.8%，社会消费品零售总额增长 4%，完成一般公共预算收入 5.57 亿元。

【三大攻坚战】脱贫攻坚方面，聚焦解决“两不愁、三保障”突出问题，全面落实“六个精准”“五个一批”要求，建档立卡贫困人口全部脱贫，脱贫攻坚 10 项“清零达标”任务全部完成，中央巡视反馈、各级成效考核检查问题全面整改，如期完成脱贫目标。污染防治方面，深入推进中央环保督察“回头看”及草原专项督察反馈问题整改，扎实推动蓝天、碧水、净土保卫战，实施新达茂稀土硫胺废水技改等 5 个污染防治项目，关停取缔“散乱污”企业 25 家，全旗二级以上优良天数比例达 92.4%。防范化解重大风险方面，制定防范化解重大风险“1+8”工作方案，稳妥化解政府债务 10.8 亿元，“十个全覆盖” 直接相关工程欠款全部清偿，圆满完成国庆 70 周年安保维稳任务，动员全旗各族干部群众科学处置突发鼠间鼠疫，各领域风险总体可控。

【经济发展】重点项目方面，亿元以上重点项目完成投资 31.2 亿元，包头市国家可再生能源综合应用示范区首期 160 万千瓦风电项目完成竞争评优，签约重大项目 13 个、协议资金总额 295.6 亿元。工业转型方面，加快传统产业技改升级，完成宝鑫特钢等 5 家企业清洁化改造工作，企业节能治污能力有效提升。实施航天日昇、中节能等风电供热项目，智能风电运维服务平台一期工程建成运营，清洁能源综合开发利用率不断提高。巴润工业园区调区获自治区政府批复，园区污水、供热、尾矿库完成建设改造，110 千伏第二电源（线路）工程顺利建成，综合承载力进一步提升。口岸发展方面，实施口岸国际公路物流园区等项目，引进北方国际合作股份有限公司修建杭吉口岸—塔温陶勒盖矿运公路，进口肉类指定口岸监管场地通过国家海关总署验收,全年贸易总额达到18.1亿元。旅游发展方面,深入开展希拉穆仁旅游市场综合整治,成功举办第七届游牧文化旅游节,全年接待游客283.9万人次、实现旅游收入19.8亿元,分别增长8.6%和7.6%。

【乡村振兴战略】农牧业发展方面,优化农业种植结构,大力推进特色种植业发展,黄芪等中药材、旱作红皮小麦等特色农作物种植面积稳步提升。因地制宜推进畜种改良,加快产业化发展,农畜产品产地初加工项目34家企业通过验收,“达茂草原羊”入选中国农业品牌2019年农产品区域公用品牌。城镇建设方面,加快完善城镇市政设施,完成百灵庙镇老旧小区基础改造9万平方米、供热管网改造23.5万平方米,建成达尔汗苏木污水处理工程,百灵庙污水处理厂扩能及中水回用项目投入试运行。扎实推进农村牧区人居环境整治,全面开展“三清一改”专项行动,城乡面貌得到好转。基础设施建设方面,推进氟病区水质达标工程,解决2.2万人饮水型氟超标问题。新建改造农村公路216.8公里,成功创建“四好农村路”全国示范县。包满铁路三期项目竣工验收,城乡发展环境进一步优化。

【社会民生事业】民生工作方面,建立培训实训基地,零就业家庭保持动态清零,城镇登记失业率保持在3.62%。统筹推进城乡低保、特困人员救助等社会救助,建成雅馨养老院,建成使用为老服务站19个,社会保障水平逐步提高。社会事业方面,完善城乡公共文化服务中心配套设施,出台《关于加快推进乌兰牧骑事业发展实施方案》,顺利接受自治区文明城市复检。深化与市级重点学校合作办学,自治区级、包头市级示范幼儿园比例达83%,中考重点上线率8.5%、高考普通本科升学率41.7%。加快健康达茂建设,希拉穆仁镇创建自治区级卫生乡镇顺利通过验收评估。社会维稳方面,推行“一村一辅警”工作机制,加强社会治安管理,治安案件发案率下降16.9%。加强重点人群、重点领域排查管控,打掉恶势力团伙4个,扫黑除恶专项斗争成效显著。持续开展安全生产、食品药品安全专项整治,有力保障群众生命财产安全。巩固民族团结进步创建成果,戍边牧民阿迪雅荣获全国道德模范、全国民族团结进步模范个人、自治区“最美退役军人”称号。落实党政军警民合力强边固防部署,建立党政军警民共建、共防、共治机制,祖国北疆安全稳定屏障更加稳固。生态环境方面,完成林草封育30.5万亩、人工灌木造林2万亩,草原植被覆盖度达到30.5%。推进地下水保护、河湖“清四乱”专项行动,综合治理水土流失面积50平方公里、河道14.6公里,完成腾格淖尔等3个湖泊、14条旗级河流划界。建设完成达茂旗地理信息共享平台,达茂联合旗被自治区确定为先行开展生态保护红线勘界定标试点地区之一。

【党的建设】政治建设方面,紧紧围绕习近平总书记关于内蒙古工作要求，扎实推进党中央决策部署落地落实，以实际行动增强“四个意识”、坚定“四个自信”、做到“两个维护”。扎实开展“不忘初心、牢记使命”主题教育，坚持把学习教育、调查研究、检视问题、整改落实贯穿全程，“开门纳谏”为百姓办好民生实事，12个专项整治有力推进，14个行业系统专项整治任务全部完成，查摆问题整改率达98%。思想理论武装方面，围绕习近平总书记讲话、十九届四中全会等内容，坚持旗委中心组引领，依托红色蒙古包、全民阅读基地等阵地强化学习宣讲，编发蒙汉文学习资料2万余册，集中学习研讨451场次。开展意识形态工作责任制落实情况集中督查，处理问题网站22家，妥善处置舆情事件35起，意识形态阵地更加牢固。改革任务方面，实施6个领域119项改革任务，出台改革成果110项，全面完成党政部门机构改革任务，深化苏木乡镇改革，推进基层整合审批服务执法力量。干部人才工作方面，开展百名年轻干部培养工程，精心打造“周五大讲堂”品牌课程，培训领导干部1178人次。规范选人用人工作，落实公务员职务与职级并行制度，激发干事创业活力。抓好“选育管用”，年内招录志愿者、医学定向生等107人，培训各类人才5860人次，成功申报包头市2019年“西部之光”访问学者11名。基层组织建设方面，开展软弱涣散嘎查村党组织集中排查，完成相对后进嘎查村支部整顿提升，优化调整党支部17个。统筹推进各领域党建工作，北疆联合党委作用更加凸显，朵兰戈尔社区“1241”服务机制被评为自治区首届基层党建特色案例。实施集体经济项目75个、完工60个，实现清零并稳步递增。党风廉政建设方面，深入开展形式主义、官僚主义及昏官、懒官、庸官、贪官等问题专项治理、集中整治和常规巡察，处置问题线索268件，同比下降19%。综合运用监督执纪“四种形态”处理275人次，第一、第二种形态处理占比达95.6%。积极接受自治区党委第二巡视组常规巡视，巡视组向旗委、旗纪委反馈问题以及选人用人、意识形态、巡察等专项巡视反馈问题全部完成整改或取得阶段性成果，制定相关制度50项、追责问责41人。

中国共产党达茂联合旗委员会办公室

【政务服务】 2019年,共撰写领导讲话、汇报材料、公文、会议材料等各类文稿400余篇200万余字。严格落实自治区、包头市和旗委常委会议议事决策规则要求,年内组织召开旗委常委会会议29次、书记专题会议5次,印发会议纪要58期24万余字。协助市委起草党政军警民合力强边固防的实施意见,并抓好贯彻落实。全年制发公文290件,其中正式文头印发132件、便签印发158件;扎实推进党内法规清理、备案,全年报备规范性文件46件,党内规范性文件报备率、规范率显著提升。会议调研服务方面,创建4类微信会议通知群,建立三次产业、重大项目、苏木乡镇(嘎查村社区)调研点项目库,全年组织完成各级调研27次、承办各类会议145场。圆满完成自治区党委第二巡视组巡视九原区、白云鄂博区和达茂联合旗动员会以及自治区党委副书记、主席布小林,自治区党委副书记、政法委书记林少春等会议调研活动。

【信息交流】 2019年,共报送各类信息341条次,其中《达茂旗构建边疆口岸"135"区域化党建工作模式》《坚持高质量发展构建大口岸格局把满都拉口岸打造成我国向北开放重要桥头堡》被自治区党委办公厅《自治区工作交流》采用刊登,《达茂旗农牧业走上"高精强"发展之路》等经验类信息被市委办公室《包头工作交流》采用刊登,与保密机要局配合向市委办公室报送网络舆情、鼠疫疫情、草原火灾等重要紧急信息60多期,完成上级党委办公室关于脱贫攻坚、民营经济等工作信息约稿20篇,被采用18篇。编发《每日信息摘报》234期、《信息快报》24期、《重要紧急信息》60期,得到旗委领导批示6条次。针对旗委领导关注的重点工作,向苏木乡镇及部门单位下发贯彻落实旗委全会精神、扶贫等工作《信息约稿》29篇。

【督促检查】 通过联合督查、专项督查、明察暗访、会议协调等多种方式,共承办旗委领导批示187条次,累计上报《达茂督查专报》70期,编发本级《督查专报》35期,得到本级领导批示9条次。参加市委督查室组织的督查工作座谈会,并在会上做交流发言。认真督办上级部门交办事项,共办理上级交办事项29件,办结率100%。

【志史编撰】 落实自治区地方志工作"两全目标"要求,完成并上报《内蒙古年鉴》(2019卷)、《包头年鉴》(2019卷)达茂旗部分编撰工作,认真做好《达茂联合旗年鉴(2019卷)》编纂工作。

【改革工作】 按照机构改革要求,成立旗委全面深化改革委员会。强化顶层设计,年内组织召开深改委会议4次,制定出台“两规则一细则”、《2019年全面深化改革工作要点》等系列文件,全年实施的6个重点领域119项重点改革任务全部完成,出台改革成果性文件110项。配合做好党政部门机构改革、苏木乡镇改革和基层综合行政执法改革,进一步理顺工作运行。向自治区委改革办、包头市委改革办报送改革经验成效类信息16篇,刊发《达茂改革》刊物12期,在“英雄达茂”微信公众号上刊发改革相关讯息26篇。

【国安工作】 2019年制定防范化解风险工作方案,开展重大风险隐患排查化解工作。围绕三大攻坚战、口岸建设等重点工作,深入开展调查研究,分析工作推进中存在问题,有针对性地提出意见建议。

【后勤保障】 加强财务管理,保证各项工作正常运转;引进物业公司管理旗委大楼,引进餐饮公司管理餐厅,管理水平和服务质量进一步提升。更换楼内老旧电路设施,提升办公环境质量,后勤保障能力持续提升。

【机关事务服务中心】 2019年3月,党政机关机构改革后,达茂联合旗政府机关事务管理服务中心由政府办所属股级事业单位调整为旗委办所属股级事业单位。将达茂联合旗政府机关事务管理服务中心更名为达茂联合旗机关事务服务中心。核定事业编制4个,在职人数3人,空编1个。全年对各单位办公用房进行清理整顿,对组织部、政协办等10余家单位办公用房进行调配。做好公务用车更新购置、调拨使用、报废处置,完善公务用车信息化管理平台各类数据,完成《达茂联合旗事业单位公务用车改革方案》,待上级部门审核后实施。按季度上报节能降耗数据,推动旗水务局创建节能降耗示范单位。做好会务中心的会议保障和入住周转房领导的生活保障。同时,政法、统战和民族宗教、档案、信访、精神文明建设等其他工作与办公室中心工作相互协调、共同促进,也都取得新的成效。

组织建设

【概况】中共达茂旗委组织部是中共达茂联合旗委员会主管党的组织工作、干部工作和人才工作的职能部门。内部历经多次机构调整，目前领导及办事机构健全，组织工作规程严整，保障机制完备。旗委组织部有编制33个，其中行政编制22个，参公编制4个，事业编制5个。机构改革后部内共设有9个职能科室，下辖2个二级单位，统一管理中共达茂联合旗委员会机构编制委员会办公室，加挂中共达茂联合旗委员会老干部局、中共达茂联合旗直属机关工作委员会、中共达茂联合旗非公有制经济组织和社会组织党工委、达茂联合旗公务员局牌子。达茂旗委组织部主要职责是，在旗委的统一领导下，坚持贯彻党的组织工作路线、方针、政策，加强党的组织建设和干部思想作风建设，培养选拔任用干部，从组织上保证党的政治路线的实现，努力成为全旗的党员之家、干部之家和人才之家。

【"不忘初心、牢记使命"主题教育】共开展集中学习研讨831场次，流动宣讲39场次，发放蒙汉文学习资料2万余册。各级领导积极深入一线开展调查研究，累计形成调研报告267篇。"开门纳谏"受理的15个问题全部整改完成。"13+14"专项整治查找问题98个，整改93个，完成95%。各级领导班子查找问题650个，整改585个，完成90%。领导干部查找问题1300个，整改1209个，完成93%。同时，结合主题教育推动风电项目、包满铁路、通用机场等重点项目稳步发展，群众关心的农村公路新建改造、农产品销售、饮水安全等民生问题得到有效解决。

【组织工作】以助力高质量发展为总揽，优化干部队伍结构，全年调整干部2次，涉及294人，完成机构改革任务和选人用人巡视整改任务。举办"周五大讲堂"8期，干部素质提升专题培训班2期，累计培训干部1400余人次。充分利用旗内两处党性教育现场教学基地，累计开展培训287批次，培训8000余人次。选派16名年轻干部进行挂职锻炼。全年引进各类人才107人，完成6749名人才的信息采集录入审核工作。引进年度综合考评系统，首次实现无纸化、信息化考核。以全力抓党建促脱贫攻坚、促乡村振兴为目标，全年培训驻村干部2200余人次，提拔使用驻村干部7人，补充调整驻村干部34人，实现牧区嘎查蒙汉兼通驻村干部全覆盖。将发展壮大嘎查村集体经济作为党建“书记项目”推动，全旗嘎查村集体经济收入全部达到5万元以上，总收入达到625.29万元。结合扫黑除恶专项斗争工作，363名嘎查村“两委”干部全部在旗委组织部备案，开展嘎查村“两委”换届“回头看”2次。完成2个相对后进嘎查村整顿验收工作。解决三年未发展党员嘎查村21个。以激发干部干事创业激情为驱动，稳步推进公务员职务与职级并行，完成375名公务员职级套转工作。成功推荐全国“人民满意的公务员”1人，自治区、市级“两优一先”10人，表彰全旗“四优一先”60人。深入开展违规兼职干部集中清理，对5名干部进行提醒谈话。集中收集管理科级及以下干部出入境证件证照436本，对全旗353名科级领导干部的人事档案开展常态化审核。着力推进各领域党建，对17个党支部进行优化调整，建立联合党委1个、驻包头流动党支部1个。对22个党建示范点进行打造升级，城市基层党建形成项目清单71项，朵兰戈尔社区“1241”服务机制被自治区评为全区首届基层党建创新特色案例。编印基层党建工作指导手册系列丛书3套2000余册。7个社区党群服务中心全部完成规范化建设，打造非公企业党群服务中心1个。全年发展党员110名，完成1000余名农村牧区在村党员挂牌亮身份工作。

宣传教育

【概况】2019年3月,依据达党办发〔2019〕10号中共达茂联合旗委办公室关于印发《中国共产党达茂联合旗委员会宣传部职能配置、内设机构和人员编制规定》,中国共产党达茂联合旗委员会宣传部(以下简称旗委宣传部)是旗委主管意识形态方面工作的职能部门,为正科级加挂达茂联合旗精神文明建设委员会办公室、达茂联合旗对外宣传领导小组办公室(达茂联合旗人民政府新闻办公室)牌子、对外加挂达茂联合旗新闻出版版权局牌子。中共达茂联合旗委员会网络安全和信息化委员会办公室设在旗委宣传部。旗委宣传部下设下列内设机构:办公室、新闻理论及出版发行室、精神文明建设室、文化文艺室、意识形态及网信工作室。旗委宣传部共有讲师团、互联网舆情信息中心、文学艺术联合会3个二级单位。其中讲师团核定编制4个,实配4人;互联网舆情信息中心核定编制4个,实配2人;文学艺术联合会核定编制5个,实配4人。

【理论宣传】围绕习近平新时代中国特色社会主义思想、十九届四中全会精神,习近平总书记2019年考察内蒙古重要讲话精神、“不忘初心、牢记使命”主题教育等内容,全面推动学习形式、方法、载体创新,继续推动以旗委中心组为引领,集中讲学研讨为主体,基层讲堂讲吧、全民阅读基地“学习讲堂”为依托,红色蒙古包、“草原学习轻骑兵”“文艺走基层”等送学下乡为补充的“1+1+1+X”宣讲模式。累计开展旗委中心组集中学习与研讨19次,其中邀请专家辅导11次,累计参学3000余人次。编印中心组学习专刊13期,在“达茂旗中心组学习群”定期推送理论学习文章,累计发布227条;组织旗委中心组成员围绕习近平总书记关于扶贫工作重要论述等专题,结合自身分管工作实际,开展自学、调研、研讨活动6次。全旗各级党委(党组)累计开展学习宣讲54场,组织开展下基层集中宣讲50余场次,送学下乡活动31场次,流动讲学24场次;“英雄达茂”“云上达茂”微平台累计推送时政理论文章500余篇。

【新闻宣传】新闻宣传报道方面,紧紧围绕中华人民共和国成立70周年、“不忘初心、牢记使命”主题教育、精准扶贫等重大主题,结合全旗重点、亮点、特色工作进行宣传报道,累计在上级媒体发稿

1171条，其中：中央级媒体及下属地方平台99条，自治区级媒体280条，市级媒体发稿792条。“英雄达茂”“云上达茂”官方微平台累计推送信息3200余篇条，总阅读量达到152.1万人次。社会面宣传方面，制作以“三大攻坚战”、中华人民共和国成立70周年，扫黑除恶专项斗争等为主题的宣传标语507条，联合中国银行制作固定灯杆标语宣传牌220余块；制作大型高空宣传牌喷绘100余幅，墙体标语、条幅160余条。全旗各部门单位、临街商铺LED屏滚动播放中华人民共和国成立70周年等标语，悬挂国旗20000余面，营造了浓厚的社会氛围。口岸外宣方面，在口岸出入境大厅、宾馆、商铺设置对外宣传播放器、宣传栏、展板，陈列《满都拉口岸宣传手册》《印象包头》《党的十九届四中全会精神》新蒙文版宣传折页等宣传产品6000余份；在口岸LED大屏滚动播放中蒙两国联合拍摄制作的《爱无国界》及《“五通”共筑一带一路》专题片；制作出入境通道宣传栏1块，在口岸联检大楼墙体、公路沿线书写标语10条。

【精神文明建设】文明创建方面，深化县级文明城市创建活动，接受自治区文明城市复检，命名表彰市旗两级文明村镇11个（市级文明村镇：巴音敖包苏木、达尔汗苏木阿拉腾图格嘎查、达尔汗苏木额尔登敖包嘎查、西河乡德承永村、乌克镇东河村、查干哈达苏木；旗级文明村镇：达尔汗苏木查干敖包嘎查、查干哈达苏木巴音赛汉嘎查、查干哈达苏木腾格淖尔嘎查、乌克镇碾草湾村、明安镇巴音杭盖嘎查），包头市文明单位（含标兵）7个〔达茂旗希拉穆仁气象站、内蒙古华电巴音风力发电有限公司巴音风电场、达尔罕茂明安联合旗农村信用合作联社、达茂联合旗政协办公室（机关）、内蒙古龙源新能源发展有限公司沃德风电场、内蒙古包钢钢联股份有限公司巴润矿业分公司、国家税务总局包头市达尔罕茂明安税务局〕，市旗两级文明校园4个〔市级文明校园：达茂旗蒙古族学校（小学组）、百灵庙第二中学（中学组）；旗级文明校园：百灵庙第一小学、百灵庙中学〕。完善单位包联小区制度，争取文明单位8万元资金修缮万禾小巷。弘扬社会主义核心价值观方面，开展红色记忆文明行主题实践活动21场，参加人数800多人次；加强未成年人思想道德建设，李泽荣被评为包头市“十佳新时代好少年”，李嘉晨、聂志远被评为包头市第八届美德少年；组织参加第四届包头市乡村（城市）学校少年宫展示展演大赛，蒙古族学校和百灵庙第二中学推送节目分别获得展演类项目二等奖和三等奖；百灵庙中学和百灵庙第二小学荣获展示类项目一等奖和二等奖；推动开展道德模范、身边好人评选表彰活动，阿迪雅荣获第七届全国诚实守信道德模范，姜钰锋、温江两人入围“内蒙古好人榜”，温江、刘佳、姜钰锋三人荣获包头市第七届道德模范和提名奖。9月5日至9月6日成功承办包头市新时代文明实践暨农牧民素质提升“千村示范·万村行动”现场观摩交流会,组织百灵庙镇新时代文明实践所站负责人和工作人员22人赴包头市昆区学习考察明日星城等3个社区新时代文明实践站建设工作。

【意识形态】主体责任方面,印发《全旗2018年意识形态工作通报》,对全旗51个党委(党组)和涉及的重点任务部门意识形态工作责任制落实情况进行通报;召开全旗意识形态集体约谈会议暨2019年意识形态工作部署会议;举办意识形态、网络意识形态专题培训3次,开展应知应会知识测试;对全旗各级党委(党组)和承担专项任务的部门进行责任制落实情况集中督查。阵地方面,按照上级相关要求,完成全旗11类阵地、14项制度执行落实情况排查工作,梳理发现民族宗教、讲座论坛等7类阵地11项问题,通过下发整改通知、现场督导、谈话交流等形式,进一步强化全旗各级党委(党组)的主体管理责任。网络意识形态安全方面,严格执行“日调度、周研判、月会商、重大舆情随时会商”工作机制,召开舆情信息联席会、网评网传工作推进会。队伍建设方面,同旗委组织部联合下发苏木乡镇宣传委员专岗专职化通知,实现苏木乡镇宣传委员专岗专职。全旗登记注册网评员38名,累计发布任务355条,撰写网评文章41篇。全旗网络文明传播志愿者达到1330余人。将苏木乡镇嘎查村委两代表一委员、社区楼道长纳入网格员队伍,强化对意识形态队伍的网格化管理。

【文艺工作】1月11日举办首届达茂文联集中展演;6月22日在包头美术馆举办包头旗县区首家书画、摄影、工艺美术综合展,展期一周;7月16日承办自治区首届少儿曲艺大赛达茂选拔赛,配合政法委举办扫黑除恶专场晚会;7月成功举办第七届中国游牧文化旅游节;9月5日承办新时代文明实践暨农牧民素质提升“千村示范·万村行动”专场晚会;9月28日组织全旗40多个机关企事业单位举办“草原儿女心向党—迎庆中华人民共和国成立70周年”全旗大合唱比赛。乌克镇文化站干事王顺利、党雪荣获得“庆祝新中国成立70周年——全区民歌展演活动”最佳演唱奖,应邀参加“为人民放歌——内蒙古自治区戏曲名家名段演唱会”。

统一战线

【概况】达茂旗统战工作始于1950年开辟建政时期,1953年5月,中共达茂联合旗委员会统一战线工作部成立。统战部内设一个办公室,行政编制7名,领导职数3名,部长1名,副部长2名;非领导职数3名;工勤编制1名(司机)。2019年2月,聘用1名同志为工商联干事。截至2019年年底,旗委统战部和工商联在职人数共计10人。

【民族工作】推进民族团结进步创建活动,以"一周两月"活动为载体,以"八进"(进家庭、进机关、进社区、进乡村、进学校、进企业、进寺院、进军营)为抓手,围绕党的民族团结方针政策,组织开展第十一个民族政策宣传月各项活动。弘扬和传承少数民族优秀传统文化,举办民间祭火、吉祥馍制作和羊胸叉比赛,举办全旗2019年皮雕、木雕、银质工艺、刺绣、蒙古族服饰制作五类民族手工艺培训班,8月26日开展第十二届"艾不盖颂"金秋蒙古语诗歌大赛。加强少数民族发展资金管理,将全旗20个符合条件的项目纳入年度少数民族发展资金项目库,对《达茂旗小文公乡腮林村集体经济绿头蒜繁育》等13个项目进行公开公示,涉及资金共计1150万元。加强蒙古语文工作,对全旗市面牌匾蒙汉文并行情况进行6次大检查,对200余块问题牌匾进行整顿,对13家商户下发限期整改通知书。

【宗教工作】完成宗教职能的划转和交接过渡,原旗民宗局涉及的宗教事务管理的职能、编制、人员、资料、档案等各项内容经双方履行交接程序后,实现平稳过渡。强化学习培训,2019年,先后选派7名干部参加包头市委统战部举办的宗教工作培训班;全年组织开展旗委中心组学习会、周五大讲堂、三级网络人员培训班、宗教教职人员培训班,学习习近平总书记新时代宗教工作重要论述、宗教政策理论、法律法规和《宗教事务条例》,400余人参加学习。加强宗教活动场所管理的制度化、规范化建设,会同市场监督管理部门对大型超市和清真餐馆开展"清真"概念泛化排查;向上级部门申请资金30万元,为广福寺北侧诵经殿安装集中供暖设施。完善宗教场所相关手续,经与旗自然资源局协调,为全旗6处宗教活动场所全部办理并发放不动产证。落实宗教教职人员生活补贴政策,将达茂联合旗宗教教职人员生活补贴由每人每月559元提高至1085元。争取自治区困难教职人员补贴资金，为达茂联合旗15名困难教职人员每人发放8520元困难补贴。

【党外干部工作】加强党外代表人士队伍建设，对新的社会阶层人士、留学生进行摸底登记，成立党外知识分子联谊会。

【经济统战】搭建对接平台，旗工商联充分发挥桥梁纽带作用，协助旗四大班子组织了多层次的民营企业座谈会、银企对接会，配合相关领导调研走访企业，制定“一事一议”“一企一策”台账并跟踪督促企业问题落实，切实为民营企业解决实际困难。牵头制定并由旗政府印发《达茂旗市场主体和投资项目咨询会商审批机制实施意见》，10月份对落实情况进行跟踪督查。创新工作思路，经过积极筹备，达茂旗旅游协会和百灵庙商会已正式挂牌成立，经与义云通精品汇电商平台对接，为文公小红皮面粉打通网上销售渠道。落实“泛海助学行动”，为28名符合条件的大学新生争取资助金14万元。加大对外交流，与赤峰商会结为友好关系，为小文公乡3名贫困学生资助15000元。

【统战队伍建设】党的建设方面，认真贯彻执行“三会一课”制度，扎实开展“不忘初心、牢记使命”主题教育。党风廉政责任制方面，严格执行《中国共产党党内监督条例》等党内法纪法规。2019年，统战支部听取分管部门党风廉政建设情况汇报1次，班子成员之间开展廉政谈话1次，班子一把手讲廉政党课2次，警示教育1次。意识形态工作责任制方面，开展思想教育。脱贫攻坚方面，推进项目落地，帮扶实施20万元的修路项目和光伏发电项目。推动特色产业方面，引导合作社采取统一种植、订单回收、集中加工、工商联包销的模式，推动发展小红皮小麦特色产业，切实带动贫困户增收致富。年内统一种植600亩，订单400亩，第一批加工销售5000公斤，覆盖贫困户38户。调查研究和走访慰问方面，对全旗12个苏木乡镇、50多家民营企业、7个宗教场所进行调研，走访包联贫困户12户，慰问退休党员2名、守边牧民4户。

机构编制

【概况】在 2019 年 3 月基本完成的机构改革中,将原旗机构编制委员会改为旗委机构编制委员会,作为旗委议事协调机构。调整优化旗委机构编制委员会领导体制。旗委机构编制委员会办公室作为旗委机构编制委员会的办事机构,承担旗委机构编制委员会日常工作,为正科级,列旗委工作机关序列,对外加挂达茂联合旗事业单位登记管理局牌子,归口旗委组织部管理。旗委编办的主要职责是:贯彻执行党中央、自治区、包头市关于党和国家机构改革和机构编制管理的方针政策、法律法规,落实旗委、旗委机构编制委员会决策部署,负责全旗机构改革工作,统筹管理全旗机构编制,同时承担全旗事业单位登记管理和机构编制信息化工作。

【机构设置】旗委编办设综合股和业务股。下设编办电子政务中心,为公益一类相当于股级事业单位,负责机构编制实名制管理信息系统的日常维护和管理、事业单位网上登记管理、政务和公益中文域名注册以及相应网站的维护和服务工作。

【人员编制】旗委编办机关核定行政编制 5 名,实有 4 人。电子政务中心核定事业编制 5 名,实有 3 人。

【全面完成机构改革各项工作任务】组建监察委员会等十个议事协调机构,重点领域新组建和优化职责与中央、自治区保持对应的机构 10 家,与自治区党委和政府机构基本对应 23 家,因地制宜设置与自治区、包头市基本对应的机构 4 家。组建医疗保障局、退役军人事务局、政务服务局等机构,强化社会管理和公共服务职能,编制资源集中向民生工程、民心工程倾斜。统筹推进事业单位、综合行政执法、审批服务便民化等一系列改革。突出转变和优化职责,原机构职责 473 条,新职责整合调整为 429 条。内设机构精简整合,原设置内设机构 164 个,改革后为 147 个。重点领域、民生领域加强职能转变,强化职责 26 条,职责分工 48 条。此外,结合承担行政职能事业单位改革,剥离事业单位承担的行政职能回归机关 314 项,均在相应内设机构明确体现。大力清理一批当前没有实际作用的议事协调机构共计 54 家。提升机构编制资源使用效益,实行无空编动态管理模式,重新分配行政编制 400 名,调整使用事业编制 204 名,占全旗行政、事业编制比例 38.5%、8%。

【苏木乡镇改革和行政执法改革】按照自治区《印发〈关于深化苏木乡镇和街道改革推进基层整合审批服务执法力量的实施意见〉的通知》精神,2019年11月29日正式启动两项改革。12月18日,印发《关于深化苏木乡镇改革推进基层整合审批服务执法力量的实施方案的通知》(达党办发〔2019〕64号)、《关于苏木乡镇改革人员转隶方案的通知》(达党办发〔2019〕65号);12月24日,印发《关于深化综合行政执法改革的推进意见的通知》(达党办发〔2019〕66号),并对12个苏木乡镇改革方案正式批复;12月31日,印发12个苏木乡镇《党政机构及事业单位设置、职能配置和人员编制事项的通知》和旗交通运输、农牧业、文化市场、市场监管4个领域综合行政执法队伍机构编制事项的通知,同步完成人员转隶相关工作。苏木乡镇和综合行政执法两项改革,改革后,精简撤销林业工作站、畜牧兽医站、财政所、水利服务站综合执法中心等事业单位57家,占全旗事业单位总量22.7%,下沉事业单位人员编制94名,草原监督管理局48名、希拉穆仁草原旅游管理服务中心10名,共计152名,占全旗事业编制总量(不含中小学专项编制)8.6%。整合优化各领域执法队伍,撤并整合9家事业单位,组建完成交通运输、农牧业、文化市场、市场监管综合行政执法队伍。

【机构编制管理】巩固深化机构改革成果方面,准确掌握机构改革各项任务完成情况,及时发现和解决机构改革中遇到的问题。提请旗委深化机构改革协调小组召开协调小组会议,协调解决职责划转承接方面存在的问题,充分巩固机构改革部署落实成果。机构编制制度建设方面,重新制定《旗委编委工作规则》《旗委编办工作细则》,制定《达茂联合旗机关事业单位编制使用制度》。编制日常业务工作方面,全面开通并使用“事业单位在线”网站,实现“全事项”“全流程”网上办理,事业单位登记管理信息“一网公开”。机构编制保障方面,先后成立退役军事服务中心、审计事务服务中心,为纪委监委纪检监察信息中心、传媒中心调剂人员编制,调剂使用事业编制24名;向上级部门争取,融媒体中心获批,并增核1名副科级领导职数。

【事业单位登记管理和信息化】按照《事业单位登记管理暂行条例》全面完成全旗239家事业单位年度报告公示工作。全面推行网络版实名制信息管理,数据实时监督更新,如期完成统计工作,更新全旗机关事业单位机构编制管理证147本。加强政务和公益机构域名(中文域名)注册工作,共注册237个,注册率达到100%。切实加强机构编制网站维护,及时准确更新网站信息。

保密机要

【概况】2019 年 3 月，按照全旗机构改革的部署要求，旗国家保密局与旗委机要局合并为旗委保密机要局，列旗委工作机关序列，归口旗委办公室管理。加挂旗委保密委员会办公室牌子，对外加挂达茂联合旗国家保密局、达茂联合旗国家密码管理局牌子。机构规格为正科级行政单位，设内设机构 2 个，办公室和业务组，下设达茂联合旗涉密网络管理中心，正股级事业单位。设局长 1 名(正科级)，副局长 1 名(副科级)。设有行政编制 5 名，事业编制 3 名，实际在岗人员 6 人，平均年龄 35 岁，1 人为硕士研究生，其余均为大学本科学历。

【政治学习】坚持一周一次集中学习，学习过程中，立足多形式、分层次、全覆盖，把学习习近平新时代中国特色社会主义思想作为深入开展“不忘初心、牢记使命”主题教育的重要内容。通过学习确保全体保密机要干部自觉做到在思想上政治上行动上同以习近平为核心的党中央保持高度一致，与党的方针政策保持高度一致。

【保密防范管理】学习保密政策和业务知识，制定保密工作宣传教育及计算机、存储移动介质、传真机使用管理等各项制度。提高全旗保密教育培训力度，全年共举办保密培训、讲座、宣传活动 5 场，培训 1000 人次。对达茂联合旗重点部门、地区秘密载体的管理、使用情况坚持每季度检查的制度，对全旗 25 家废纸回收站进行拉网式检查，完成高考及其他考试中的保密工作。强化计算机信息系统的保密工作，提升信息安全保障水平。

【密码管理】密码、密码设备做到专人(双人)持证上岗管理，对密码设备及秘密电报的存放、使用、核查、管理等工作严格按照上级规定标准执行，各项密码业务水平及规范性均达到相关要求。投入 29 余万元对屏蔽室及核心机房进行改造，投入 15 余万元对保密机要局办公环境进行升级改造，投入 16 余万元对电子政务内网机房进行整改。

【通信服务】严格执行 24 小时值班制度，履行值班各项制度，严密监控机房运行情况，保障密码通信系统高效、正常运维。圆满完成密码通信系统及设备换装更新工作。机要办公区域设有房间 2 间，电子政务内网设有房间 1 间，今年增设 1

间保密机要会议室。

【电子政务内网】做好电子政务内网信息更新,累计更新信息500条次。推进安可替代工程。及时成立安可替代工程领导小组,并对相关部门计算机及配套设备、应用系统进行统计。

旗委党校

【概况】达茂旗委党校是对全旗党员干部进行党的理论教育和党性教育的主阵地和主渠道。校园占地4亩,总建筑面积1385平方米。党校核定编制14人。目前在编人员12人,其中教师4人,行政人员6人,工勤人员2人。高级讲师2人,讲师1人。旗委副书记兼任校长,有1名常务副校长,1名副校长。

【干部培训】党校把“党校姓党”原则和从严治校、因人施教、学以致用的要求贯穿于党校教学培训全过程。加强学员管理,强化与组织部门和学员单位的协调配合,坚持以人为本,健全管理制度、改进管理方式、提高管理效能,形成并完善党校培训与干部使用相结合的制度和机制。重视意识形态工作,加强对党校教师的思想教育,严格落实“科研探索无禁区、党校讲坛有纪律”的要求,始终站在党的立场规范教学言行。加强校园文化建设,努力营造风清气正的基层党员干部教育培训环境。同时为弥补党校师资不足,预约聘请外校教授和本旗专家、学者、领导到党校授课。不断完善本校教师、客座教授、专家学者“三位一体”的师资队伍建设。采取听课、演讲、答辩、座谈、实地考察、情景模拟等丰富多彩寓教于乐的形式对广大党员干部进行培训。为改善教学环境,修缮党校大楼楼顶,排除安全隐患。党校举办各类学习班13期,培训党员干部1826人次。

【教学科研】派出教师赴四川大学、上级党校参加培训学习6人次,2名党校领导干部全程参加旗委中心组(扩大)的读书会以及双休日学习讲座,并撰写学习心得和认识体会3篇。同时,为方便全体教职工学习,购买图书48本,征订报纸杂志38份,在培训内容和课程方面与时俱进、及时更新,把各级党委和政府的重要会议精神及工作报告、领导重要讲话、时事政策列为新课题,统一学习、分工备课、集中讨论、修改完善,4名骨干教师用蒙汉两种语言文字集体备课14个专题,撰写调研报告和论文4篇。

【宣讲任务】坚持“阵地战”与“运动战”相结合的方针,“请回来”在旗委党校培训的同时,与旗委讲师团组成流动党校，“走出去”深入各苏木乡镇、旗人大、经信局、卫计局、民政局、达茂旗巴润公司、电业公司、老干部活动中心、旗交警大队、达茂旗邮政储蓄银行等机关、社区、企业单位。采取深入浅出、通俗易懂的宣讲风格，巡回讲课20场次，听讲人数达1272人次，进一步巩固提高“蒙古包党校”和“炕头党校”学习型品牌，被包头电视台和达茂电视台先后播报4次。

合作交流

【概况】达茂旗接待办公室成立于2007年1月20日，为旗人民政府直属事业单位。2009年将原由旗人民政府管理的接待办公室，划归旗委管理；2009年8月经自治区组织部批准为参照公务员管理事业单位，设领导职数2名，均由行政领导兼任，内设综合科、接待一科、二科、后勤科、财务科五个科室，2019年3月因机构改革更名为合作交流办公室。有干部职工13人，其中副主任1名，大学以上文化10人，少数民族干部5名，占58%，35岁以下干部13人，平均年龄32.1岁，干部队伍呈现年轻化。

【接待工作】2019年，全旗共完成接待各级来宾1093批，12321人次。

达茂联合旗人民代表大会

【概况】达茂联合旗人民代表大会常务委员会成立于1950年，机构规格为正县级，负责在本行政区域内保证宪法、法律、行政法规和上级人民代表大会及其常务委员会决议的遵守和执行；领导或主持本级人民代表大会代表的选举，主持召开本级人民代表大会。内设“一办四委”分别是办公室（信访室）、选举任免代表联络工作委员会、财经预算工作委员会、民族法制工作委员会（教育科学文化卫生工作委员会）、城乡建设环境资源工作委员会（农牧业工作委员会）。

【重要会议】1月24日至26日，达茂联合旗第十五届人民代表大会第二次会议隆重召开。会议由大会主席团常务主席、执行主席弓华主持。担任大会执行主席的雪松、弓华、张永文、敖特根苏德、马全旺、艾静、姚培清、李永新、张锦中、斯日古楞、张辉在主席台前排就座。旗委书记、政府旗长张永文作政府工作报告，旗人大常委会主任弓华作旗人大常委会工作报告，审查批准本级政府、计划、财政、人大、法院、检察院工作报告，并分别通过各项工作报告的决议。会议审议通过《达茂联合旗人民政府工作报告的决议（草案）》《达茂联合旗国民经济和社会发展第十三个五年规划纲要的决议（草案）》《达茂联合旗2018年国民经济和社会发展计划执行情况与2019年国民经济和社会发展计划的决议（草案）》《达茂联合旗2018年财政预算执行情况和2019年财政预算的决议（草案）》《达茂联合旗人大常委会工作报告的决议（草案）》《达茂联合旗人民法院工作报告的决议（草案）》《达茂联合旗人民检察院工作报告的决议（草案）》。会议期间代表提出55条建议意见。

2019年，组织共召开8次常委会会议，听取和审议“一府两院”专项工作报告19项，开展执法检查3项，依法做出决定决议8项，向“一府两院”提出审议意见8项，工作建议14项49条。

2019年全年共组织召开8次常委会会议。

达茂旗第十五届人大常委会第十一次会议。会议于3月20日召开。会议表决通过旗人大常委会2019年工作要点（草案）及各次会议建议议程、旗人民政府关于对《内蒙古自治区企业工资协商条例》审议意见落实情况的报告、旗人民政府关于2018年支出预算调整情况的报告、旗人民政府关于2017年旗本级预算执行和其他财政收支的审计查出问题整改落实情况的报告。听取和审议旗人大常委会专题调研组关于全旗学前教育工作开展情况的调研报告。会议表决通过人事任免事项,颁发任命书并进行宪法宣誓。

达茂旗第十五届人大常委会第十二次会议。会议于5月28日召开。会议听取审议旗人大常委会执法检查组关于《内蒙古自治区物业管理条例》实施情况的执法检查报告;旗人民检察院关于公益诉讼工作情况的报告;旗人民政府关于棚户区改造工作情况的报告。

达茂旗第十五届人大常委会第十三次会议。会议于6月29日召开。会议审议表决达茂旗人民政府关于“十个全覆盖”直接相关工程款融资本息资金纳入年度财政预算的报告。

达茂旗第十五届人大常委会第十四次会议。会议于7月31日召开。会议听取和审议旗人民政府关于扫黑除恶专项斗争工作情况的报告;旗人民政府2019年计划上半年执行情况的报告;旗人民政府2019年预算上半年执行情况的报告。审查通过旗人民政府2018年预算执行情况和其他财政收支情况的审计工作报告;旗人民政府2018年财政决算(草案);旗人民政府关于达茂旗2019年预算调整方案的报告;表决通过旗人大常委会2019年上半年工作总结。

达茂旗第十五届人大常委会第十六次会议。会议于9月11日召开。会议听取审议旗人民政府关于河湖长制落实情况的报告;旗人民检察院关于公益诉讼工作落实情况的报告;对部分法官和检察官进行履职评议。

达茂旗第十五届人大常委会第十七次会议。会议于10月31日召开。会议听取和审议旗人民法院副院长郝文君作的关于执行工作情况的报告、旗人大财经预算委主任王新耀作的关于全旗民营企业发展情况的调研报告及旗人大城乡环资委主任宋贤作的关于对《内蒙古自治区城镇供热条例》实施情况的执法检查报告。会议表决通过刘英梅关于辞去旗十五届人大常委会委员的申请,会议以票决的方式表决通过刘根渊、王新耀、王群等10位同志任免事项。

达茂旗第十五届人大常委会第十八次会议。会议于12月30日召开。会议听取旗信访局和商务局主要负责人2019年度履诺完成情况的报告,书面审议政府其他组成部门主要负责人2019年度履诺完成情况的报告,听取各督查组对旗人民政府27个组成部门主要负责人2019年度履职承诺完成情况的评价报告,并进行满意度测评。听取旗农牧局精准扶贫工作开展情况的报告,书面审议其他精准扶贫“五个一批”部门工作开展情况的报告,并进行满意度表决。会议听取旗人民政府关于政府性债务化解管理情况的报告。听取和审议旗人民政府关于旗十五届人大二次会议代表建议意见办理情况、学前教育工作审议意见落实情况、扫黑除恶工作审议意见落实情况、行政事业性国有资产管理情况、2019年预算调整情况、2019年国民经济和社会发展计划上半年执行情况审议意见落实情况、2019年财政预算上半年执行情况审议意见落实情况、2018年预算执行情况和其他财政收支情况审计查出问题整改情况及审议意见落实情况、农畜产品品牌化发展情况、河湖长制审议意见落实情况的报告。听取和审议旗人民政府关于调整全旗2019年主要经济指标、调整全旗“十三五”规划纲要部分指标的报告。听取和审议旗人民法院执行情况审议意见落实情况的报告。听取和审议旗十五届人民代表大会常务委员会代表资格审查委员会关于个别代表资格的审查报告。审议通过关于2020年旗人民政府民生实事项目投票表决办法（草案）和旗人大常委会2019年工作总结(稿)。以举手表决的形式接受刘玉明、王福义、柴宏姿、丁利兵、吕志刚和韩章利6人辞去人大常委会委员职务的申请。

【重点工作】经济运行方面监督，加强对年度国民经济和社会发展计划、预决算的审查监督，依法听取和审议旗政府2019年计划、预算上半年执行情况的报告;强化对政府债务的监督，听取旗政府关于政府性债务化解情况的报告；审查批准旗政府2018年财政收支决算情况的报告、2018年预算执行情况和其他财政收支情况的审计工作报告。民生工作方面监督，开展全旗学前教育工作专题调研，提出推动学前教育长足发展的建议意见。听取和审议旗政府关于河湖长制落实情况的报告。围绕贯彻《内蒙古自治区物业管理条例》《内蒙古自治区城镇供热条例》等相关法律法规开展执法检查。围绕人民群众普遍关注的热点问题，开展棚户区改造工作专题询问。围绕贯彻《关于打赢脱贫攻坚战三年行动的指导意见》和人民群众新期盼，对全旗亿元以上重点项目、精准脱贫、人居环境整治工作进行市旗两级人大代表集体持证视察，并对精准脱贫“五个一批”部门进行评议。司法工作方面监督，听取和审议旗政府关于扫黑除恶专项行动工作情况的报告，开展《中华人民共和国国旗法》贯彻实施情况的执法检查。听取法院关于执行工作情况的报告、检察院关于公益诉讼工作情况的报告，开展对员额法官和员额检察官的评议工作。组织常委会组成人员和部分人大代表旁听庭审。财政审计方面监督，常委会认真落实《中华人民共和国预算法》，组织财经委员会成员和预决算审查专家开展学习培训。依法推进预算公开，增强预算透明度，接受社会监督。会议听取提交人代会审查的全口径预算编制情况汇报，督促细化完善预算编制。听取审议审计工作报告和审计发现问题整改情况报告，督促加快推进财税治理方式改革，加大审计监督力度，切实提高资金使用绩效。

2019年，接受旗人大常委会组成人员

辞职申请2名,依法任免旗人大常委会委办负责人7名,任免“一府两院”负责人45名。

代表履职能力培训方面。在旗十五届人大二次会议期间，围绕履行代表职务，审议工作报告,撰写议案、建议意见等方面的内容,通过发放资料、到会指导等方式对全体人大代表进行培训,提高代表的履职能力。在常委会组成人员联系走访人大代表过程中,有针对性地对代表撰写意见建议进行培训,就全旗重点工作开展情况向人大代表进行通报。围绕提升代表议案、批评和建议质量,举办1期人大代表培训班，培训旗十五届人大代表380人次。完善代表联系群众制度,结合常委会成员联系代表、代表联系选民“双联”工作,7月份集中开展人大代表走访月活动,走访选民群众210人次。旗人大常委会经常性邀请代表列席旗人大常委会会议和参加调研、视察等活动,及时让代表掌握旗情,提出建议意见,拓宽人大代表知情议政渠道。改进代表建议办理方式方面。梳理十五届人大二次会议收集的代表建议意见,整理形成55件代表建议意见,及时移交旗政府办理。建立代表建议意见从移交到答复的全流程督办机制。改进督办方式,5件重点建议由常委会主任、副主任领先督办,重点建议办理效率和质量明显提高。代表之家阵地建设方面。巩固提升星级评定成果,开展代表之家升级申报验收工作,全旗范围内达到四星、五星人大之家14个。落实拨付人大代表之家活动经费36万元，各苏木乡镇充分利用人大代表之家阵地,开展主题突出、形式多样的代表活动。民生实事项目人大代表票决制工作方面。在达尔汗苏木启动民生实事项目人大代表票决制试点工作,探索从项目征集初定到项目审议票决以至最后的项目监督评估各个阶段的操作办法,将基层民生实施项目的产生由“部门提”转变为“大家提”,实现政府决策与民众需求的精准对接和高度融合。11月中旬,旗人大常委会召开专题会议安排部署2020年全面推行票决制工作。人大代表激励机制和动态管理制度方面。制定人大代表履职积分考核公示制试行办法和积分标准,全面推开代表履职积分公示工作,使代表履职实效转化为看得见、可评价的量化分值。今年共接受1名代表递交的辞职报告,10名代表因职务调动辞去旗人大代表职务，5名同志因调离达茂联合旗工作，自行终止旗十五届人民代表大会代表资格,暂停2名代表职务。

建立苏木乡镇人大向旗人大常委会工作周报告制度。组织各苏木乡镇人大主席赴土右旗、白云区进行学习考察。常委会成员积极落实包联帮扶任务,分别深入包联地区指导苏木乡镇人大召开人代会，开展调研、代表培训,帮扶贫困户,整顿软弱涣散党组织,推动嘎查村集体经济,支持帮助苏木乡镇解决人大工作中遇到的困难和问题。

2019年，共受理人民群众来信来访23件次,接待来访群众130余人次,推动

达茂联合旗人民政府

重要会议与重要文件

【重要会议】达茂联合旗人民政府于2019年1月12日召开全体会议，讨论《政府工作报告》《关于达茂联合旗2018年国民经济社会发展计划执行情况和2019年国民经济社会发展计划的报告》《达茂联合旗国民经济和社会发展第十三个五年规划纲要草案》和《关于达茂联合旗2018年财政预算计划执行情况和2019年财政预算草案的报告》。

中共达茂联合旗人民政府党组2019年召开党组会议15次。

1月4日第1次会议，传达学习习近平总书记对“三农”工作重要指示及中央农村工作会议精神、习近平总书记2019年新年贺词和习近平总书记在《告台湾同胞书》发表40周年纪念会上的讲话精神；研究《政府党组2018年度民主生活会方案》《达茂联合旗“十三五”规划指标调整方案》及2019年主要经济指标预期建议；传达学习自治区领导在《关于保障农牧民工工资的紧急通知》上的批示精神，听取全旗农牧民工工资保障支付情况汇报，安排部署下一步工作；听取近期信访工作情况汇报，安排部署春节、“两会”期间信访工作。

1月31日第2次会议，传达学习中共中央政治局1月25日会议和中共中央总书记习近平在京津冀协同发展座谈会、在省部级主要领导干部坚持底线思维着力防范化解重大风险专题研讨班开班式、在中共中央政治局第十二次集体学习时、在十九届中央纪委三次全会、在中央政法工作会议、在同党外人士共迎新春时重要讲话精神，李纪恒书记在自治区十届纪委五次全会上的重要讲话精神；传达学习习近平总书记在河北省阜平县考察扶贫开发工作、在陕甘宁革命老区脱贫致富座谈会、在东西部扶贫协作座谈会、在部分省区市扶贫攻坚与“十三五”时期经济社会发展座谈会、在中央扶贫开发工作会议、在深度贫困地区脱贫攻坚座谈会、在打好精准脱贫攻坚战座谈会上的重要讲话精神及中央第八巡视组对内蒙古自治区开展脱贫攻坚专项巡视情况反馈会议、自治区落实中央脱贫攻坚专项反馈意见整改动员部署大会和自治区1月21日扶贫开发工作会议精神；传达学习张院忠书记在市十五届人大二次会议达茂旗代表团审议时讲话精神和全市“两会”精神，研究贯彻落实意见；传达贯彻李纪恒书记有关讲话精神和全区推进“大棚房”问题清查整治电视电话会议精神;传达学习《内蒙古自治区党政领导干部安全生产责任制实施细则》精神;研究贯彻落实旗委关于巡察整改工作有关要求。

2月22日第3次会议,传达学习习近平总书记在春节团拜会上的讲话和在中共中央政治局第十一次集体学习时的讲话精神,李克强总理在内蒙古考察慰问时的重要指示精神,中共中央、国务院关于《坚持农业农村优先发展做好“三农”工作的若干意见》精神,自治区“两会”精神,全国扶贫开发工作会议精神及《内蒙古自治区五级书记抓脱贫攻坚工作职责的通知》精神;研究《中共达茂联合旗政府党组2019年工作要点》《达茂联合旗人民政府2018年工作总结的报告》《达茂联合旗人民政府2019年工作要点及台账的报告》《2019年〈政府工作报告〉任务分解方案》及政府党组向旗委常委会汇报的工作要点;研究政府党组2019年度落实意识形态工作责任制清单;研究《政府党组2019年度党风廉政建设工作要点》、政府领导班子及各成员2019年度落实管党治党主体责任清单、党风廉政建设责任状和政府2019年第1次全体会暨廉政工作会议方案、讲话;听取“严肃财经纪律、规范财经行为”大检查问题整改情况汇报,安排部署有关工作;研究近期大额度资金分配使用情况有关事宜;传达学习全国扫黑除恶专项斗争视频会议精神、全国扫黑除恶专项斗争推进会议精神、自治区党委专项巡视反馈意见,安排部署相关工作。

3月19日第4次会议,传达学习习近平总书记在参加十三届全国人大二次会议内蒙古代表团审议时的讲话精神;传达学习全国“两会”精神和习近平总书记在参加十三届全国人大二次会议其他团组审议时的讲话精神;传达学习习近平总书记在中央党校(国家行政学院)中青年干部培训班开班式上、在中央政治局第十三次集体学习时、在中央全面依法治国委员会第二次会议上、在学校思想政治理论课教师座谈会上的讲话精神;传达学习《中国共产党重大事项请示报告条例》《中共中央关于加强党的政治建设的意见》《中共中央关于解决形式主义突出问题为基层减负的通知》《党政领导干部选拔任用工作条例》;传达学习李纪恒书记、张院忠书记分别在自治区、包头市领导干部坚持底线思维着力防范化解重大风险专题研讨班开班式上的讲话精神;研究关于对旗长、副旗长、巴润工业园区管委会主任工作分工进行调整有关事宜;安排部署各副旗长近期重点工作;听取巡察整改落实情况汇报;通报旗长挂职锻炼有关事宜,安排部署政府班子日常运转工作;研究人事任免职事宜。

4月22日第5次会议,传达学习习近平总书记对民政工作重要指示、参加首都义务植树活动时重要指示、在重庆考察并主持召开解决“两不愁三保障”突出问题座谈会时重要讲话、对江苏响水天嘉宜化工有限公司“3·21”爆炸事故重要指示精神和《生产安全事故应急条例》(国务院令第708号),传达学习《中国共产党党组工作条例》《地方党政领导干部食品安全责任制规定》《党政领导干部考核工作条例》、中办国办转发《中央农办、农业农村部、国家发展改革委关于深入学习浙江“千村示范、万村整治”工程经验扎实推进农村人居环境整治工作的报告》精神,研究调整杨阳副旗长工作分工事宜。

5月15日第6次会议，传达学习习近平总书记在纪念五四运动100周年大会上的讲话、在第二届“一带一路”国际合作高峰论坛开幕式上的主旨演讲、在2019年中国北京世界园艺博览会开幕式上的讲话、在全国公安工作会议上的讲话和5月13日中共中央政治局会议精神，以及李纪恒书记在全区“思想再解放、笃行新发展理念,推动高质量发展大学习大讨论”动员部署会上的讲话精神、《内蒙古自治区党委办公厅印发〈关于思想再解放笃行新发展理念推动高质量发展大学习大讨论实施方案〉的通知》,传达学习《政府投资条例》和中国共产党内蒙古自治区第十届委员会第九次全体会议、中国共产党包头市第十二届委员会第九次全体会议精神。

6月6日第7次会议,传达学习习近平总书记在江西考察并主持召开推动中部地区崛起工作座谈会上重要讲话、对张富清先进事迹的重要指示、在“不忘初心、牢记使命”主题教育工作会议上的重要讲话精神、署名文章《把乡村振兴战略作为新时代“三农”工作总抓手》和《中国共产党党员教育管理工作条例》《干部选拔任用工作监督检查和责任追究办法》，全区重大项目推进会全体会议精神、李纪恒书记在《要情摘报》(第90期)“挪出穷窝天地宽 搬出大山幸福来——贵州紧紧围绕‘六个坚持’推进易地扶贫搬迁”上作出的批示精神及报道文章；研究人事任职、财政专项扶贫资金分配使用方案;研究《中共达茂联合旗政府党组关于开展“思想再解放、笃行新发展理念,推动高质量发展”大学习大讨论的通知》,动员部署有关工作。

7月10日第8次会议，传达学习习近平总书记对垃圾分类工作重要指示精神、在中共中央政治局第十五次集体学习时重要讲话精神、在深化党和国家机构改革总结会议上重要讲话精神、对黄文秀先进事迹重要指示精神和《中共中央关于授予张富清同志“全国优秀共产党员”称号的决定》《内蒙古自治区党委关于向于海俊同志学习的决定》《中央生态环境保护督察工作规定》;研究“十个全覆盖”10项内工程债权转让及10项外工程欠款拨付和债权转让、2019年第二批财政扶贫专项资金分配使用方案、关于利用亚洲开发银行贷款项目咨询采购服务等事宜。

7月24日第9次会议，传达学习习

近平总书记在内蒙古考察并指导开展“不忘初心、牢记使命”主题教育时的重要讲话、自治区党委常委会扩大会议精神和习近平总书记在《求是》杂志发表的重要文章《增强推进党的政治建设的自觉性和坚定性》，研究部署自治区党委第二巡视组巡视反馈意见整改工作。

8月12日第10次会议，传达学习中共中央政治局7月30日会议精神、习近平总书记对贵州水城“7·23”特大山体滑坡灾害重要指示要求和全区防汛抗旱暨安全生产工作电视电话会议、习近平总书记向第七届库布其国际沙漠论坛的贺信、《求是》杂志发表的习近平总书记重要文章《牢记初心使命，推进自我革命》、中央扫黑除恶第15督导组督导内蒙古自治区情况反馈会、全区上半年重点工作汇报会议精神；传达学习布小林主席调研指示精神，研究政府党组贯彻落实工作；研究哈撒尔纪念公园项目有关事宜。

9月3日第11次会议，传达学习习近平总书记在甘肃考察时重要讲话精神、自治区党委十届十次全会精神、包头市委十二届十次全会精神、包头市委办公室《关于当前我市意识形态领域形势的通报》；听取政府党组落实自治区党委第二巡视组巡视反馈意见整改工作情况汇报，研究部署有关工作。

9月26日第12次会议，传达学习习近平总书记在河南考察调研重要指示精神、在黄河流域生态保护和高质量发展座谈会上的重要讲话精神、对国家网络安全宣传周作出的重要指示精神、在中央政协工作会议暨庆祝中国人民政治协商会议成立70周年大会上的重要讲话精神；研究近期大额资金分配使用有关事宜。

10月22日第13次会议，研究人事任免事宜。

12月5日第14次会议，传达学习中央“不忘初心、牢记使命”主题教育领导小组《关于整治“景观亮化工程”过度化等“政绩工程”“面子工程”问题的通知》精神，听取自治区党委巡视督查反馈通知书和口头反馈问题整改及人大代表建议、政协委员提案办理情况汇报，研究部署下一步工作。

12月26日第15次会议，传达学习中央经济工作会议精神、中央农村工作会议精神；研究人事任免有关事宜。

达茂联合旗人民政府2019年召开常务会15次。

1月17日第1次常务会，研究《达茂联合旗人民政府与北方国际合作股份有限公司合作协议》、近期土地开发利用事宜、关于开发公益性岗位安置建档立卡贫困劳动力有关事宜、关于2018年符合政府安排工作条件6名三期转业士官安置工作有关事宜。

1月31日第2次常务会，研究《达茂联合旗扶贫资金使用管理指导意见》；听取2018年度脱贫攻坚、安全生产、环境保护、依法行政工作情况汇报，安排部署

2019年有关工作；听取关于易地扶贫搬迁、关于“大棚房”问题清理整治工作情况汇报,安排部署下一步工作;研究调整机关事业单位工作人员基本工资标准和增加机关事业单位离休人员离休费有关事宜。

2月18日第3次常务会,研究《达茂联合旗2019年政府隐性债务化解工作方案》《达茂联合旗2019年脱贫攻坚实施方案》《达茂联合旗贯彻落实中央环境保护督察“回头看”及草原生态环境问题专项督察反馈意见整改方案》《达茂联合旗乡村振兴战略规划》《达茂联合旗政府办公室关于加强公务出行保障实施方案》。

3月4日第4次常务会，研究《2019年达茂联合旗“十个全覆盖”10项工程外直接相关联项目债务化解工作实施方案》《达茂联合旗市场主体和投资项目咨询会商审批实施方案》《2019年达茂联合旗农村牧区人居环境整治行动实施方案》《达茂联合旗2019年亿元以上重点项目包联工作方案》、近期土地开发利用有关事宜、达茂联合旗人民政府与达茂旗原天旅游开发有限公司关于百灵那达慕文化产业园、演艺中心合作协议书有关事宜、关于发放人民警察执勤岗位津贴和加班补贴有关事宜。

3月23日第5次常务会,研究《关于加快推进乌兰牧骑事业发展的实施方案》、关于为警务辅助人员调整工资待遇和增加政法委机关工作津贴有关事宜、《达茂联合旗矿检站资产处置及人员安置方案》。

4月22日第6次常务会，研究分析一季度经济运行情况、听取应急管理局关于全旗安全生产大检查工作情况汇报,安排部署下一阶段工作;研究近期土地开发利用及查干哈达庙铜矿采矿权三采点范围整合与残留区块以市场出让方式获得补充矿权事宜、《达茂联合旗河道采砂规划报告书》《达茂联合旗重点产业链招商“链长制” 实施方案》《蒙医医院医护型养老保健服务中心项目PPP方案》、达茂联合旗人民政府与北京首华信能源科技开发有限公司、与内蒙古中盛天佑新能源有限公司、与内蒙古懿晟新能源有限公司项目开发协议书、达茂联合旗人民政府与北方国际合作股份有限公司合作协议。

5月15日第7次常务会，听取化债办关于全旗一季度政府债务化解情况汇报、关于全旗一季度精准脱贫工作情况汇报、关于中央环保督察“回头看”及草原生态环境问题专项督察反馈意见整改情况汇报、关于全旗食品安全工作情况汇报、关于编制《希拉穆仁草原旅游控制性详细规划》《达茂旗旅游生态环境保护规划》有关事宜,研究《第七届游牧文化旅游节实施方案》《包头市达尔罕茂明安联合旗声环境功能区划分方案》及声环境功能区划分技术报告、《达茂旗百灵庙镇景观河道PPP项目设计方案》、关于达尔罕贝勒酒店委托物业公司管理有关事宜、《达茂联合旗人民政府与内蒙古自治区气象科研所飞机人工增雨区域合作协议》。

6月6日第8次常务会，听取关于扫黑除恶专项斗争总体情况和政府重点部门关于扫黑除恶专项斗争联动机制落实情况汇报,研究《达茂联合旗突发公共卫生事件应急预案(修订)》《关于解决原旗经信局领导班子成员个人担保贷款缴纳养老保险不合规整改方案》、关于石宝铁矿集团宝利建材有限公司改造建设商混项目有关事宜、关于乌兰牧骑参加第八届全区乌兰牧骑艺术节专场演出有关事宜、《达尔罕贝勒酒店委托管理协议(送审稿)》、关于近期土地开发利用有关事宜。

7月10日第9次常务会,研究《达茂联合旗2019年脱贫攻坚四类重点对象危房改造“清零达标”行动实施方案》、关于调整合同制管理人员工资及增加林业有毒岗位津贴有关事宜、关于面向社会公开招录专职消防员及文员有关事宜、关于部分中小学校校舍修缮和百灵庙中学操场扩建有关事宜、关于农牧区消防队站建设有关事宜、关于新设立建筑用砂采矿权有关事宜、关于近期土地开发利用有关事宜。

8月12日第10次常务会,研究分析上半年经济运行情况，听取政府债务化解、精准脱贫、污染防治工作情况汇报,研究近期土地开发利用、中蒙跨境铁路满都拉口岸连接线项目有关事宜。

9月3日第11次常务会,研究《达茂联合旗道路隐患排查整治工作方案》《达茂联合旗“四好农村路”示范路建设养护实施方案》、近期土地开发利用有关事宜、《关于召开达茂联合旗2019年教育工作暨庆祝第35个教师节表彰大会活动方案》《关于完善公车改革配套制度实行中短途出差交通费用补助的方案》、关于调整2019年度机关事业单位退休(退职)人员养老金待遇有关事宜。

9月28日第12次常务会,听取中华人民共和国成立70周年大庆期间安保工作汇报并安排部署下一步工作、关于调整包头市山北生态修复工程实施模式情况汇报,研究《达茂联合旗党政领导干部食品安全责任清单》《苏木乡镇耕地保护责任目标考核办法》《达茂联合旗“散乱污”工业企业综合整治专项行动方案》《达茂联合旗草原旅游生态环境问题专项治理实施方案》《关于开展巴润工业园区区域评估的工作方案》《关于落实合同制幼儿教师有关待遇的实施方案》《达茂联合旗关于解决临时雇用幼儿教师待遇的实施方案》、关于百灵庙镇区集中供暖补贴有关事宜。

11月16日第13次常务会，听取各副旗长分管领域2020年重点工作重点项目安排情况汇报,研究关于人居环境整治工程生活垃圾治理、厕所革命、生活污水处理等三个规划有关事宜、《达茂联合旗永久基本农田整改补划方案》、近期土地开发利用有关事宜、关于调整《达茂联合旗矿产资源总体规划（2016—2020年）》有关事宜、《达茂联合旗塔布河水库建设征地移民安置规划大纲》《达茂联合旗房屋建筑和市政基础设施工程施工招标投标管理制度（试行）》《达茂联合旗智慧Wi-Fi互联网专线业务解决方案》、人力资源和社会保障局关于增加司法人员政法工作津贴有关事宜、《达茂联合旗事业单位公务用车制度改革实施方案》《关于达茂联合旗2017—2018年产油大县奖励资金评审实施方案》《达茂联合旗2017—2018年油料奖励资金使用方案》《达茂联合旗油料奖励资金使用方案》《达茂联合旗产油奖励资金管理暂行办法》《达茂联合旗产油奖励资金监管办法》《达茂联合旗产粮（油）大县奖励资金绩效评价暂行办法》、关于信用联社转制中不良贷款化解措施及《达茂联合旗交通投资有限责任公司与达茂联合旗农村信用合作社不良资产购买协议》《达茂联合旗交通投资有限责任公司与达茂联合旗农村信用合作社不良资产置换协议》。

12月18日第14次常务会，研究法治政府建设有关事宜，学习《法治政府建设与责任落实督察工作规定》，听取全旗法制政府建设工作汇报，研究规范性文件清理和行政执法主体确认事宜、《达茂旗国土空间总体规划编制工作方案》《达茂旗征地区片综合地价成果报告》《达茂旗农村牧区饮水安全工程运行管理办法（试行）》《达茂旗防返贫基金管理办法》《达茂联合旗2020年春节、元宵节系列活动实施方案》《达茂联合旗特色杂粮示范行动实施方案（2019—2020）》、关于2020年拟实施亿元以上重点项目有关事宜、关于全旗“十三五”规划纲要主要经济指标调整、2019年主要经济指标预计及2020年指标计划建议有关事宜、关于近期土地开发利用有关事宜、《达茂联合旗2020年春节慰问及困难群众生活救助工作方案》、国有资产处置有关事宜。

12月27日第15次常务会，《政府工作报告（讨论稿）》《达茂联合旗2019年国民经济和社会发展计划执行情况与2020年国民经济和社会发展计划（草案）的报告（讨论稿）》《达茂联合旗2019年预算执行情况和2020年预算（草案）的报告（讨论稿）》，听取关于土地三调、土地利用总体规划调整工作汇报，研究《达茂旗草原旅游整治和提升规划》《希拉穆仁草原旅游控制性详细规划》、赛乌素金矿设立深部探矿权有关事宜、近期土地开发利用有关事宜、希拉穆仁草原旅游管理服务中心工作人员享受苏木乡镇工作补贴有关事宜、达茂联合旗城镇基础设施建设项目有关事宜、拍卖回购和合家苑房屋有关事宜。

【重要文件】先后印发达茂联合旗人民政府《关于印发2019年〈政府工作报告〉任务分解方案的通知》《关于印发〈政府党组2019年工作要点〉的通知》《关于印发〈包头市达尔罕茂明安联合旗声环

境功能区划分方案〉的通知》《关于印发〈关于在市场体系建设中建立公平竞争审查制度实施方案〉的通知》《关于印发〈国道335线白云鄂博至明安镇(棍呼都格)段公路工程社会稳定风险评估实施方案〉的通知》《关于印发〈国道335线白云鄂博至明安镇(棍呼都格)段公路工程维稳预案〉的通知》《关于划定包满线新建铁路巴音花至满都拉段线路安全保护区的公告》。

达茂联合旗政府办公室

【综合业务】政务工作方面,把完成三大攻坚战任务摆在突出位置,化解债务32万元,选派1名驻村干部,党员干部定期入户调查了解情况,包联的12户贫困户全部脱贫。紧紧围绕旗委、政府决策部署,精准把握制约发展的重大问题、聚焦群众关心关注的热点问题,站在全旗的高度加以分析研究,确保文稿起草接地气、见实效。全年共起草各类重要文稿140余篇、85余万字,审核修改新闻稿件70余篇。切实改进文风会纪,严格规范公文审签、用章、制发等环节,全年共收办上下级来文3002件,其中国务院、自治区政府文件98件,中央、内蒙古党委、包头市委文件311件,市政府文件369件,密件375件,上级部门文件818件,下级部门文件1031件;制发各类文件656件,其中上行文120件,下行文49件,会议纪要77件,便函410件;办文规范率、用章登记率均达到100%;承办政府全体会议2次、常务会议15次、政府党组会议14次、政府专题会39次、旗长办公会议1次、其他各类会议310次,会议准备率、档案完整率均达到100%。信息工作方面,把政务信息作为向领导提供决策、向上汇报工作的重要途径,始终坚持高标准、高质量、零纰漏,加强政务信息审签、报送管理,确保信息编报的时效性和准确性,编发《政务信息》144期,市政府采用48期。督查工作方面,深度思考具体工作中的“关键点”、重点工作中的“薄弱点”、基层工作中的“困难点”、旗委和旗政府的“关注点”,围绕领导批示件、民生政策落实、重点项目建设等重点领域和关键环节,加大督办督查力度,建立上级交办、政府会议、领导批示事项3套督查台账,累计开展专项督查25次,下发督查通知9期、督办催办通知单13期,编发督查专报7期、督查通报1期。坚持领导批示件“批必办、办必果、果必报”,办理政府主要领导批示件27件,办结市级下达督办事项12项,特别是围绕

“三大攻坚战”落实情况多次进行专项督查，为旗委、政府领导准确掌握工作动态提供决策依据。高度重视建议、提案办理工作，办理答复市旗两级人大代表建议70件、政协委员提案89件，市长热线462件，市长信箱、旗长热线各13件，办结答复率达到100%。协调工作方面，充分发挥政府办公室联系领导、服务基层、协调部门的桥梁枢纽作用，凝聚各方力量，整合各类资源，形成推动全旗经济社会发展的整体合力，有力保障政府工作的高效运行。加强应急管理，健全应急值守、24小时值班、节假日领导带班、专人值班等制度，完善突发性公共事件应急处置预案和突发事件应急处置体系，统筹调度、指派专人参与全旗鼠疫防控工作。切实加强保密工作，对领导批示件、重要文件等，严格按规定在一定范围由专人负责运转传阅，禁止擅自复印传输、在联网电脑处理涉密文件，保密工作实现“零事故”。后勤工作方面，树立“大后勤、大服务”理念，积极主动为政府领导提供优质服务，确保保障到位。全面运行OA办公软件系统应用，积极推行无纸化办公。严格执行后勤事务管理办法和出差派车维修制度，不断加强车辆安全管理，全年出差派车689人次，调度车辆866辆次，安全行驶40万公里无事故。定期对政府大楼内外卫生和绿化亮化进行检查，努力营造整洁舒适的办公环境。

【门户网站】贯彻落实《政府信息公开条例》有关要求，扎实做好政府网站建设、管理和维护工作，及时发布政策信息，公布财政预决算、政务信息等重点内容，更新各栏目文字、图片、视频内容1619篇，网站点击量达到72万次以上；加快推进政府门户蒙文网站建设，基本情况、新闻资讯、政务公开、办事服务、新农村牧区、文化旅游六大类，旗情、地图、风景图、达茂要闻、部门动态、图文信息、访谈、公文翻译、办事服务、信息资讯、应用技术、历史、民俗、文化、文艺、旅游、教育等17种板块内容实现蒙汉“双语”运行，发布蒙文公开信息608条，走在全市前列。

【政务服务】机构改革后，由政府办管理协调政务服务局工作，持续深化“放管服”改革，规范权力清单，重新对旗本级依申请办理6类事项进行梳理，确定436项。加强信息录入工作，自治区一体化政务服务平台数据录入330余项。深化商事制度改革，实行简化登记注册手续，放宽市场准入和退出程序，累计发放“证照分离”营业执照49户，“多证合一”证照57户，“两证合一”证照826户。坚持“三集中、四到位”，大厅进驻部门达到24个，2019年共办理各类政务服务事项117593件，提供咨询服务125961人次，按时办结率、现场办结率均达到100%。优化营商环境，推行“一窗式”服务窗口，企业注册登记、“多证合一”证照办理、公章刻制等办理时限压缩为3个工作日。

推进“互联网 + 政务”服务工作,旗级一体化政务服务平台近期投入使用。充分运用行业部门网络资源,在内蒙古自治区固定资产投资项目在线审批平台办理项目 114 个,在工商注册网办理企业名称核准 16 件、办理企业注册登记 96 件。规范公共资源交易行为,实现统一全流程网上电子评标交易平台和远程异地专家共享评标,全年进场交易项目 150 个,交易总额 1.95 亿元。

信访工作

【概况】2002 年 4 月 29 日,达茂联合旗人民政府按照《中共达茂联合旗委员会、达茂联合旗人民政府关于全旗党政机构改革工作的实施意见》和《中共达茂联合旗委办公室、达茂联合旗人民政府办公室关于报送“三定”方案的通知》文件精神,设置达茂联合旗信访局,为旗政府办公室的部门管理机构。编制情况为:行政编制 2 名,领导职数 1 名(副科级),非领导职数 1 名。2019 年 1 月 29 日,按照《达茂联合旗机构改革方案实施意见》,达茂联合旗信访局由政府办挂靠单位转为政府组成部门,为正科级,核定行政编制 5 名,设局长 1 名,副局长 1 名。

达茂联合旗信访办公室:2006 年 12 月 8 日,成立达茂联合旗信访办公室,为达茂联合旗信访局所属事业单位,核定全额拨款事业编制 5 名,机构规格为股级。2017 年 12 月,经编办调整编制为 3 名。

达茂联合旗委政府联合接访中心:2017 年 12 月 25 日,成立达茂联合旗委政府联合接访中心,为相当股级公益一类事业单位,核定全额拨款事业编制 6 名,机构规格为股级。

【信访工作】中华人民共和国成立 70 周年大会、十九届四中全会和各级“两会”期间各项信访值守任务方面,成立旗级领导挂帅的属地信访工作组、驻京信访工作组、应急处置组和督查工作组等四个工作组,形成“全覆盖、无遗漏,全时段、无空隙,全环节、无死角”工作格局。制定“一人一策一组”稳控化解措施,实现 99 名重点人全部在稳控视线内,未发生失控情况,实现“零进京”信访目标。接(约)访下访方面,按旗级领导“AB”岗接访机制开展相关工作,旗级领导共接(约)访、下访、走访来访群众 63 批次 426 人次,接访率达到 98%以上。群众诉求方面,共接待受理群众来访 102 批次 839 人(初访 69 批次、重复访 33 批次,重访占到来访比例 32.3%),较去年同期批次下降 38.9%,人次下降 42.3%。其中:个体访 71 批次 228

人,集体访31批次611人;来访的102批次中提交信访材料的66件,截至目前,经协调责任地区、责任单位积极化解办理,息诉罢访18件,出具处理意见48件,其中:出具处理意见引导进入复查复核程序34件,出具复查复核意见14件,成功化解5件,不予受理2件,不符合复查条件退回处理机关5件,正在办理8件。

【"不忘初心、牢记使命"主题教育】成立"不忘初心、牢记使命"主题教育领导小组,制定《中共达茂联合旗信访局党支部开展"不忘初心、牢记使命"主题教育工作方案》《中共达茂联合旗信访局党支部关于开展"不忘初心、牢记使命"主题教育学习安排》。共组织党员干部集中学习8次,集中研讨6次。深入百灵庙镇新胜街社区、乌克忽洞镇太平大队库伦图村、瓦窑沟村开展"不忘初心、牢记使命"主题教育"开门纳谏"征集意见和民情恳谈会活动,收集群众各类意见建议27份。

政务服务

【概况】政务服务局属于一级行政机关单位,是旗政府组成部门,核定行政编制5名,其中局长1名、副局长1名、科员3名。主要负责旗政府政务服务、电子政务及政务公开等工作;承担旗推进政府职能转变和"放管服"改革协调小组办公室日常工作,对重大问题进行调研研究,提出相关工作建议;.负责全旗政务服务工作;统筹指导政府系统电子政务工作;负责旗本级政府信息公开和政务公开工作;指导旗本级实体政务大厅运行管理;负责全旗政务服务、电子政务、政务公开工作的日常监管和年度考核工作等。单位2019年有下属2个二级单位,分别为:达茂旗政务服务中心、达茂旗公共资源交易中心。其中达茂旗政务服务中心为副科级参公事业单位;达茂旗公共资源交易中心为股级参公事业单位。

【组织机构及职责】政务服务中心核定参公编制7名,其中副科级领导职数1名,参公科员编制6名。主要负责贯彻执行国家和上级有关政务服务工作方针、政策,拟定全旗政务服务工作规章和方案,经批准后组织实施;负责对各部门进驻审批和服务事项集中办理的组织协调、监督管理和指导服务,对进驻窗口工作人员进行管理培训和日常考评。公共资源交易中心核定编制9名,均为参公科员编制。主要负责建立统一规范的公共资源交易平台,推进公共资源交易统一集中管理,完善公共资源配置、公共资产交易、公共产品生产领域的市场运行机制,逐步拓展公共资源市场化配置的实施范围,确保公共资源交易公开、公平、公正;负责公共资源交易的组织,并为进场监督的行政监察以及有关行业主管部门提供监督场所和软件信息服务;负责为交易各方提供场所和相关政策、法规、技术咨询等服务;负责场内交易日常管理工作(包括接受交易登记、发布交易信息、见证交易过程、管理场内秩序、保存交易档案、统计交易数据等工作);负责评标专家考核工作;协助建立企业诚信体系。

【业务工作】2019年,共办理各类政务服务事项117593件,提供咨询服务125961人次,发布工作信息88篇,按时办结率100%,现场办结率100%。

【调整权力清单】认真贯彻落实中央、自治区、包头市调整、取消、下放审批事项相关文件精神,印发《关于做好国务院取消和下放事项落实和承接工作的通知》,重新对旗本级依申请办理6类事项(许可、给付、奖励、确认、裁决、其他)进行梳理,最后梳理确定436项。同时,按照市局的工作部署,组织各部门开展自治区一体化政务服务平台数据录入、国家监管平台事项认领录入和行为采集工作。截至年底,自治区政务服务一体化平台录入事项330余项,国家监管平台认领546条,审核发布了517条。按照上级工作安排,8月份重新梳理了中介服务事项,最后梳理确定5个部门8个服务事项,进一步规范中介服务机构和服务行为。9月24日,组织自然资源、住建、应急、卫健、发改、工科、交通、市监8个部门参加全市中介服务网上超市应用培训会,并对照市级新一版中介服务事项清单,重新调整旗本级中介服务清单。各执收单位严格按照收费目录清单收费,已经取消、停征的行政事业性收费政府性基金已不再收取,对于降低标准的收费项目严格按照新政策新标准执行,切实保障国家降费减负政策落实到位。

【"放管服"改革】按照中央、自治区、包头市"放管服"改革工作部署和"三集中、四到位"工作要求和机构改革工作实际,继续加强已进驻部门的规范化工作,7月份印发《关于进一步规范进驻市民大厅有关工作的通知》,组织实施机构改革部门入驻大厅工作,边防公安、退伍军人事务局、电力、邮政等部门,纳入市民大厅常设服务窗口,提供"一站式"服务。同时,大厅设立综合服务窗口,将事项办件量较少,未设立常设窗口的民委、水务、农牧、林业、卫健、应急、林草等部门纳入综合服务窗口,以轮换值班的形式提供"一窗式"服务。大厅二楼设立第三方服务企业专区,企业征信、达茂信用、公章刻制、百旺和恒茂税收服务等第三方服务企业集中在二楼专区,为各类企业和广大群众提供"一站式"服务。进驻部门达到24个旗直部门和6个企业。按照《包头市投资项目咨询会商调度服务机制的通知》《包头市支持非公有制经济健康发展的十条政策措施的通知》要求，旗政务服务局会同旗委统战部制定印发《达茂旗市场主体和投资项目咨询会商审批实施方案》，投资项目审批分为准入会商、并联审批、联合验收三个阶段完成，并联审批总时间控制在100个工作日之内，提升投资项目审批服务办理效率。出具15个项目联合会商意见，完成48个项目的审批备案工作。市民大厅市监局窗口推行“一窗式”服务窗口，统一受理申请材料，负责申请信息分类推送至税务窗口备案登记和公安刻章窗口刻章备案工作，企业注册登记、办理“多证合一”证照、公章刻制等全流程仅用3个工作日全部办理完成，有效解决企业设立程序复杂、时间长、多头跑等问题。共办理个体826户、企业164户、合作社26户。充分利用政务外网、行业专网、移动终端等媒介，采取预约服务、延迟服务、绿色通道、上门服务、代办帮办、快递送达、双语服务等方法，为各类企业和群众提供贴心服务。同时，继续完善首问负责、限时办结、承诺办结等制度，平均承诺时限比法定时限缩短20%以上，进一步提升服务效率。

【“互联网＋政务服务”】按照自治区、包头市一体化政务服务平台建设工作要求，配合建设工作，做好旗县区基础数据提供和前期准备工作。于11月26日达茂联合旗政务服务一体化平台正式上线投入使用，网上咨询、查询、申请办理等各类功能全部开通，正式对外提供网络平台服务。开展达茂旗政务服务一体化平台业务培训2次，业务人员培训3次。同时，结合政务服务一体化平台建设工作，充分运用行业部门网络资源，积极推进工商网、公安移动终端、自治区在线审批平台、内蒙古动物卫生监督网、内蒙古自治区社保保障网、不动产登记系统等平台的广泛应用，方便广大群众办事。在内蒙古自治区固定资产投资项目在线审批平台上共办理114个项目，其中审批6个、备案108个；在工商注册网上共办理企业名称核准16件，通过网上提交材料办理企业注册登记96件。在不动产登记和公安出入境、公安户籍等领域实现无纸化办公模式，申办人只需提供身份证等登记要件的原件，即可办理相关事宜，节省群众办理时限。

【监管机制】按照中央、自治区、包头市规范事中事后监管工作要求，根据《内蒙古自治区司法厅关于开展行政执法人员资格审核认证工作的通知》《包头市司法局关于开展全市行政执法主体清理确认工作的通知》要求，2019年8月旗司法局组织全旗各行政执法部门开展行政执法主体和行政执法人员清理工作。经审核和清理，确定有行政执法主体资格的单位共77个，其中法定行政机关37个，法律、法规授权的组织15个，依法受委托执法的组织25个，行政执法人员751人。积极推广使用旗市监局的协同监管平台，主要针对企业准入、行政许可、市场监管、信用评价等领域提供信用服务。全旗32个政府部门注册使用协同监管平台,公示各类信息3911条,行政许可3558条,行政处罚353条。旗发改委牵头建立达茂旗信用平台,主要针对基础信息、重点人群、行政许可、行政处罚、黑红榜、重大违法税收、低保人群、项目审批、社保五险等领域提供服务。全旗38个企事业单位注册使用,公示基础信息8305条,行政许可3223条,行政处罚651条,红名单843条,黑名单2条,失信被执行人194人,上报文件点数24328次。严格落实企业信息公示、经营异常名录、严重违法企业名单等制度,强化信息公示、信息共享、信用约束。市监局与2个部门、单位签订《失信企业协同监管和联合惩戒合作备忘录》,全旗209户企业被依法列入经营异常名录,这些被列入经营异常名录或受到行政处罚的企业,在国有土地拍卖、招投标、政府采购等方面都不同程度受到限制或禁入。34户受到信用约束和惩戒的违法企业主动守法、修复信用,申请移出异常名录。

【服务标准化】按照服务大厅标准化建设要求和"不忘初心、牢记使命"主题教育安排部署,重新调整服务窗口,分开设立行政服务专区和企业服务专区,增添用电缴费自助终端机2台,市民大厅单独设立商务服务中心,提供打印复印服务;在税务服务专区设立叫号机1台,排号显示屏2台,办税票自助服务终端4台;在休息区设立投诉箱,摆放报纸架、休息椅、各类办事指南,休闲书籍等,方便前来办事的群众。制定印发《关于进一步规范市民大厅办事窗口服务工作的通知》,对市民大厅窗口开展规范化服务建设工作。结合大厅窗口实际,开展服务标兵、党员示范岗、业务比拼等多种形式活动,提升业务能力和服务水平。对12个苏木乡镇和7个社区便民服务站点进行规范,统一制作牌匾,规范服务点名称,制定相关工作制度,进一步提高规范化水平。同时,按照标准化建设要求,百灵庙镇综合服务大厅创建为市级标准化示范点,石宝镇大苏吉村和巴音花镇敖龙忽洞嘎查设为推行"马背政务服务"试点地区。

【公共资源交易】规范进场项目服务内容及工作流程,制定交易中心工作人员首问责任制、八不准廉政制度和行为准则等制度,严格履行项目报批备案制度,完善规章制度。实现统一的全流程网上电子评标交易平台和远程异地专家共享评标,解决评标专家和业主的时间成本、经济成本和廉政风险等问题,提升服务效率。累计进场交易项目150项,交易总额19506.43万元,节约资金538.28万元,公布招投标信息92期。

退役军人事务

【概况】2019年3月20日，达茂旗退役军人事务局举行挂牌仪式。2019年3月29日，达茂旗委、政府印发《达茂联合旗退役军人事务局职能配置、内设机构和人员编制规定》（达党办发〔2019〕31号），达茂联合旗退役军人事务局正式成立。内设机构有办公室、拥军优抚褒扬股和移交安置管理股，核定行政编制5名，设局长1名、副局长1名。旗委双拥工作领导小组办公室和退役军人事务领导小组办公室均设在旗退役军人事务局。根据《关于成立达茂联合旗退役军人服务中心的通知》，成立达茂旗退役军人服务中心，为相当股级的公益一类事业单位。核定人员编制8名，其中行政管理人员5名、专业技术人员3名。

截至2019年年底，达茂联合旗退役军人事务局共有4名公务员，其中，局长1名、副局长1名、科员2名；合同制工作人员2名；基层服务大学生2名。退役军人服务中心共有事业编制工作人员7名。全局共有党员8名，退役军人5名，少数民族工作人员6名，妇女7名。

【运行体系】3月挂牌成立后，退役军人事务局深入贯彻习近平总书记关于退役军人工作重要论述和重要指示批示精神，于2019年5月16日协调召开旗委退役军人事务工作领导小组第一次会议。印发《中共达茂旗委员会退役军人事务工作领导小组2019年工作要点》《中共达茂旗委员会退役军人事务工作领导小组工作规则》和《中共达茂旗委员会退役军人事务工作领导小组办公室工作细则》。

【服务保障】截至2019年年底，全旗共有退役军人和其他优抚对象2337人，共建立22个退役军人服务站。

【双拥工作】推动双拥创建工作，争创自治区双拥模范旗“八连冠”。搜集整理2016—2019年4个年度的双拥工作资料。

【拥军优抚】9月30日，达茂旗在革命烈士陵园开展“烈士纪念日”公祭活动。为2251户烈属、军属和退役军人家庭悬挂光荣牌。开展评选达茂旗“最美退役军人”宣传活动，2019年12月，阿迪雅获内蒙古首届“最美退役军人”光荣称号。做好政策解释和讲解工作，核审符合政策条件的部分退役士兵200多人。全旗共有各类重点优抚对象150人，60周岁以上农村籍退役士兵132人。2019年，共发放各类重点优抚对象抚恤定补金和60周岁农村籍退役士兵生活困难补助319.64万元;优抚对象住院即时结算18人,医疗救助3.95万元;2017年和2018年现役军人家属共67人,发放优待补助金135.54万元。为自主就业城乡退役士兵发放一次性地方经济补助金264.28万元。在“八一”建军节期间,旗四大班子领导带队分4个组赴驻旗部队开展慰问活动,慰问退役军人服务站22个,慰问重点优抚对象、困难退役军人175人,慰问金共计19.75万元。

外事工作

【概况】2019年3月20日,达茂联合旗人民政府外事办公室正式挂牌。3月29日,外事办公室正式成立。外事办公室是达茂联合旗人民政府工作部门,为正科级。内设机构有办公室、涉外管理股,核定行政编制5名。行政工勤编制1名,设主任1名(兼任旗委外事办主任),副主任1名(兼任旗委外事办副主任)。截至2019年年底,达茂联合旗人民政府外事办公室共有4名公务员,其中,主任1名、副主任1名,科员2名,借调工勤人员1名,三支一扶志愿者1名;2019年11月成立达茂联合旗人民政府外事办党支部,共有党员3名;少数民族工作人员4名,妇女4名。

【运行体系】2019年3月达茂旗人民政府外事办成立后,深入学习习近平新时代中国特色社会主义外交思想,于2019年6月27日召开达茂联合旗委员会外事工作委员会第一次全体会议。印发《达茂旗委外事工作委员会2019年工作要点》《达茂旗委外事工作委员会工作细则》《达茂旗委外事工作委员会办公室工作细则》。

【外事活动】服务国家总体外交和高质量发展,推进与蒙俄开展务实合作。2019年接待来自蒙古国团组3批次34人次,围绕跨境铁路、公路、跨境旅游召开座谈会,开展文化、艺术及医疗相关方面的交流。推进国际友好城市关系,服务保障蒙古国东戈壁省赛音山达市与达茂联合旗建立友好城市关系协议书签字仪式。全年因公出国(境)团组1批1人次。

关心下一代工作委员会

【概况】 共建有关工委组织126个，其中包括12个区，苏木乡镇85个村嘎查社区,10所学校和19个旗直单位。从事关工委工作人员502名,其中老同志141名。

【日常工作】 组织五老开展“学党史国史”主题教育活动、道德实践活动和“中国梦”的宣传教育活动、“传承红色基因，争做时代新人”“讲达茂精神”“守护童年·牵手共成长”假期儿童关爱服务活动、“关爱明天、普法先行”法制教育等活动。各学校设立心理健康咨询中心（咨询室)、“青少年之家”、知心姐姐,成立内蒙古心理健康教育分中心,配有专职心理健康咨询教师。深化“五老关爱”工程,营造青少年健康成长良好环境。采取“结对帮扶、活动帮扶、特色帮扶”的有力措施,对困境儿童从物质到精神的精准关爱，募集资金62万元,资助654名贫困青少年。联合相关部门建立关爱留守困境儿童联席会议制度，专题研究留守儿童关爱服务事项,营造全社会共同关心留守儿童和困境儿童健康成长的良好氛围,形成家庭与社会齐抓共管的强大合力。开展好“五老弘扬好家教好家风”活动,“树家风、讲家训、传美德”征文以及“最美家庭”评选等活动,使学校教育和家庭教育互相配合，互相渗透,家庭教育工作扎实推进、成效显著,推动构建家庭、学校、社会三结合育人格局。

【服务青少年】 推广总结好“1344”工作经验,对“五好”基层关工委创建活动进行回头看,把基层关工委建设得更强更实更优。

中国人民政治协商会议达茂联合旗委员会

【概况】1957年2月,中国人民政治协商会议达茂联合旗委员会正式成立。设主席1名,副主席4名,常委20名,委员123名,设经济委员会、教科文卫体委员会、民族宗教法制委员会3个专门委员会,内设办公室。委员分布于中共界14人,无党派界8人,农牧林水界22人,教科文卫体界17人,民族宗教界8人,法治人口资源环境界10人,经济企业界17人,社会福利界7人,工商联界13人,工青妇界7人。

【政协全体会议】中国人民政治协商会议达茂联合旗第十四届委员会第二次会议于2019年1月23日至25日召开。会议听取和审议旗政协主席苏德所作的《政协达茂联合旗第十四届委员会常务委员会工作报告》、副主席武存保所作的《政协达茂联合旗第十四届委员会常务委员会关于第十四届委员会第一次会议以来提案工作情况报告》。旗政协副主席何建军主持开幕会议,旗党政领导出席。与会委员列席达茂联合旗第十五届人民代表大会第二次会议,听取并讨论张永文旗长所作的《政府工作报告》,以及发展计划工作报告和财政预算工作报告。会议审议通过政协达茂联合旗第十四届委员会第二次会议政治决议;政协达茂联合旗第十四届委员会常务委员会工作报告的决议;政协达茂联合旗第十四届委员会常务委员会关于第十四届委员会第一次会议以来提案工作情况报告的决议。旗政协主席苏德主持闭幕会议。

【常务委员会会议】3月21日,召开政协达茂联合旗第十四届委员会常务委员会第6次会议,政协党组书记、主席苏德主持会议。会议审议通过《政协达茂联合旗第十四届委员会2019年协商计划》《政协达茂联合旗第十四届委员会常务委员会2019年工作要点》。

9月4日,召开政协达茂联合旗第十四届委员会常务委员会第7次会议,政协副主席莎仁高娃主持会议。会议围绕“戍边牧民的生产生活和军民联防情况”开展常委会议专题协商。

11月19日,召开政协达茂联合旗第十四届委员会常务委员会第8次会议,政协副主席温志俊主持会议。会议围绕“达茂旗农村牧区土地承包经营权确权工作”开展常委会议专题协商。

11月26日,召开政协达茂联合旗第

十四届委员会常务委员会第9次会议,政协副主席何建军主持会议。会议围绕“关于支持民营企业健康发展的各项政策措施落实情况”开展常委会议专题协商。

【主席会议专题协商】旗政协教科文卫体委员会组织委员就“建立健全达茂旗农村牧区环境卫生长效管护机制”“民营医院生存与发展环境”进行专题协商。旗政协经济委员会组织委员围绕“全旗‘四好农村路’建设情况”进行专题协商。旗政协民族宗教法制委员会组织委员围绕“加大对民族传统体育传承和发展的扶持力度”进行专题协商。

【提案工作】政协达茂联合旗第十四届委员会第二次会议以来共收到提案94件,经审查共立案85件,立案率达90%。对内容相近或相同的提案进行合并立案,将部分不完整提案转为社情民意信息,最终立案64件。其中,经济发展类提案11件;教育医疗(食品安全)类提案15件;文化旅游类提案7件;城乡基础设施建设类提案10件;社会保障和民生类提案8件;生态环保类提案8件;民族宗教法制类提案5件。

【经济委员会工作】围绕“农村牧区土地承包经营权确权”“全旗‘四好农村路’建设情况”等协商课题,认真开展调研协商,提出针对性意见建议。组织经济企业界别部分委员同达茂旗供电局赴乌克忽洞镇、百镇、巴润工业园区孙氏企业、新达茂稀土等地调研企业降电费政策落实情况。组织部分委员对旗交通运输局和林业和草原局进行民主评议。

【教科文卫体委员会工作】围绕“关于达茂旗民营医院发展情况”“建立健全农村牧区环境长效管护机制”“全旗农村牧区公共文化服务设施利用情况”等课题开展调研协商等活动。组织开展“庆祝中华人民共和国70周年和人民政协成立70周年”活动。组织旗政协教科文卫体界委员开展社情民意信息“微调研”活动。组织旗政协社会福利界开展助力脱贫攻坚活动。组织部分政协委员对旗教育局、卫生健康委员会进行民主评议。

【民族宗教法制委员会工作】围绕“戍边牧民的生产生活和军民联防情况”“民族传统体育传承和发展情况”“民贸民品企业发展情况”等课题组织委员开展调研协商,提出意见建议。组织旗政协工青妇界别会同仁和药业百灵康公司开展助学圆梦活动。组织旗政协民族宗教界别开展宗教工作“三级网络”人员、宗教教职人员培训。组织部分政协委员对旗民族事务委员会进行民主评议。

【专项视察】围绕《关于推动希拉穆仁草原文化旅游产业融合发展的协商报告》等报告的落实情况以及民族手工艺产业发展情况开展主席集体视察;组织提案人和有关政协委员就《关于艾不盖河源头治理和保护的建议》开展主席带案视察。

纪律检查委员会、监察委员会

中国共产党达茂联合旗纪律检查委员会、达茂联合旗监察委员会

【概况】纪委监委核定编制55名，其中行政编制47名，事业编制8名，科级领导3正20副。2019年有编制人员43人。内设11个机构，包括办公室、组织部、宣传部、案件监督管理室、案件审理室、信访室、党风政风监督室、第一至第四纪检监察室。深入落实党的纪律检查体制改革、国家监察体制改革、纪检监察机构改革。强化上级纪委监委对下级纪委监委（监察办、纪检监察工委）的领导和指导，健全联系工作办法，督促责任落实，指导工作开展。依法有序推动监察权向嘎查村、社区延伸，考察任命监察办副主任5名、专职监察员12名，聘任监察联络员84名，实现对所辖区域内行使公权力人员监察全覆盖。结合机构改革，研究制发《关于进一步深化优化达茂旗纪委监委派驻（出）机构设置的方案》，坚持精炼高效、应覆盖全覆盖原则，优化设置综合派驻机构7个、派出机构1个，将全旗13家国有企业同步纳入综合派驻监督。印发《关于向内蒙古包头达茂巴润工业园区派出监察机构试点工作实施方案》，赋予派出机构必要的监察职能，推进监察职能向园区延伸，巴润工业园区纪检监察工委按时更名挂牌，实现全旗范围内派驻（出）纪检监察"全覆盖"。

【思想理论】始终把学习贯彻习近平新时代中国特色社会主义思想和党的十九大精神作为首要政治任务，结合"不忘初心、牢记使命"主题教育，切实在学懂弄通做实上狠下功夫，通过自觉主动学、及时跟进学、联系实际学、笃信笃行学等方式方法，持续深化理论武装。旗纪委（监委）常委会先后15次专题传达学习习近平总书记重要讲话、重要指示批示精神以及中央纪委国家监委、自治区纪委监委和包头市纪委监委重要会议精神、重大部署要求；班子成员带头领学《习近平关于"不忘初心、牢记使命"重要论述选编》《习近平新时代中国特色社会主义思想学习纲要》等规定书目，组织理论中心组学习12次，专题研讨5次，撰写心得体会114篇，以学在先、走在前的行动自觉推动理论武装往深里走、往实里走，切实把思想和行动统一到党中央的决策部署上来。

【党风廉政】"持续净化良好政治生态年"活动方面，按照"全市实施方案"要

求，巩固强化“监督＋惩治、排查＋化解、约束＋激励”，督促各级党组织切实履行主体责任，着力从惩治腐败清除“污染源”、培育良好政治文化弘扬“正能量”等7个方面进行规范。探索开展对“四官”问题对标画像，做好政治生态“晴雨表”；完善信、访、网、电、微举报平台，搭建倾听解决民意诉求“快车道”；优化营商环境，聚焦微权利、服务大民生，当好政治生态“护林员”。全年累计查摆问题1089个，制定整改措施709条，健全规章制度168个。强化廉政研判，回复党风廉政意见62批次、1989人。在自治区统计局社情民意调查中心2019年度党风廉政建设和反腐败工作旗县群众满意度调查排名中，达茂联合旗以97.42%的群众满意率位列全区第11名、全市第2名。“三务”公开工作方面，优化“三务”公开标准、流程，督促各苏木乡镇提升镇村两级，特别是嘎查村（社区）“三务”公开的及时性、全面性和持续性，并加快完成对中共十八大以来“三务”公开数据的补录工作。开展“三务”公开运行情况监督检查，受理相关问题线索43件，下发纪律检查建议书2份、监察建议书7份，立案3件，给予党纪政务处分2人。专项治理工作方面，深化扶贫领域专项治理，认真落实中央脱贫攻坚专项巡视交办线索包案化解工作，交办20件全部办结，反馈满意3件、部分满意15件。严肃查处扶贫领域腐败和作风问题，受理相关问题线索57件，立案5件，给予党纪政务处分19人，组织处理5人，通报曝光17起。深入推进扫黑除恶深挖彻查“打伞破网”，受理问题线索29件，立案15件，给予党纪政务处分11人，组织处理2人。推进人防系统腐败问题专项治理、违建别墅问题清查整治，完成大棚房清理整治。制发《全旗矿产资源领域突出问题专项整治监督工作方案》，督促推进矿产资源领域突出问题专项治理。开展民生领域专项治理，开展漠视侵害群众利益问题专项整治，受理问题线索181件，立案8件，给予党纪政务处分3人，组织处理1人。扎实开展形式主义、官僚主义及“四官”问题集中整治，受理问题线索205件，立案16件，给予党纪政务处分14人，组织处理2人，通报曝光2起。

【监督执纪】政治监督方面，坚持把政治监督作为第一使命，落实《包头市纪委监委政治监督重点台账目录》明确的88项重点监督内容，建立并实行“清单＋台账＋督导”工作机制，督促全旗各级党委（党组）制定党组织责任清单、“一把手”责任清单、分管领导责任清单等“三项清单”，纪检监察室、派驻（出）机构、苏木乡镇纪委、巡察办（组）相应建立了监督台账，针对重点工作和重点领域开展专项督查2批次，推动政治监督具体化、常态化。针对履行主体责任、专项整治等方面存在的问题，向旗政府和旗级有关领导发出提醒督促单13份、督促函1份，提出工作建议4项。巡视整改落实方面，自觉接受自治区党委第二巡视组巡视，并认真落实巡视反馈意见整改责任，制定清单台账，细化分解任务措施，在规定时限内完成103条整改措施(既定104条)。同时，成立2个督导组，对其他涉及整改的责任主体进行检查督促，累计发出提醒督促单23份，纪检监察建议书19份。追责问责4件11人，立案10件12人，给予党纪政务处分4人，通报批评5人，责令作出书面检查4人，提醒谈话2人，诫勉谈话1人。监督机制方面，坚持抓早抓小、防微杜渐，坚持监督在先、提醒在前，建议旗委五人小组成员并陪同约谈有关党委(党组)负责人10人次，提醒督促更好履行从严管党治党政治责任、第一责任人责任。强化日常监督、精准监督，紧盯“两个责任”落实、纪律执行、“三务”公开、民生扶贫资金拨付等内容，与各职能部门密切配合，抽调专业人员31人次，开展监督检查8批次，向有关地区、部门单位下发监督建议书12份、监察建议书1份。“四种形态”运用方面，综合考量证据、认识态度、量纪执法标准和惩前毖后、治病救人方针，全旗纪检监察机关运用监督执纪“四种形态”分类处置问题线索275人次，其中大量运用第一种形态，约谈函询、批评教育186人次，占处理总人次的67.6%；妥善运用第二种形态，给予轻处分、组织调整77人次，占处理总人次的28%；准确运用第三种形态处置9人次，占处理总人次的3.3%；果断运用第四种形态处置3人次，占处理总人次的1.1%。其中，第一、第二种形态运用占比达到95.6%，充分体现组织咬耳扯袖、提醒纠正的关怀厚爱。执纪执法审查调查方面，严格执行《监督执纪工作规则》和《监督执法工作规定》，严格落实系统录入、台账式管理、集体排查、研判处置、跟踪监督、审核报备报批、督办核办催办等制度机制，全年召开问题线索集体排查会13次、综合情况汇报会4次，促进提升处置效率和质量。认真开展“高质量办案年”活动，按照监督检查、审查调查、以案促改三项标准，扎实推进监督执纪执法审查调查和以案促改、以案止案，督促有关苏木乡镇、部门单位召开警示教育会16次，建立完善制度机制20项，组织评选“三个100”优秀案例，入选自治区优秀案例1件。研究制定《达茂联合旗委反腐败协调小组防逃工作暂行办法》，进一步扎紧合力反腐的制度笼子。反腐败斗争方面，全年共处置问题线索268件，立案87件，同比下降7.4%；结案97件，同比增长54%；给予党纪政务处分86人，同比增长20.6%；综合运用留置、讯问等12项调查措施，顺利办结国家监察体制改革以来自治区、包头市两级纪委监委指定办理的第一起职务违法、职务犯罪案件，依法查封房产14套，扣押涉案车辆5辆，收(上)缴违纪违法资金1146.6万元。涉嫌犯罪移送司法机关3人；充分发挥反腐败协调小组成员单位作用，双向移送问题线索48件，办结33件，其中立案28件，给予党纪政务处分27人。

【正风肃纪】严查违反中央“八项规定”精神和“四风”问题,加强对落实中央“八项规定”及其实施细则精神的监督检查,紧盯节假日等重要时间节点,紧盯公车私用、乱发津补贴等反复易发问题和民营企业发展生态中“乱收费、乱摊派”“私设门槛”影响民营企业发展、损害民营企业利益等突出问题,在全旗开展明察暗访8批次,在异地开展明察暗访3批次,受理问题线索20件,立案10件,给予党纪政务处分6人,通报曝光典型案例4起。

【廉政宣传】警示教育方面,召开2次全旗警示教育大会,通报剖析违纪违法典型案例7起,全旗副科级以上干部和嘎查村“两委”成员1000余人接受警示教育;组织全旗副科级以上干部560余人集中观看自治区纪委制作的警示教育片《迷失初心的代价》;各苏木乡镇党委、旗直机关党组在本地区本单位组织开展32次警示教育。57个单位、1158人次分批次到朵兰戈尔警示教育基地接受教育,依托“廉政讲堂”,深入社区开展“清风干部标兵”专题宣讲3次;分季度向各党委(党组)、党支部投放警示教育片4部,累计观看1000余人次;通过“英雄达茂”——“廉政课堂”专版专栏宣传廉政文化35期;1200余名党员干部及群众观展“笔墨话清风”廉政书画展。综合评定“清风干部”368人,选树“清风干部标兵”8人、“清风示范岗”4个。

【政治巡察】巡察“全覆盖”方面,完成十三届旗委第五轮、第六轮常规巡察,同步完成部分涉改单位办公用房情况“机动式”巡察、全旗中小学校落实意识形态责任制专项巡察,对2个苏木乡镇、2个部门单位党组织开展巡察“回头看”,常规巡察覆盖率达到79.6%。巡察共发现问题340个,问题线索9条,提出整改意见建议90条,督促立行立改事项103个。巡察“后半篇文章”方面,将巡察整改落实情况的日常监督纳入制度范畴,制发《达茂旗纪委监委对旗委巡察对象整改日常督查工作办法(试行)》,督促加强巡察整改的监督检查。旗委书记专题会、旗委巡察领导小组会定期听取巡察情况报告,推动移交共性问题处理解决。完成第三、第四轮常规巡察及解决“十个全覆盖”遗留问题专项巡察、脱贫攻坚专项巡察反馈意见整改验收督查,督促33个被巡察单位将整改情况及时向社会公开,接受群众监督。巡察反馈问题90%得到整改落实,整改成效进一步巩固。

中国共产党达茂联合旗委员会巡察工作领导小组办公室

【政治巡察】全年共开展两轮对旗人大常委会办公室、旗委组织部等16个地区、单位党组织的常规巡察、对查干哈达苏木、政法委等4个地区单位党组织的巡察“回头看”。第五轮巡察工作共发现问题158个，其中党的政治建设方面25个，党的思想建设方面29个，党的组织建设方面43个，党的作风建设方面16个，党的纪律建设方面11个，夺取反腐败斗争压倒性胜利方面34个。问题线索6条，向被巡察地区、部门（单位）提出整改意见42条，督促立行立改问题43个，向旗委办公室、政府办公室等有关单位提出建议14条，推动解决一批在党的政治建设、思想建设、组织建设、作风建设、纪律建设和夺取反腐败斗争压倒性胜利等方面存在的突出问题，为政治生态转好、转优提供坚强纪律保障。

【巡察方法】全年开展对全旗中小学校落实意识形态责任制情况的专项巡察，发现6个方面、13个共性问题，向有关单位移交教职工关心关注的教师队伍管理、职称评聘等11个方面的问题，推动解决达茂旗中小学校落实意识形态责任制方面存在的实际问题；开展对全旗党政机构改革后部分涉改单位办公用房纪律情况的“机动式”巡察，共发现问题13件，结合机构改革职能划转，协助旗委统筹全旗办公用房，及时清理腾退、盘活闲置、统筹调剂，为全旗党政机构改革后涉改单位办公用房纪律奠定坚实基础；在巡察苏木乡镇时对苏木乡镇所辖嘎查村进行延伸巡察，推动解决一批扶贫领域存在突出问题的同时，有效维护基层群众的利益，为如期打赢脱贫攻坚战提供坚强保障。

【成果运用】全年共开展2次，对十三届旗委第三轮、第四轮常规巡察及旗委解决“十个全覆盖”遗留问题专项巡察、脱贫攻坚专项巡察反馈意见整改的验收督查工作。通过查阅资料、对账销号、座谈交流、延伸抽查等方式对巡察反馈意见整改责任落实情况、整改任务落实情况、整改报告情况、制定规章制度情况及整改成果巩固情况逐项核查评分，十三届旗委第三轮、第四轮常规巡察共验收督查19个地区单位党组织，其中评定整改“良好”的地区、单位16个，评定整改“合格”的地区、单位3个，全部进入巡察整改公开程序。“十个全覆盖”专项巡察整改验收督查6个地区单位党组织,其中评定整改“合格”的地区、单位5个,评定整改“不合格”的地区1个,要求限期完成。全旗脱贫攻坚专项巡察整改验收督查8个地区单位党组织,全部评定为整改“合格”。

【队伍建设】旗委巡察机构高度重视干部培养，通过搭建参与巡察工作平台，建立巡察工作后备人才库制度两项抓手，把巡察岗位作为发现、培养、锻造干部的“熔炉”。结合自治区巡视反馈意见整改工作将原编制在百灵庙镇的4名科员编制划转到纪委监委,2个事业单位人员编制划转到纪委监委信息中心,剩余的3个行政空编一并划转到旗纪委监委,开展干部调整工作，提拔使用专职巡察干部4人，参与巡察工作干部5人,树立良好用人导向，实现干部成长与巡察工作双促进、双提升。

军事

人民武装部

【概况】1950年绥远省达尔罕旗、茂明安旗人民工作委员会成立，受上级军事机关和地方政府双重领导，负责人民武装工作。1951年人民武装工作委员会改为部队建制，成立中国人民解放军绥远省达尔罕人民武装部和明安人民武装部。1952年10月，达尔罕旗和茂明安旗合并，改称中国人民解放军绥远省达尔罕茂明安旗人民武装部。1954年3月，绥远省和内蒙古自治区合并，改称中国人民解放军内蒙古自治区乌兰察布盟达尔罕茂明安联合旗人民武装部。1986年5月，人民武装部归地方建制。1996年1月，人民武装部随行政区划转隶包头军分区，同年4月，重新改归部队建制，改称中国人民解放军内蒙古自治区达尔罕茂名安联合旗人民武装部。主要负责全旗国防动员后备力量、边防建设及相关军事工作。2017年新一轮军改后，随省军区系统转隶中央军委国防动员部，主要职能转化为在信息化条件下支援保障海陆空三军部队联合作战，下辖12个基层武装部。

【组织建设】党委班子始终与党中央保持高度一致，将开展“不忘初心、牢记使命”主题教育常态化、制度化，通过不断学习，班子成员党性观念、思想作风得到锤炼，提升部党委凝聚力、领导力和执行力。坚持党委书记、纪委书记讲党课制度，落实党日活动，营造全员学习氛围。

【国防教育】组织开展党政军领导“八一”军事日活动，投资3万元打造明安镇国防教育基地，利用兵役登记、民兵整组、第19个国防教育日等契机开展全民国防教育，宣传国家政策法规、国际形势，先后组织机关、学校、企事业单位、参训民兵共500多人次参观百灵庙抗日暴动纪念馆。

【国防动员】4月17日，组织民兵、出动车辆到达指定地域参加包头军分区整组应急连点验和固阳县九分子村植树大会战。

【战备训练】响应主席训令，部党委就率先开展练体能、练技能、练指挥活动。6月12日，大掀民兵实战化军事训练热潮，备战军区、军分区群众性练兵比武，组织全旗民兵训练尖子进行为期7天的封闭式强化训练。岗位练兵比武竞赛中，派出参赛队，在11个分项中取得10项前三，团体总分第一的优异成绩。9月22日至26日，承训“包头市民兵应急营连干部骨干基地化训练”达茂站训练,圆满完成来自各人武部的民兵训练任务。结合此次任务，同时依托民兵训练基地利用15天时间先后组织全旗民兵应急分队、交通运输分队、向导翻译分队、通信保障分队等共7个分队轮训任务。被包头军分区评为“军事训练先进单位”“安全管理先进单位”。

【征兵工作】依据包头市人民政府2019年征兵命令，圆满完成新兵的征集任务。

【双拥共建】持续开展形式多样的捐资助学活动，人武部领导每人捐助3000元助学金,分别帮扶大井村和艾不盖社区共10名学生；人武部积极参与旗委双服务双认领活动,对口帮扶艾不盖社区价值5000元笔记本电脑1台。

【脱贫攻坚】旗人武部组织移动公司、交管支队等7家对口单位持续对小文公乡大井村进行扶贫帮困,召开扶贫联席会,整合资源、资金,研讨共帮共扶的方案计划,张贴12张帮扶明白卡,制作扶贫公示栏1个，每逢节日深入贫困户走访慰问，以特色产业发展为引领投入20万元资金,带动创富致富。

【规范化建设】4月初，在人武部机关举办为期7天、24名基层专武干部能力素质集训,其中15名专武干部通过包头军分区资格认证考核。学习借鉴东胜会议基层武装部规范化建设先进成果，在抓建石宝镇、百灵庙镇两个基层武装部建设试点的基础上,为全旗12个基层武装部购买硬件装备设施、完善软件档案资料。

达茂联合旗边境管理大队

【概况】达茂联合旗边境管理大队原名达茂旗公安边防大队，成立于1978年9月,隶属旗公安局,称为达茂旗公安边防股。1985年从公安局正式划出,隶属乌兰察布边防支队，称为武警达茂旗边防大队，是一个正营建制指挥部。1996年，达茂联合旗由乌兰察布盟划归包头后，达茂旗边防大队也由乌盟支队划归包头市边防支队,2000年变为副团职建制。2018年3月22日,中共中央公布《党和国家机构改革的决定》及《党和国家机构改革的方案》,根据文件(中发〔2018〕11号)决定:公安边防部队不再列武警部队序列,全部退出现役。公安边防部队转到地方后,成建制划归公安机关,并结合新组建国家移民管理局进行适当调整整合。现役编制全部转为人民警察编制。主要职责是：协调拟订移民政策并组织实施，负责出入境管理、口岸证件查验和边民往来管理，负责外国人停留居留和永久居留管理、难民管理、国籍管理，牵头协调非法入境、非法居留、非法就业外国人治理和非法移民遣返，负责中国公民因私出入国（境）服务管理，承担移民领域国际合作等。公安边防部队于2018年年底、2019年1月1日前整体退出武警部队序列。改制转隶后的达茂旗公安边防大队更名为达尔罕茂明安联合旗边境管理大队，为正科级公安机关。受国家移民管理局垂直领导，同时接受同级公安机关的业务指导。大队下属8个边防派出所更名为边境派出所，为正科级单位，所承担的职能任务保持不变。

【边境维稳】深化新时代“枫桥经验”在北疆草原的运用成果，与解放军边防营、边检站等8个单位签订《联防联勤工作协议》，协调旗人民法院与8个边境派出所建立“2+X”矛盾纠纷大调解协作机制，推动建立“草原神鹰”工程“六方联动”文物保护新模式。依托“大情报”协作机制，充分整合利用公安、解放军、反恐、国安等13家成员单位信息资源，联通旗公安局、边境管理大队、边境派出所、辖区特情耳目“四级情报搜集网”。2019年，大队辖区累计接处警252起，治安案件59起，行政案件受案率100%、查处率96.6%；受立刑事案件9起，自侦自破6起，破案率66.7%。累计查获吸毒人员7人、持有管制刀具1人，累积收缴枪支12支、弩1把、子弹2079发；核查登记外国人8723人次，发现掌握非蒙古国籍境外人员16批次114人；先后破获“2·23”外国人寻衅滋事案、“7·15”“10·31”盗墓案件、“8·22”网诈案等一批有影响力的精品案件。

【队伍建设】着眼执法办案精细化管理，坚持周调度、月考评和季度案卷评审制度，召开典型案例研讨会9次，下发通报整改各类问题55条，助推大队执法规范化建设进一步提档升级；选拔5批次59名基层民警到市局派出所开展执法脱产跟班轮训，提升民警的执法能力水平。

【获得荣誉】满都拉边境派出所被内蒙古自治区公安厅表彰为全区公安机关国庆70周年安保先进单位，被内蒙古出入境边防检查总站表彰为集体三等功。巴音花边境派出所被内蒙古出入境边防检查总站表彰为先进基层单位和先进基层党组织。

达茂联合旗消防救援大队

【概况】达茂旗消防救援大队成立于2006年1月,2019年位于百灵庙镇河东新区,是为负责全旗的公共安全和人民生命财产安全而设立的专门机构。它的成立改写达茂旗54年来没有消防执勤力量的历史。自1952年达茂旗建旗以来,消防机构随着社会的发展,历经公安消防股—公安消防科—公安消防大队—消防救援大队的转变。达茂旗消防救援大队隶属包头市消防救援支队。大队现役干部编制人员5人,现有现役干部4人,文职人员7(政府合同制6人,大队聘用1人);大队下辖一个中队, 编制人员30人,2019年有人员17人,其中:现役消防员15人,专职消防员1人,大队聘用后勤1人。现有水罐消防车5辆,载水重28吨,载A类泡沫0.2吨,B类泡沫3.8吨。现在全旗共有7个消防执勤站(1个现役消防队、1个企业消防队、1个政府专职消防队、4个农牧区消防站),即旗消防救援大队、石宝铁矿消防站、满都拉消防站和希拉穆仁、乌克忽洞、巴音花、明安兼职消防站。共有消防水罐车9辆,载水量34吨。达茂旗消防救援大队自成立以来,严格落实“立警为公、执法为民”的宗旨,本着“有警必出,有险必抢,有难必帮”的原则,为达茂旗社会经济顺利发展、人民安居乐业、处置突出性灾害事故起到重要作用。

【基础建设】政府拨付消防业务经费80万元,比去年递增24%,迁建消防队站经费100万元。申请市财政局拨付队站维护费150万元, 支队拨付迁建消防队站欠款100万元。

【消防监督】政府将消防工作纳入全旗领导干部绩效考核细则中,并召开4次联席会议专门部署重大节假日消防安全检查和消防专项治理工作。完成旗属消防安全二、三级重点单位的调整。消防救援大队先后开展“畅通消防疏散通道”攻坚战行动、“防风险保平安迎大庆”消防安全执法检查等专项活动; 全年共检查单位363家,发现火灾隐患366处,整改隐患336处, 下发行政处罚决定书13份,罚款10.85万元,临时查封13家,实施“三停”单位5家。

【消防宣传】消防救援大队先后开展“综治宣传”“安全生产月”“进军训” 等大型宣传活动12次。对全旗企事业单位开展培训活动45次,6000余人, 发放宣传资料20000余份, 发送官方微信365条,重大节日期间发送短信10000余条。“119”宣传月活动期间，发放灭火器50具，安装消防常识展板10块，发放宣传资料和宣传袋5000份，发放《致牧民的一封信》500份，培训人数1000余人，在达茂旗电视台播放宣传片60次，每天不同时间段在102.8频道播放消防常识广播6次，共计播放180次。消防救援大队圆满完成春节、元宵节、清明节、“五一”、端午节、中秋节等重大节假日及游牧文化旅游节等重要活动现场消防安全执勤保卫任务43次。

【抢险救援】2019年，共接警79起，出动车辆156台次，出动警力936人次，其中共发生火灾57起，抢险救援16起，社会救助6起，无人员伤亡，直接财产损失约39.9万元，抢救财产价值约51.3万元，未发生较大以上火灾事故。同比2018年，火灾起数下降13.23%，直接财产损失下降23.14%。

法治

政法委及综治

【概况】中共达茂联合旗委政法委员会是旗委领导政法工作的工作部门。1994年3月，设立旗委政法委员会，代表原政法工作领导小组和717指挥部，为旗委常设机构，政法各机关主要领导为政法委员会委员。1991年4月社会治安综合治理领导小组设立办公室，作为常设机构，设在同级党委政法委员会。办公室主任由政法委副书记兼任。1992年，按照上级文件精神，撤销政法委员会，成立政法办公室挂靠旗委办。1996年，恢复政法委员会。1998年，达茂旗铁路护路联防工作领导小组办公室（简称“护路办”）设在政法委。2006年，达茂旗委防范和处理邪教问题领导小组办公室挂靠政法委。2007年达茂旗维护社会稳定工作领导小组办公室（简称“维稳办”）设在政法委。2011年7月成立达茂旗反邪教协会，为政法委下设的正股级全额拨款事业单位，设编制5人。2013年国家安全工作领导小组办公室（简称“国安办”）挂靠政法委。2019年，机构改革撤销维稳办、综治办，旗边防委员会办公室（简称“边防办”）设立在政法委。旗委政法委现有行政编5人，工勤编1人；旗反邪教协会有事业编5人。

【国家政治安全】搜集各类情报信息80余条，实现国保重点人无一人发生现实危害。重点针对“蒙独”势力持续开展分化瓦解和谋略反制工作，严密防范境内外敌对势力插手各类敏感热点问题，将反分裂、反渗透、反颠覆、反间谍斗争进一步推向深入。

【防范暴力恐怖】坚持凡“恐”必打、露头就打，组织动员群众开展群防群治，深入推进“去极端化”工作。建立党政军警民共建、共防、共治机制，落实安边、兴边、强边、富边、睦边、控边等各项措施，严密满都拉口岸管控，扎实开展“靖边”“堵通道”专项行动，牢牢守好88.79公里边境线，坚决防止境外暴恐分子通过达茂联合旗出境外逃或向境内回流渗透。严格落实维稳第一责任，圆满完成全国“两会”、中华人民共和国成立70周年、北京世界园艺博览会、第二届“一带一路”国际合作高峰论坛等重大活动的维稳安保工作，坚决守住“五个坚决防止发生”的底线目标。

【反邪教工作】在游牧文化节、祭敖包、哈萨尔祭祀等大型民族活动中，利用反邪教宣传月、宪法宣传日，通过进学校、进社区、进宗教场所等多种形式广泛宣传反邪教工作。建立反邪教斗争情况常态化研判工作机制，开展各类邪教底数摸排、“4·25”敏感期防控、宗教场所清查，严密防范邪教“法轮功”“全能神”“心灵法门”等邪教组织在达茂联合旗聚集闹事、串联滋事、秘密聚会等活动和社会面、互联网上反宣等煽动活动。

【打击违法犯罪】开展禁毒“大收戒”“两打两控”严打专项行动，强戒吸毒人员6人，社区戒毒3人，行政拘留8人。开展集中打击整治食药环违法犯罪专项行动，共侦办、查处环境资源案件7起，破获环境领域刑事案件2起、环境领域行政案件5起，打击处理违法人员2人。破获5起电信网络诈骗案件，抓获嫌疑人5人。开展重点行业场所安全生产大检查、排查清剿工作，共收缴子弹2263发、猎枪子弹268发、枪支9支、销毁过期炸药3536千克、雷管14420枚。

【扫黑除恶专项斗争】共破获涉恶类刑事案件21起，打击处理犯罪嫌疑人39人，打掉恶势力集团3个，扣押收缴涉案资金、车辆等财物折合人民币260余万元，移送起诉31人，对4件、33人涉恶案件完成公诉和判决。打伞破网方面，共受理中央督导组交办问题线索17件、其他扫黑除恶问题线索22件，均限期办结。按照中央扫黑除恶督导组反馈问题，制定并印发3次整改方案，列出整改清单，制定并细化整改措施，明确责任单位和完成时限，全部完成整改。

【社会稳定】社会领域风险防范方面，由旗、苏木乡镇、嘎查村(社区)三级定期对账，核对更新三级管控责任人，开展管控整治，杜绝脱节漏管。全年共接待受理群众来访88批次714人，较去年同期批次下降28.6%，人次下降32.4%，并妥善处理燕某某、刘某某2人进京意图上访事件。推进“四级巡控”和“三见警”、交管工作“新三见警”工作机制，运用网格化巡逻模式，最大限度屯警街面，持续不断强化震慑。特殊人群服务管理方面，对48名三级管控精神病人明确稳控责任人，切实做好管控工作。2019年，全旗在册社区服刑人员45人，其中管制1人、缓刑44人。开展审前调查评估43人，接收社区服刑人员29人，解除矫正30人，书面警告4人次，未出现脱管、漏管现象。

【社会治理】共排查调处各类矛盾纠纷197起，调解成功149起，调解成功率76%以上。推进综治视联网建设，实现旗级与市级综治视联网贯通。推进“雪亮工程”建设，实施“平安达茂”视频监控工程，完成11个苏木乡镇和2个工业园区的视频监控全覆盖，安装摄像头783个。

公　安

达茂联合旗公安局

【概况】1952年10月，随着达尔罕旗和茂明安旗的合并，达尔罕茂明安联合旗公安局正式成立。达茂旗公安局内设纪检监察室、政工监督室、警务保障室、指挥中心、情报中心、网安大队、法制大队、国保大队、出入境管理大队、刑侦大队、治安大队、特警大队、看守所、拘留所等14个内设机构，2个拘押收教场所及5个基层公安派出所，共二十一个部门。旗局核定政法专项编132人、协警辅警136人。实有警力109人，占全旗人口总数114345的万分之八点九。旗局所属的辖区面积为1.87万平方公里，人口11万。

【党风廉政】“不忘初心、牢记使命”主题教育方面，年内举办习近平用典讲习会，2次主题教育专题讲座，召开5次“开门纳谏”恳谈会。严格落实“三会一课”和三项制度，召开旗局党委专题研讨会、2018年度民主生活会及支部组织生活会、支委会会议和2019年内党员大会，“七一”组织2批共22名党员前往井冈山进行红色文化交流学习。11名民警受到上级纪委监委党纪政务处分，旗局对3名民警，6名辅警进行纠错约谈，辞退违反工作纪律辅警1人。

【政治安全】2019年，共收集情报信息229条。强化阵地控制，对达茂旗7个宗教场所2个家庭聚会点开展基础调查及安全隐患排查工作14次，处置4起非法宗教活动，查获非法宗教宣传品1900余份。

【扫黑除恶专项斗争】深化线索摸排、破案攻坚、“打财断血”“打伞破网”等措施，持续向黑恶势力犯罪发起凌厉攻势，2019年旗公安局共接到线索55条，办结28条，办结率51%。特别是针对中央督导组交办的16条线索，全部按时申报办结，办结率100%。重点聚焦在达茂旗境内操纵经营赌博场所、实施“围胡”放贷、暴力讨债等违法犯罪活动，打掉以王某某为首的恶势力犯罪团伙，破获开设赌场、敲诈勒索、非法拘禁共12起案件，抓获团伙成员23人，收缴扣押涉案资金、车辆价值200余万元。2019年，共破获涉恶类刑事案件22起，打击处理犯罪嫌疑人51人，打掉恶势力集团3个，扣押收缴涉案资金、车辆等财物折合人民币662余万元。全力配合中央、自治区和包头市的专项巡察督导工作,立行立改,针对中央督导组分批次的反馈意见,清仓起底、补齐短板,按期整改完成。

【严打整治】 2019年,共接“110”报警9438起,同比去年下降3.9%,其中治安类警情同比下降36.3%、刑事类警情同比下降11.6%。共立各类刑事案件205起,破获各类刑事案件97起,共打击处理刑事犯罪嫌疑人90人。共受理治安案件334起,查处334起,查处率达100%,较去年同期402起下降16.9%,共查处违法人员318人,较去年同期447人相比减少129人。开展“追逃百日攻坚”行动,年内旗局上网逃犯库存下降率66.67%,抓存比达77.78%,提前超额完成市局下达的追逃任务,追逃工作在全市排名第一。破获电信网络诈骗案件3起,抓获嫌疑人12人。严打毒品违法犯罪,开展禁毒“大收戒”“两打两控”严打专项行动,强戒吸毒人员12人,社区戒毒4人,行政拘留13人。查处涉毒刑事案件2起,抓获犯罪嫌疑人2人,缴获毒品海洛因0.07克,安纳咖2.57千克。

【服务经济社会】 优化“放管服”改革措施,实行节假日窗口值班制,全年365天为群众提供户籍、出入境业务办理服务。推行“一站式”办证办户服务,实现行政审批和公共服务事项“一窗受理、一网办理、一站式服务”,实现“网上办、马上办、就近办、一次办”。全面推进“一村一辅警”“一社区一辅警”警务模式,共设立27个驻村警务室,配备27名驻村辅警、8名社区辅警。全旗入户登记人口6106人,排查化解矛盾纠纷36起,稳控各类重点人员146人,开展男性家系排查7964人,发放各类宣传资料3500余份。深入推进网上“24小时警局”建设,并加强对“24小时警局”公众号的值守,基本做到一帖一回应。开展“亮身份、当楼长”活动,全年共踏查楼栋332栋,入户10639户,入户率达到71%。登记人口信息22278条,受理居民意见120条,发放禁毒、扫黑除恶等各类资料2万余份,扫描24小时警局12434人,使用楼长APP录入信息5000条,排查整改安全隐患300处。

包头市公安局交通管理支队达茂联合旗大队

【概况】 1987年7月,达茂旗公安局交警大队建立。是隶属于旗公安局管辖的股级单位,不到10人。2011年更名为包头市公安局管理支队达茂联合旗大队,2019

年成长壮大为80人，其中行政编13人、事业编5人、辅警61人。下设6个股级机构:指挥室(政秘办、管宣中队、车管分所、指挥分中心)、交通管理业务办、岗勤一中队、岗勤二中队、三中队(满都拉中队)、四中队（希拉穆仁中队，7月9日正式启用)。

【交通管理概况】国道G335 (182公里),G210(110公里),G331(100公里)3条，S104(112公里),S211(38公里)省道2条，X083、X084、X065、X089、X090、X091、X092、X093县道8条，管辖公里数约1500公里。达茂旗共安装信号灯13处。

【交通管理】加大对交通安全劝导员和协管员的培训和引导并积极联合农机管理站工作人员开展农牧区联合宣传行动,为农牧民讲解安全知识,推广包头交警APP近700人,答复20次。

【车驾管业务】期满换证513人、补领驾驶证255人、补领行驶证140本、驾驶人缴费163人、新车注册179辆、转移登记255辆、抵押和解压登记30辆、校车申请6人、登记六年免检2050辆、三年无重大事故41笔、二轮摩托车注册46辆、驾驶人初次申领(C1)512人(DE)94人、记满12分学习186人、补领号牌379副、临时号牌265副、驾驶人年度体检审验112人、互联网注册711人、油改气23辆、机动车变更登记1辆。

【交通违法查处】简易程序10285笔、非现场执法处理量为10016笔、测速5021笔、共收缴罚金1555149.8元。共查处饮酒驾驶机动车138起、查处无证驾驶188起、涉毒人员2人、涉牌涉证22起、醉驾31起、报废车7辆，超载9辆。

检 察

【概况】2019年,受理提请批准逮捕案件58件107人,批准逮捕43件76人。受理审查起诉案件128件195人,同比增长40.4%和44%,提起公诉99件144人，同比增长28.6%和45.5%,在办理认罪认罚从宽案件中充分发挥检察机关的主导作用,适用率为71%(件)和67%(人),量刑建议采纳率为91.2%。审查起诉职务犯罪案件3件3人,法院已作出有罪判决1件1人;审查起诉内蒙古公安厅交通管理总队高速公路管理处处长杨元明涉嫌重大职务犯罪案件，涉案金额达2300余万元。完成内设机构改革和人员配置。

【刑事诉讼监督】2019年,对侦查机关提请批准逮捕、移送审查起诉案件,依法不批准逮捕16件33人，不捕率

31.1%;不起诉11件21人,附条件不起诉1件1人,改变管辖2件2人,侦查机关撤回4件8人,审结率为86%,追诉漏犯12人,同比增长140%,追诉漏罪9起,同比持平。对2起刑事案件,依法提出抗诉,同比增加100%。监督公安机关应当立案而不立案的9件9人,侦查机关主动立案7件8人,判处有期徒刑以上6人,同比上升100%。监督公安机关不应当立案而立案的9件9人,侦查机关撤案4件4人,同比持平。“派驻旗公安局执法办案检察工作站”正式挂牌,指定1名具有丰富办案经验的检察干警常驻。对侦查机关和审判机关的违法行为发出纠正违法通知书19件。针对刑罚执行和监管活动中存在的问题发出检察建议17件,针对法院判处实刑未执行问题发出检察建议1件。启动羁押必要性审查程序11件11人,发出变更强制措施建议11件,向司法局提出书面检察建议30件。就财产刑执行工作存在的问题向法院发出检察建议11件。

【未成年检察】2019年,向旗教育局等有关部门通报最高人民检察院制发的“一号检察建议”,联合有关部门查访中小学、幼儿园9所,自行查访2所,发现问题4个,发出检察建议1件。全年办理未成年人犯罪案件6件6人,侵害未成年人案件1件1人。5名法治副校长走进学校开展法治进校园活动,300余名师生、家长、人大代表、政协委员聆听法治讲座。

【刑事执行检察】2019年,对刑罚执行场所监管活动的监督,联合看守所开展安全大检查9次,针对刑罚执行和监管活动中存在的问题,向看守所发出检察建议书19份。召开联席会议3次。针对达茂旗人民法院判处实刑未执行问题向达茂旗人民法院发出检察建议1份,法院予以采纳。针对达茂旗交警大队对社区矫正人员的行政处罚发出检察建议1份,交警大队予以采纳。驻所检察人员每月驻所在16天以上。与在押人员谈话80余人次。共启动羁押必要性审查程序11件11人,审查后向办案单位发出变更强制措施建议11件11人,均被办案单位采纳。向司法局提出书面检察建议30份。就达茂联合旗财产刑执行工作存在的问题向达茂联合旗人民法院发出检察建议10份,法院予以采纳并回复。

【扫黑除恶专项斗争】2019年,以提升办案质效为中心,在侦查阶段提前介入引导侦查6件11次,在审查起诉及审判阶段参加联席会议13次,加强与公安机关、审判机关等部门的密切配合,批准逮捕涉恶犯罪嫌疑人5件22人,不批准逮捕2人,追捕漏犯4人,提起公诉4件33人,追诉漏犯12人、漏罪2件。办理的以被告人王某某等人恶势力犯罪集团案件中,涉案被告人达22人,涉及4个罪名12起犯罪事实,涉案金额达900余万元,社会影响大、人民群众关注度高。

【民事行政检察监督】2019年,督促履职案件6件,发出检察建议5件,终结审查1件;审判程序违法案件16件,发出检察建议16件;执行监督案件12件,发出检察建议8件,终结审查1件,不支持监督申请3件;支持起诉案件22件,发出检察建议22件;生效裁判监督2件,1件审查终结,1件已经由包头市人民检察院向包头市中级人民法院抗诉。支持22名农民工向达茂旗人民法院提起民事诉讼,通过检法两家共同为农民工讨薪开启绿色通道,已帮助10名农民工追回“辛苦钱”22.8万元。

【公益诉讼】2019年,公益诉讼诉前程序案件,线索37件,立案30件,发出检察建议25件,不立案5件,终结审查5件;行政公益诉讼提起诉讼案件2件,2件已经由达茂旗人民法院判决。办理人大代表交办案件3件。通过做好河湖“清四乱”及汛期检查要求,督促水务部门清理污染和非法占用河道1.4公里。推进艾不盖地下水源有序监管,与水务、住建部门协力解决希望家园小区内漏水影响居民生活问题。

【保障律师权益】规范律师接待工作,推出律师接待“贴心式”服务,建设律师接待室,购置电脑、高速打印机等设备,律师可以通过网络方便快捷的查阅到案件信息,就相关事项预约。2019年共接待辩护人、诉讼代理人30次,受理并办理阅卷28次、申请变更强制措施1次、要求听取意见0次,申请自行收取证据1次。

【司法救助】采取就业、引导帮扶、入学帮扶、协助纳入低保户等方式,加强与学校、民政、扶贫办等部门联系配合。2019年共办理司法救助案件3件。

法 院

【概况】达茂旗人民法院始建于1952年10月。全院共有98人,核定编制62人,在编干警53人,员额法官21人,其中蒙汉双语员额法官7人,占员额法官人数的33.33%。聘用人员45人,其中聘用制书记员21人,旗聘人员6人,院聘人员18人,聘用人员占全院干警的45.92%。内设8个部门,1个下设部门,有政治部、综合办公室、立案庭、审判管理办公室、刑事审判庭、民事审判庭、行政审判庭、执行局,下设部门为司法警察大队。下设4个法庭:希拉穆仁人民法庭,受理石宝镇和希拉穆仁镇、小文公乡辖区案件;乌克忽洞人民法庭,受理乌克忽洞镇、西河乡辖区案件;满都拉人民法庭,受理满都拉镇、巴音花镇、查干哈达苏木、达尔汗苏木辖区案件;明安人民法庭,受理明安镇、巴音敖包苏木辖区案件,派出法庭中希拉穆仁人民法庭、乌克忽洞人民法庭、满都拉人民法庭实行常驻办案制度,明安人民法庭实行巡回办案制度,由固定的一个合议庭成员开展法庭工作,保障辖区农牧民及时便捷参与诉讼。

【审判执行工作】2019年,受理各类案件3158件,审执结3058件,结案率96.83%。受理刑事案件109件,审结105件,结案率96.30%。审结故意伤害、强奸、非法拘禁等侵犯公民人身权利、民主权利犯罪案件14件,盗窃、诈骗、敲诈勒索等侵犯财产犯罪案件15件,寻衅滋事、开设赌场等妨害社会管理秩序犯罪案件17件,交通肇事、危险驾驶等危害公共安全犯罪案件52件,合同诈骗、非法吸收公众存款等破坏社会主义市场经济秩序犯罪案件4件。办理认罪认罚案件81件109人,适用速裁程序13件13人。受理各类民商事案件1927件,审结1862件,结案率96.63%。规范市场秩序,服务保障民营企业发展,营造法治化营商环境,审结买卖、服务等各类合同纠纷案件1333件。乌克忽洞人民法庭快审快结11件"青储玉米"种植回收合同纠纷系列涉农案件,为农民种植户挽回经济损失30余万元。审结建设工程合同、房屋买卖合同等纠纷案件65件,审结人身损害、交通事故、劳动争议等纠纷案件162件,家事审判"291"工作法在全区家事审判改革研讨会上被推广。审结婚姻家庭类案件115件,其中调解44件、撤诉59件,占比89.57%。受理行政案件45件,审结44件,结案率97.78%。妥善审理涉及拆迁补偿、治安管理、劳动与社会保障等案件27件,成功协调房屋征收补偿协议案件8件,审理行政公益诉讼案件4件。受理执行案件1033件,执结1003件,执结率97.10%,"3+1"核心指标高标准运行。运用强制和惩戒措施,扣押车辆49辆,查封房产231套,拘传465人,拘留25人,发布执行悬赏2期6人,纳入失信被执行人名单119人,限制高消费249人。2019年6月,组建三个执行团队奔赴山东等地,及时执结"辣根"种植合同纠纷系列涉农案件81件,为农民种植户挽回经济损失143万元。执结"涉恶"刑事犯罪财产刑执行案件7件,标的9.4万元,保持扫黑除恶"打财断血"的高压态势。提升执行信息化水平,2019年通过网络平台进行司法拍卖57件,成交金额316.92万元。完善综合治理格局,召开执行联动会议8次,促进执行联动工作机制常态化运行。

【司法服务】推进跨域立案、网上立案、巡回立案,实现跨域立案6件。建成三个派出法庭立案工作室完善窗口功能,实现诉讼引导、立案登记、查询咨询等一站式服务。

【多元解纷】探索新时代"枫桥经验",与北京市盈科(呼和浩特)律师事务所、包头市民商法律调解中心签约多元化纠纷解决战略合作协议,引入优质调解资源,共委派调解案件561件,成功调解

131件，司法确认121件。与旗公安、司法、工会、妇联等部门建立诉调对接机制，借助在线调解平台，实现与派出法庭远程视频调解，延伸司法服务到苏木乡镇。完善“专群结合、全域调处”的多元化纠纷解决模式，丰富独具达茂边疆特色的调解平台。2019年4月设立内蒙古自治区法院首家涉诉信访化解中心。

【法庭建设】完善人民法庭基础设施及信息化建设，争取维修资金114万元用于修缮希拉穆仁人民法庭及乌克忽洞人民法庭，投入66万元用于上述两个法庭的信息化建设。

【司法改革】深化司法体制综合配套改革，全面落实司法责任制、人员分类定岗、院庭长办案、绩效考核和法官员额退出管理等机制，进一步规范司法权力运行。院庭长主审案件2366件，占比77.36%。通过全区法院系统聘用制书记员过渡考试及社会招考，招录21名聘用制书记员。完成27名干警职务套改及14名干警职级晋升工作。

【司法公开】拓宽司法公开渠道，创新公开方式，广泛接受新闻媒体监督和社会监督，网上直播案件125件，公开生效裁判文书及案件信息2810件，“两网两微”发布信息900余条，召开新闻发布会3场，主动通报法院工作，及时回应社会关切。

【接受监督】依法接受人大及其常委会监督及政协民主监督，接受旗人大常委会对3名法官的履职评议和对执行等工作的审议。坚持定向联络、走访座谈等机制，走访代表委员40人次，邀请代表委员视察法院工作、旁听庭审、参与调解、见证执行80人次。主动接受党纪政纪监督和法律监督，配合市、旗纪委监委调阅卷宗30件次，邀请检察长列席审判委员会3次，办理检察建议20件。邀请96名人民陪审员共参与审理、调解案件366件，参审率达97.60%。

【所获荣誉】被市中院授予“2019年度优秀司法建议”荣誉称号，刑事审判庭被授予“2019年度集体三等功”荣誉称号。

司法行政

【概况】达茂旗司法局现有政法专项编40个。在职干部职工30人，其中局机关10人，基层司法所干警20人。领导班子成员4名，局长1名、副局长3名(其中一名副局长任党组书记)。其中中共党员21人，蒙古族干警14人。2019年按照《达茂联合旗机构改革方案》《达茂联合旗机构改革实施意见》要求，旗委办、政府办于

3月底印发《达茂联合旗司法局职能配置、内设机构和人员编制规定》,《规定》对旗司法局职能配置、内设机构和人员编制进行明确,重组后的司法局承担原政府法制办职责,共有内设机构7个,分别为办公室、普法和依法治理股、人民参与和促进法治股、依法行政股、行政复议与应诉股、社区矫正执法大队、公共法律服务管理股。全旗12个苏木乡镇均设有基层司法所。

【依法治旗】按照机构改革统一部署要求,完成司法局重组工作。筹备承办旗委全面依法治旗委员会第一次会议。审议通过两规则一细则和设立3个协调议事机构,听取2018年全面依法治旗工作并安排部署2019年工作。

【法治宣传】“法律六进”活动方面,结合各类节庆活动、主题宣传月,发放普法宣传彩页和图书10000余份、法治宣传抽纸3000余盒、法治宣传手提袋4000余个。“法律进校园”活动方面,举办以案释法法治讲座,发放法治漫画竞赛汇编图书2000余册。组织全旗科级以上领导干部参加法院旁听庭审。

【普法宣传】组织全旗国家工作人员开展网络在线学法和普法考试工作,2019年参加公职人员考试人数为7618人。

【社区矫正和帮教安置工作信息化管理】2019年,各司法所共开展审前评估59人,新接收社区服刑人员29人,解除矫正48人,书面警告5人次。在册社区服刑人员45人,没有发生脱管、漏管现象。

【公共法律服务】法律援助共受理民事案件29件,援助43人次;刑事案件34件,援助34人次,涉及金额120多万元。

【依法行政】受理结案行政复议案件4件,行政应诉案件8件,胜诉4件,正在审理3件,败诉1件。全程列席政府常务会议及专题会议32次。对26个文件进行合法性说明,对37个文件进行合法性审查,并全部予以备案。

群 众 团 体

总 工 会

【概况】1956年10月5日成立达茂联合旗工会筹委会,1957年8月19日成立达茂联合旗工会联合会,工会组织发展到685家,其中企业工会604家、行政事业单位工会81家。职工人数达到20518人、会员人数17827人,其中农牧民工(会员)5714人。总工会2019年在职职工4名,兼职副主席2名,在职干部2名。旗总工会机关内设职能机构办公室。旗总工会下属总工会3家、苏木乡镇工会联合会9家、企业联合工会1家、旅游行业工会1家,区域工会联合会1家。

【基层工会组织建设】2019年,全旗新成立企业工会组织13家,吸纳职工会员752人,全旗80%的基层工会组织都达到规范化标准,80%的企业都实行厂(院)务公开制度。

【选树劳模】4月26日,开展“庆祝建国70周年——劳动最光荣、劳动最美丽”劳模座谈会及进企业活动,25名劳模参加活动。5月30日,市总工会经济部对达茂联合旗劳模(职工)创新工作室进行检查验收,石宝铁矿集团公司“王俊伟劳模创新工作室”晋升为市级标准。9月23日,开展“劳模进社区、工匠进园区”活动,积极营造劳动光荣的社会风尚和精益求精的敬业风气。

【会员普惠】2019年春节期间,旗总工会联合中国石化公司开展为期半个月的普惠活动,共有1646名职工参加此项活动。全旗职工互助医疗保障活动参保单位14家,参保人数1592人,参保职工因遭受意外伤害和患重大疾病共13人,获得互助金共计4.4万余元。新建五个“环卫工人之家”,有17个“环卫工人之家”,基本解决新旧镇区6.4平方公里环卫工人工作生活需求。做好女职工权益维护工作,市总工会对新达茂稀土有限公司“女职工休息室”进行指导和验收。

【安全宣传】开展“尊法守法 携手筑梦”服务农牧民工公益法律宣讲、“安全生产月”宣传咨询日和普法宣传活动。举办护理工作技能比赛和“安康杯”知识竞赛活动。

【集体协商】2019年,共有23家企业、38家行业工会全部实名制签订集体合同,覆盖职工人数5396人。选树2家协会作为工会引领社联组织的试点单位,召开三方联席会议,构建和谐劳动关系。

【文体活动】举办书画作品展、职工五人制足球赛、职工运动会、徒步活动、职工乒羽篮比赛等活动，共计3000多名干部职工参加。开展心理健康知识讲座1场,200名干部职工参加。

【“互联网＋工会”】2019年,公众号“达茂旗职工e家”发文590篇,原创信息143篇,阅读量117853人次。2019年公众号“达茂旗职工e家”在包头地区工会月排行榜和周排行榜保持第四、第五名。利用节日节点在“达茂旗职工e家”微信公众号上开展网上答题等活动,共有11000多人次参加活动。编写信息104期,各级报刊媒体采用信息28篇。

【帮扶慰问】争取上级工会补助和达茂联合旗财政资金40.44万元,开展“大病救助”和“冬送温暖”活动,对417名困难职工、春节值班人员等进行帮扶慰问。“三八”期间慰问两名单亲女职工,并送去1000元慰问金。旗总工会自筹资金2.5万元，慰问高温施工工人和企业一线职工。开展“金秋助学”活动,共发放1.7万元。开展“不忘初心、牢记使命”送温暖活动,慰问8名在职困难职工，每人发放1000元的慰问金。2019年,共慰问730人次,发放慰问金45.64万元。

共青团达茂联合旗委员会

【概况】1954年10月，新民主主义青年团达茂联合旗委员会召开第一次团员代表大会。1957年,根据共青团中央的决定，新民主主义青年团达茂联合旗委员会改为共产主义青年团达茂联合旗委员会。团旗委内设办公室,核定行政编制4名,其中科级领导职务2名,2019年有工作人员5名。下辖基层团组织172个:团旗委直属团委18个(含苏木乡镇团委12个、中学团委3个、非公团工委1个、机关事业单位团工委2个),团旗委直属团支部11个(含党政机关团支部6个、事业单位团支部3个,社会组织团支部2个),其余为二级团支部143个(含非公企业团支部4个)，党政机关团支部4个,教育系统团支部25个(中学团支部24个,教师团支部1个),苏木乡镇团委直属团支部110个(嘎查村团支部77个,社区团支部7个,剩余26个团支部为个苏木乡镇所设立的大学生创业团支部和学社衔接临时团支部)。全旗共有团干部326名,共青团员2630名,2019年发展共青团员47名。

【共青团改革】结合《共青团达茂联合旗委员会改革方案》内容,制定印发《达茂联合旗基层团组织规范化建设工作实施方案》，细化分解6类工作任务，明确27项具体推进措施，建立工作台账。针对学校团组织，单独制定并印发《达茂联合旗学校团组织规范化建设工作实施方案》，细化分解4类工作任务，明确20项具体推进措施，建立起相应台账。全旗12个苏木乡镇全部完成换届工作，基层团委书记由苏木乡镇班子中最年轻的成员担任，全旗84个嘎查村（社区）全部建立团支部，“两委”班子中最年轻的党员干部担任团支部书记。健全机关事业单位团组织建设，新建团支部2个，在35周岁青年满3人的2个机关事业单位成立青年工作委员会。强化非公有制经济组织和社会组织团建，在旗市场监督管理局设立非公团工委，在4个非公企业、1个社会组织设置团支部，加强对非公企业和社会组织青年的管理。扎实推进整理整顿工作，按照15项参考标准对全旗154个团支部进行评估，确定29个团支部为重点整顿团支部，已全部完成整顿。

【少先队建设】建立旗教育系统团工委，在旗教育局设立共青团工作股，股长由团工委书记兼任，具体负责教育系统共青团工作，切实加强对旗内3所中学团委的管理；设立少先队工作股，股长由团工委副书记兼任，具体负责教育系统少先队的工作，旗内7所中小学全部配置专职少先队大队辅导员，3所中学团委副书记由少先队大队辅导员兼任，学校团队建设基础进一步夯实。

【青少年思想政治引领】组织青年收听收看纪念五四运动100周年大会，开展“百年五四 薪火相传”特别主题团日、团课活动，引领青少年理想信念教育。组织召开“全旗各族各界青年纪念五四运动100周年暨表彰大会”，表彰共青团领域、少先队领域优秀个人和先进集体。发挥共青团作为青年学校作用，通过组建“青年讲师团”发掘一批政治素养高、理论素质强的青年后备军；组织开展“迎七一·不忘初心、牢记使命”网络有奖知识竞赛；积极开展“青年大学习”行动，组织青年参与“青年大学习”网上主题团课8期，覆盖团员和青年2000余人。

【青少年合法权益维护】推动“12355”行动，开展助力高考、助力中考、成长指导等活动2次。发挥“青少年维权岗”作用，组织开展法制宣传主题月活动，组织志愿者发放《中华人民共和国宪法》《中华人民共和国未成年人保护法》宣传资料1000余份。加强与司法部门的沟通联系，参加检察院组织的多部门联动携手贯彻落实“一号检察建议”座谈会，组织开展“与法同行 健康成长”团旗委与检察机关携手送法进校园活动1次。

【青年就业创业】支持青年创新创业，组织创业青年参加上级团委组织的青年职业技能培训等活动3批次14人、青年创业培训1批次5人；加强“银团合作”，与农行达茂旗支行合作对接，为达茂联合旗20余名创业者申请“青创易贷”贷款项目。

达茂联合旗妇女联合会

【概况】达茂旗妇女联合会核定行政编制4名,事业编制2名,实有工作人员8名,其中行政编制工作人员4名(科级领导2名),事业编制人员2名,合同编制人员1名,西部计划志愿者1名,内设办公室。

【妇女工作】开展"巾帼心向党 礼赞新中国"群众性宣传教育活动3次,"三八"节纪念活动首次实现全程微信直播。推荐选树各级各类先进妇女典型、先进妇女集体91个,其中公安局出入境管理大队被授予全国巾帼文明岗和自治区三八红旗集体荣誉称号,民族幼儿园金秀英被评为自治区三八红旗手。开展各类女性素质提升培训5期,覆盖妇女近千名。推荐斯琴格日乐自家牧场创建为自治区巾帼示范基地。坚持项目带动,包头市"布丝瑰"项目基地落地达茂旗希拉穆仁镇。节点慰问关爱黄芪剪枝女工、女环卫工、护士、最美母亲、困境儿童、教师、全国最美家庭、"7·19"受灾家庭、贫困妇女等近200人,救助"两癌"贫困母亲15名,其中建档立卡妇女8名,每人一万元。启动"关爱儿童心理健康"行动,覆盖蒙古族学校近百名学生。组织2053名农牧区妇女群众赴内蒙古忽思慧蒙医院进行免费体检。受理来访家庭纠纷14起,提供法律援助6起。

【家庭工作】开展线上线下寻找"最美家庭"活动,推选出2019年自治区最美家庭标兵户1户、最美家庭1户,包头市"最美兵妈妈"3名,"最美军嫂"2名,"最美警嫂"4名;联合旗委宣传部、文明办表彰"最美家庭"10户、"文明家庭"10户、"新时代好少年"5名、"美德少年"10名、"身边好人"10名,举办好家风好家训大型宣讲会1场,组织观看全国性亲子主题活动直播1次,开展"科学家教进万家"蒙汉语专题讲座3场。选派2名教师参加"家庭教育讲师培训班",探索家庭教育专业化。

【组织建设】坚持党建带妇建,圆满完成旗委第五轮巡察整改。扎实开展"不忘初心、牢记使命"主题教育,集中学习31次,支部书记讲党课2次,开展主题党日活动12次,修订完善14项制度,建立健全妇联"三重一大"等制度。选派旗妇联干部、苏木乡镇及嘎查村(社区)妇联主席、副主席等23人次参加自治区、包头市各类培训等12期,提高履职能力。成功召开达茂旗妇女第十二次代表大会，选举产生达茂联合旗妇女联合会第十二届执行委员会委员33名，常务委员11名，其中主席1名、副主席1名、兼职副主席3名。

工商业联合会

【概况】达茂旗工商联1952年成立，1966年改造时划于旗商业、供销和百灵庙城镇人民公社。“文化大革命”开始时旗工商联由于受当时经济状况及其他原因停止正常工作。1999年9月21日，召开达茂旗工商联（商会）第六次会员代表大会，至此达茂联合旗工商联工作停止30多年后得以恢复。2004年11月30日，召开工商业联合会（总商会）第七届会员大会。一直以来，达茂旗工商联与统战部合署办公，一套人马，两块牌子。机构性质没明确，人员编制没确定。直至2012年1月，达茂旗机构编制委员会下发《关于成立达茂旗工商联》的通知，研究决定同意正式设置达茂旗工商业联合会为事业编制的群团事业机构。具体制定主要职责，不设内设机构，核定事业编制5名，股级领导职数2名。之后，2012年3月30日，召开工商业联合会（总商会）第八届会员大会；2012年8月、9月聘用3名同志为事业单位工作人员。2016年6月，聘用1名干部为工商联干事。2017年1月18日，召开工商业联合会（总商会）第九届会员大会。2017年10月，1名干事调任西河乡农牧业中心主任，2019年3月，聘用1名干部为工商联干事。

【非公有制经济】完善包联机制，制定《达茂旗领导干部联系服务民营企业制度》，全旗27名旗领导对应包联38家重点民营企业。截至目前，所有领导都通过不同方式与企业进行对接，针对企业问题分别提出具体解决措施。搭建对接平台，旗工商联充分发挥桥梁纽带作用，协助旗四大班子组织多层次的民营企业座谈会、银企对接会，配合相关领导调研走访企业，制定“一事一议”“一企一策”台账并跟踪督促企业问题落实，切实为民营企业解决实际困难。牵头制定并由旗政府印发了《达茂旗市场主体和投资项目咨询会商审批机制实施意见》，10月份对落实情况进行跟踪督查。创新工作思路，经过积极筹备，达茂旗旅游协会和百灵庙商会已正式挂牌成立，经与义云通精品汇电商平台对接，已为小文公红皮面粉打通网上销售渠道。积极落实“泛海助学行动”，为28名符合条件的大学新生争取资助金14万元。加大对外交流，与赤峰商会结为友好关系，为小文公乡3名贫困学生资助15000元。

综合经济管理

发展和改革

【经济运行】地区生产总值同比增长4.9%;固定资产投资同比增长3.8%;一般公共预算收入同比下降2.5%;社会消费品零售总额同比增长4%,城镇常住居民人均可支配收入同比增长6.7%,农村牧区常住居民人均可支配收入同比增长11.1%。

【年底计划】完成达茂联合旗2019年国民经济和社会发展计划执行情况与2020年国民经济和社会发展计划草案的报告,并通过旗人代会。确定2020年经济社会发展主要预期目标:地区生产总值、固定资产投资、一般公共预算收入、社会消费品零售总额均增长6%左右,城乡常住居民人均可支配收入分别增长6.5%和8%左右。

【发展规划】启动全旗"十四五"规划编制工作,开展课题调研和行业部门座谈。

【重点项目】2019年,实施亿元以上重点项目61个,总投资171.23亿元,年内计划投资56.19亿元。其中,续建项目33个,总投资101.07亿元;新建项目28个,总投资70.16亿元。全年立项手续办结59个,开复工58个,完成投资31.16亿元,竣工项目9个。

【项目资金】通过发改口共争取到10个项目、上级投资7582.4万元。项目涵盖生态建设、基础设施、社会事业等各个领域。包括:查干哈达苏木卫生院建设项目675万元、查干哈达苏木卫生院93万元、达茂旗人民法庭项目450万元、达尔汗苏木基础设施项目150万元、民航发展基金1285万元、守边固边资金407.2万元、京津风沙源二期工程2939万元、巩固退耕还林384.2万元、农牧区安全饮水提升工程1037万元、动物防疫基础设施建设项目162万元。

【项目储备】做好项目储备工作。按照"策划储备一批、前期攻坚一批、建设实施一批、建成投产一批"的原则,加大项目储备力度,全年录入国家重大项目建设库的项目共266个,总投资669亿元。为争取国家投资、引导社会投资、对外招商引资和融资创造条件。

【行政审批】批复审批11个,备案120个。

【价格认证】联合市场监督管理局加强市场价格的监督巡查工作,加大行政执法力度,特别是在元旦、春节、五一等节日期间,深入超市、农贸市场、餐饮等服务行业进行价格巡查，确保价格市场的稳定。认真做好价格鉴证工作。共开展涉案物品鉴定18起,鉴定标的35.5万元。开展供暖价格成本监审和口岸收费鉴定工作。

审　计

【概况】2019年,达茂联合旗审计局核定行政编制12人、工勤编制1人,事业编制4人。实有20人:其中行政编制12人,事业编制4人,自聘人员2人,西部计划志愿者2人。内设股室:办公室、财政金融企业审计股、行政事业社保审计股、经济责任审计股、固定资产投资审计股、法规审理股、自然资源和生态环境审计股。下设一个股级财政全额拨款事业单位:达茂旗审计事务服务中心。

【审计成果】2019年,达茂旗审计局全年完成审计项目36个，查出各类违规资金11957万元、管理不规范资金9724万元，审计发现非金额计量问题3个,向纪委监委和其他相关部门移交问题线索7起。出具审计报告36篇,提出审计建议113条,提交审计信息66篇,被有关部门采用12篇次。

【国家重大政策落实情况跟踪审计】按照审计署、自治区审计厅和包头市审计局统一部署,重点对达茂旗四个季度的减税降费、落实加快城市基础设施重大项目建设等相关政策措施情况进行跟踪审计，通过审计工作促进重大政策有效落实。

【“三大攻坚战”审计】围绕防范化解重大风险攻坚战，按照审计署的统一部署,对达茂旗化解地方政府债务、化解“十个全覆盖”债务和地方政府债券管理使用情况进行专项审计调查。围绕精准脱贫攻坚战，对达茂旗2018—2019年6月扶贫资金开展审计，对历年扶贫资金审计发现问题进行督促整改。围绕污染防治攻坚战,制定《达茂联合旗自然资源资产审计三年规划》,对自然资源局局长苏亚拉图履行矿产资源资产管理责任进行审计。

【财政审计】完成对旗本级财政和林业局等7个部门预算执行审计。针对发现问题依法下达审计决定，进行处理处罚，并督促相关部门进行整改,审计工作报告通过旗人大常委会审议。按照年初工作安排对小文公乡、查干哈达苏木2018年财政决算情况进行审计。

【经济责任审计】结合部门预算执行和财政决算审计，重点对驻包办事处、乌克镇、满都拉镇等16个单位开展经济责任审计。其中任中经济责任审计15个，占经济责任审计的90%以上，加大对三公经费、违反中央“八项规定”精神等方面的审计监督力度。

【专项审计及其他工作】 对达茂旗清理拖欠民营企业中小企业账款进行审计。对旗人民检察院、宣传部2017、2018年财务收支进行审计。积极完成上级审计机关和旗委、政府交办的各项工作，配合市局开展保障性安居工程数据甄别审核工作。抽调两名审计人员全程配合旗纪委监委开展专案查办和巡察工作。配合农工部对各乡镇“十个全覆盖”工程拆房补贴及垃圾清运费情况进行核查。

【队伍建设】 将原属于发改委“重大项目稽查职责”、财政局的“预算执行情况和其他财政收支情况的监督检查职责”划入审计局。旗委成立审计委员会，旗委审计委员会下设办公室，办公室设在审计局，召开审计委员会第一次会议。增加两个股，成立一个股级事业单位审计事务服务中心，将之前借用百镇财政所4名事业编，调入该中心。强化机关日常管理和建设，规范机关内部各项制度，完善机关财务报销、节假日值班、请销假、信息宣传、保密机要等制度。经常性开展各类文体活动，组织审计干部职工开展义务植树、访贫问苦、民族团结创建、徒步走活动，开展习近平总书记用典讲习会、参加团旗委组织的“歌唱共青团建功新时代”主题快闪拍摄、庆祝中华人民共和国成立70周年等系列活动。

统 计

【概况】 统计局是旗人民政府工作部门之一，与城乡调查队（简称城调队，副科级参公事业单位）合署办公。统计局和城调队统计调查的领域包括国民经济核算、基本单位、农牧业、工业、服务业、能源、投资、建筑业、房地产开发、批发零售和住宿餐饮业、人口、劳动力、劳动工资、科技、文化、城乡住户收支以及投入产出调查、专项民意调查、统计代码核查、统计执法检查、统计基层基础建设、自然资源资产实物量变动表编制、“妇儿”两纲监测、新设立个体户和小微企业跟踪监测等25大类、185小项，工作的专业性和政策性较强。局队共有人员编制21名，其中：统计局行政编制8名、行政工勤编制1名，设局长1名、副局长2名；城调队参公事业编制12名，设队长1名。

【统计调查法治化规范化】 全年累计开展统计巡查和执法检查13次，为历年来之最，并集中开展防范和惩治统计造假专项整治工作。截至2019年年底,全旗68家“一套表”调查单位全部建立统计台账,并完成统计守信单位认定和企业统计人员变动情况台账建立工作。按月维护更新基本单位名录库,全旗共申报入库“四上”企业13家。严格落实《内蒙古自治区乡镇级统计基础建设标准》,排查解决苏木乡镇统计专网存在的问题;积极争取自治区统计局资金支持,为基层统计工作站购置更新统计专用计算机给予补助。着力提高统计从业人员素质,分5批组织规模以上工业企业统计人员、行政事业单位财务人员以及苏木乡镇分管领导、统计员和“四经普”普查员、普查指导员,就统计数据联网直报业务、统计法律法规知识、第四次全国经济普查、夏季畜牧业调查等进行系统培训。

【经济运行监测分析】依据上级统计部门反馈情况,按月编报全旗主要经济指标运行月报,按季度编报经济运行分析报告及《统计季报》手册。2019年,全旗地区生产总值同比增长4.9%,固定资产投资增长3.8%,社会消费品零售总额增长4.0%,城镇常住居民人均可支配收入增长6.7%,农村牧区常住居民人均可支配收入增长11.1%。

【全旗第四次全国经济普查】达茂旗第四次全国经济普查正式登记工作于1月1日开始启动;截至4月30日,普查登记任务全部完成,一套表单位上报率100%,非一套表单位上报率93.3%,抽中个体户上报率100%。在为期四个月的正式登记工作中,旗乡两级经普办组织近100名普查员和普查指导员,对全旗范围内从事第二产业和第三产业的全部法人单位、产业活动单位和抽中个体户、规模以上个体户的单位标志、从业人员、财务收支、资产状况以及主要生产经营活动、生产能力等进行全面摸底普查。

【各类抽样和专项调查】圆满完成第三次农牧业普查资料整理汇总工作,普查数据于3月初通过旗政府门户网站正式公布。积极推进住户收支调查和电子记账工作,5月底配合国家统计局内蒙古调查总队和包头调查队,对部分记账户进行抽查指导;10月下旬,开展住户调查专业数据质量旗县区互查工作;截至2019年年底,城乡住户收支电子记账率达到62.7%。根据上级统计部门要求,将部分行业事业单位纳入服务业月度统计调查范围,有效满足社会消费商品和服务零售总额统计监测需求。此外,严格按现行统计制度开展人口变动抽样调查和科技、文化、价格、能源、劳动力、劳动工资等常规统计调查,并按时完成科级领导班子满意度民意调查测评、“妇儿两纲”监测统计以及“扫黑除恶”专项斗争群众满意度问卷调查等工作。

自然资源管理

【概况】达茂联合旗土地管理局成立于1988年12月,2000年与达茂联合旗城乡建设环境保护局合并,更名为达茂联合旗城乡建设环境保护土地管理局。2002年机构改革后,对内统称为建设局,同时挂国土资源局牌子。2006年2月内部成立机关事务中心,4月份增加8个编制,6月12日提拔1名副局长。2007年1月内部增设地籍规划股(原地籍管理所)及土地登记中心,7月内部增设信息中心,9月份增加6个编制。2008年5月8日成立土地储备中心及土地整理中心,核定事业编制6名,并对监察大队和土地储备中心的正职给予高配。国土资源局下设12个内事股室、1个监察大队及6个基层所,2015年12月2日成立达茂联合旗不动产登记中心。2019年,经过机构改革,组建达茂旗自然资源局,下设6个股室,机关行政编制11名,设局长1名,副局长4名。

【土地资源】2019年,达茂旗土地总面积1748244.69公顷,其中湿地19852.22公顷、耕地89046.93公顷、种植园用地0.88公顷、林地34046.76公顷、草地1561942.89公顷、商业服务业用地804.03公顷、工矿用地5963.17公顷、住宅用地2298.69公顷、公共管理与公共服务用地441.65公顷、特殊用地636.2公顷、交通运输用地12147.05公顷、水域及水利设施用地8093.44公顷、其他土地12970.78公顷。

【基本农田保护】严守基本农田保护红线,为全旗粮食安全提供重要保障。达茂旗基本农田保护红线为92.32万亩,达茂旗现有基本农田保有量98.77万亩,高于保护红线6.45万亩。按照要求划定基本农田储备区面积0.061549万公顷,合9232亩。

【项目用地报批】扎实推进用地报批进度,保障重点项目用地。2019年度已完成内蒙古包头20MWp光伏并网发电特许权项目建设用地、达茂旗百灵庙50兆瓦风电供热项目、包头市石宝铁矿集团有限责任公司高压辊磨应用项目、中节能风力发电有限公司达茂旗百灵庙50兆瓦风电供热项目、达茂旗协合风力发电有限公司达茂旗巴音5号风电场风光一体化10MWp光伏发电项目等5个单独选址项目报批,总批准面积6.9813公顷;完成达茂旗2018年度第五批次城镇建设用地项目、达茂旗2017年第十批次城镇建设用地项目、达茂旗2018年第三批次城镇建设用地项目、达茂旗2018年第十七批次城镇建设用地项目等4个批次项目报批，总批准面积4.5663公顷。

【城镇规划管理审批】机构改革后，原住建局的城镇规划管理审批工作划入自然资源局,自然资源局及时与住建局沟通对接,及时有效开展各项工作,共出具6项选址意见,7项规划条件,1项规划选址请示,31项建设用地规划许可,34项建设工程规划许可。规划许可用地面积87.07万平方米,规划许可建筑面积12.62万平方米。

【土地储备交易融资】报请市局批准土地建设用地年度供应总面积186公顷，其中商服用地5公顷，工矿仓储用地20公顷,住宅用地8公顷,公共管理与公共服务用地3公顷，交通运输用地150公顷。全年共办理土地出让62宗,出让土地总面积119.0554公顷，收缴土地出让金共计1.397亿元。达茂旗土地供应率已达到83.63%，高于全市考核目标确定的80%。

【不动产登记】全年共办结不动产证书767本,不动产证明311份,查询登记1275宗，查封登记98宗，注销登记64宗。8月份建立“互联网＋不动产”软件平台,目前已投入使用,该软件平台主要集成不动产登记业务的网上申请、网上预约、咨询业务等服务功能,对落实“放管服”改革部署,推进政务服务体系建设具有十分重要的意义。交接林权档案工作中,为加快登记资料整合和流程再造的进程,自然资源管理局不动产登记中心多次主动前往林业局进行沟通，今年1月中旬，顺利完成林权档案移交接收工作,打开达茂旗不动产林权登记整合工作新局面。移交接收内容包括423盒共4016份林业发证纸质档案及2017年林地保护利用规划更新数据库等数据档案。

【房地一体】顺利启动达茂旗试点村“房地一体”宅基地和房屋所有权首次登记发证工作。在市局不动产登记科、局领导的大力支持下,自然资源管理局积极推进农牧区宅基地使用权及房屋所有权登记发证试点准备工作，按照工作方案要求,首先选定乌克忽洞镇碾草湾村为试点地区,准确核对原权籍调查及修补测调查工作成果,完成试点地区宅基地及房屋数据整合工作。其次完成试点地区公示工作,并制作图形数据,建立试点地区不动产信息平台数据库，于今年10月21日，为达茂旗农村牧区“房地一体”确权登记发证工作试点村乌克镇碾草湾村10户居民现场发放首批“不动产权证书”。

【地理信息共享平台】将全旗1比5万地形详查图纸质材料进行数字化扫描处理,同时将全旗土地调查数据库、基本农田数据库、权属库、土地利用总体规划数据库等进行整合。农牧局的农经权数据、2018年卫星正射影像、25米分辨率数字高程模型、道路信息数据、林业局的林保林地数据、水利局的河道数据、民政局的地名地址数据，已存入数据库内，作为基础数据使用。地理信息系统平台开发完成。

【第三次国土调查】达茂旗第三次国土调查初始成果已于2019年9月5日通过自治区核查，于2019年9月6日上报国家，目前已通过国家核查；定于2019年12月31日开展统一时点国土调查更新工作。

【矿产资源】达茂旗境内主要矿产种类有：铁、金、铜、石灰岩、萤石、石墨、珍珠岩、膨润土、花岗岩石材、煤矿、磷矿。

【矿产资源总体规划】《达尔罕茂明安联合旗矿产资源总体规划（2016—2020年）》已于2018年12月29日取得自治区人民政府备案批复，并由旗人民政府发布实施。规划对达茂旗各类矿产资源勘察、开发利用与保护作出全面部署安排，促进达茂旗矿业经济社会可持续发展。

【地质灾害防治】编制达茂旗地质灾害防治方案，成立达茂旗地质灾害防治工作领导小组，制定达茂旗地质灾害防治方案，同旗气象局签署协议，共同制定达茂旗地质灾害预警预报制度。对地质灾害隐患较大的采矿区，重新设立标示牌，防护栏。

【地质环境治理】严格按照《达茂联合旗地质环境保护与治理恢复实施方案（2018—2020年）》开展矿山地质环境治理恢复工作。达茂旗在期矿山共73宗，其中完成首期、分期治理的有50宗，治理面积近2.8平方公里，投入资金约1.2亿元，全部矿山治理率为80%，生产矿山治理率100%。一是完成白云鄂博西矿、高腰海铁矿、乌兰忽洞铁矿、宫忽洞铜矿等11宗矿权地质环境分期治理验收工作。二是对监管的砂、石、黏土矿下达《关于对达茂旗砂石黏土矿开展矿山地质环境治理集中验收的通知》，并定期对治理情况开展督查，目前部分矿权已完成治理。三是督促造成地质环境破坏的探矿权开展地质环境治理，今年完成治理的探矿权4宗。

【自然保护区矿权退出】2018年12月，旗政府印发《达茂旗巴音杭盖自然保护区内矿业权退出实施方案》的通知，按照实施方案中矿业权退出补偿程序，保护区内矿业权已全部履行注销手续。2019年8月已向旗政府行文请示，申请开展签订矿业权退出补偿框架协议，第三方社会审计、资产评估机构等工作。委托测绘部门对保护区13宗矿区开展无人机测绘工作，并按照市政府要求对每个矿山的破坏情况逐一排查，编制实施方案。

【绿色矿山建设】积极组织专家对达茂旗2019年拟申报绿色矿山建设企业开展实地核查指导，组织人员赴乌海市学习绿色矿山建设先进经验。冀东白彦花石灰岩、黑脑包矿区、东源铁矿等矿山已陆续开始绿色矿山建设工作，石宝铁矿成功进入全国绿色矿山名录。

【执法监察】严格坚持早发现、早制止、早查处的原则,积极落实三级网络巡查制度,累计出动巡查车辆283车次、巡查人员850人次、现场制止矿产违法行为17件,立案16件,结案13件,强制查扣挖掘机、装载机2次,没收违法所得12.7336万元。现场制止土地违法行为25件,立案25件,结案5件,没收违法所得228.88万元(其中林草局罚款1.82万元)。合计共处罚款人民币241.61万元,罚款已全部上缴旗财政局。希拉穆仁镇未办理用地手续的旅游点200家,其中134家正在办理组卷报批手续(因为旅游规划、环评手续未办理,导致用地组卷报批进度缓慢)。根据2017年度卫片执法检查图斑,对希拉穆仁草原旅游点未批先建立案45件,结案45件。

市场监督管理

【概况】 1954年5月成立工商科,1956年11月改为商业局,1958年6月供销合作社并入,1960年6月成立市场物价管理委员会,挂工商行政管理局牌子。1963年3月商业局与市场物价管理委员会、工商行政管理局合署办公。1964年3月物价委员会(包括工商行政管理局)分设。1979年3月,恢复工商行政管理局,1984年3月机构改革,与物价局合并,更名为物价工商行政管理局。1999年5月,实行省以下垂直管理,划归包头市工商局管理,更名为内蒙古自治区达茂联合旗工商行政管理局,2014年12月11日由省以下垂直管理划转为地方管理。达茂旗药品监督管理局2002年2月成立,实行省以下垂直管理,划归包头市药品监督管理局管理,2004年7月,更名为达茂联合旗食品药品监督管理局。2010年10月,食品药品监督管理体制由省以下垂直管理划转为地方分级管理。1997年成立技术监督局,1999年5月质量技术监督局实行省以下垂直管理,划归包头市质量技术监督局管理,2014年12月11日划转地方管理。2014年12月31日,食品药品监督管理局、工商行政管理局、质量技术监督局合并组建达茂旗市场监督管理局,同时挂达茂旗食品药品监督管理局、达茂旗食品安全委员会办公室牌子,划归达茂旗管理。2018年12月,根据包头市盐业体制改革,将相关盐业管理工作划归达茂旗市场监督管理局。设15个内设机构,8个派出机构,5个事业单位,共计28个职能机构。核定编制80名,其中行政编制54名,实有51名,科级领导职数5名(1正4副);工勤编制6名,实有工勤人员6名;事业编制19名,实有人员19名。共计在编人员76名,另有合同工8名、志愿者1名、临时工11名。从事食品药品专兼职监管执法人员35名,其中专职10名,达到3人/万人。

【监管对象】截至2019年12月底,全旗各类市场主体共8155户,其中企业1559户,农民专业合作社835户,个体工商户5761户,分别占总户数的19.11%、10.24%和70.65%。从产业结构看,第一产业1083户,第二产业308户,第三产业6764户,分别占总户数的13.28%、3.78%和82.94%。商贸经营行业为3682户,住宿和餐饮行业为1431户,居民服务和文件娱乐行业为1651户,分别占三产总户数的54.44%、21.16%和24.40%。从区域看,百灵庙镇4781户,占58.63%,其他苏木乡镇3374户,占41.37%。不再经营的农民专业合作社首次通过注销登记合法退出市场。

【商事制度改革】2019年发展内资企业设立登记200户,注册资本128456万元,从业人数679人;累计设立1584户,注册资本16642万元,从业人数19846人;农民专业合作社设立登记32户,注册资本6760万元,从业人数167人;累计设立841户,注册资本178697万元,从业人数4834人;个体工商户设立登记1009户,注册资本16642万元,从业人数2097人;累计设立5836户,资金68578万元,从业人数10921人。办理"食品经营许可证"231户,其中食品销售133户,餐饮服务98户,小作坊登记证27户,其他食品销售0户。开展2018年度年报公示工作,截至2019年6月30号,全旗企业年报率为93.47%,高于上一年度0.21%。其中,企业应报1424户,实报1331户,年报率为93.47%;个体工商户应报4966户,实报4411户,年报率为88.82%;农民专业合作社应报892户,实报822户,年报率为92.15%。对未公示2018年市场主体876户列入经营异常名录(状态),其中企业93户,农民专业合作社229户,个体工商户554户。开展2018年度企业年报公示信息抽查工作,共对21户市场主体进行抽查,经查均属正常企业。开展个体工商户和农民专业合作社年报信息抽查工作,共抽查个体工商户21户,抽查农民专业合作社30户。

【工商管理】开展个体工商户经营场所定向抽查工作,共抽查个体工商户21户,正常营业的个体工商户18户,通过登记住所(经营场所)无法联系(或电话无法联系)的个体工商户3户;将无法联系的3户个体工商户列入经营异常状态,在企业信用信息公示系统予以公示。开展农民专业合作社经营场所定向抽查工作,共抽查农民专业合作社30户,将无法联系的2户农民专业合作社列入经营异常状态。开展经营异常名录移出工作,共移出异常名录(状态)23户,其中企业9户、个体工商户12户、农民专业合作社2户。

【市场监管】全年办理动产抵押登记6件,为企业实现融资5660万元。开展元旦、春节、“五一”、中秋、“十一”节日市场专项整治行动,重点整治节日旅游市场,查处无照经营和超范围经营、不正当竞争、商标侵权、虚假广告、销售假冒伪劣旅游商品以及利用旅游合同中的不平等格式条款侵害消费者合法权益等违法行为。抽检成品油18批次,抽检车用尿素8批次,抽检结果尚未公布;抽检银制品13批次,9批次标示不合格,案件正在调查处理中;进行快检30批次。制定《达茂旗市场监督管理局2019年“衣食住行”领域市场整治工作方案》,开展“衣食住行”领域市场整治工作。积极开展扫黑除恶专项行动。共出动执法人员320余人,出动执法车辆82台次,累计摸排1205户市场主体。

【质量监管】制定《达茂旗贯彻实施〈质量发展纲要〉2019年行动计划暨质量强旗建设重点目标》并进行责任分解。“希拉穆仁民族特色小镇标准化试点”以87分的成绩顺利通过自治区专家组终期验收。刘凤禄副局长获得2017—2018年度包头市“政府质量奖”。制定2019年《达茂旗质量提升行动方案》,召开“质量强旗”工作领导小组推进会,并组织实施。对全旗10类35次产品进行质量监督抽查,合格率达94.28%。

【食品安全监管】开展节假日重点品种和重点区域的食品安全监管,对肉制品企业、白酒企业等节日热销食品进行严格排查。在全旗食品安全拉网式大排查大整改中,对辖区内19家企业、3家超市、1家农贸市场、118家食品经营户进行检查。开展学校食品安全风险隐患排查整治工作。开展违法经营过期食品专项整治行动。开展以“五毛食品”、辣条等儿童消费量大的食品为重点品种,以学校内及周边食杂店为重点场所的排查工作。开展农村牧区假冒伪劣食品专项整治。开展夏季食品药品安全专项检查百日行动,出动执法人员456人次,出动执法车辆102台次,检查企业476户次。

【药品医疗器械监管】开展春季医疗器械经营环节安全大检查、无菌和植入性医疗器械专项检查、规范儿童青少年近视矫正工作专项检查、中秋及国庆节前专项检查。开展节假日期间药品安全大检查。开展药品零售企业执业药师“挂证”、凭处方销售处方药专项整治工作。开展药品化妆品监管领域“扫黑除恶”专项整治工作。抽检药品80批次,抽检报告未出具;化妆品不良反应2例。办理药品案件2起,罚没款共计2980元。现场监督销毁一批过期麻醉药品、精神药品。制定药品经营企业专项整治方案。制定化妆品经营使用环节专项整治工作方案。明确工作职责和工作任务。

【特种设备检查】开展特种设备领域“双随机、一公开”检查、安全生产大检查、重点领域特种设备安全检查、中秋、国庆计量监督检查工作。

【商标品牌】全力推动和认真落实《达茂联合旗推进实施商标品牌战略工作方案》,中国驰名商标“达茂草原羊”入选《中国农业品牌目录2019农产品区域公用品牌》,成为全国入选品牌的三百分之一和自治区入选品牌的十一分之一。“达茂草原羊”商标使用单位有80多家,全旗注册商标拥有量达到207件,其中152件是涉农涉牧产品商标。

【标准化工作】发布《关于推广使用地理标志产品保护专用标志的公告》,已征集到16家企业的地理标志保护产品保护专用标志使用申请。开展强制检定计量器具检定备案工作,对用于贸易结算、安全防护、医疗卫生、环境监测方面的计量器具实施免费检定,累计检定计量器具393台(件)。检定税控燃油加油机25家共计136把加油枪。

【价格检查】全面完成价格及收费监督检查体制改革任务,认真组织实施商品价格、服务价格以及国家机关、事业性收费的监督检查工作,对2件价格与收费违法行为立案调查。

【知识产权】成立达茂旗知识产权局,设局长一名,同时下设知识产权保护和发展股,工作人员3名。开展知识产权执法保护专项整治,着重查处侵犯“达茂草原羊”等商标和地理标志保护产品专用权及标志标注不规范、虚假宣传等违法行为。做好《内蒙古自治区著名商标认定和保护办法》和《包头市知名商标认定和保护办法》废止后相关工作。开展知识产权大整治工作,共出动执法人员51人次,查办商标侵权案件6件。开展知识产权宣传周活动,散发各类商标法相关法律宣传单5000份,接受咨询人数12人。

【执法稽查】查处各类经济违法案件44件,罚没款入库298.11万元。巩固无传销旗县区创建成果。受理内蒙古12315行政执法系统平台投诉举报8件,受理全国“12315”互联网平台投诉举报14件,受理来人来电咨询9件,办结率均达100%。受理解决消费者投诉23起,为消费者挽回经济损失34.7万元。

【食品药品三级监管网络建设】组织内蒙古自治区市场监督管理局举办的“每周一课”专题视频培训。达茂旗食安委召开全旗食品药品安全委员会全体会议。认真做好“七五”普法工作,充分利用“3·15”综治宣传月等影响广泛的活动,全局在职、在编人员参加法宣在线学习,参加学习率100%。按要求举办“食品安全宣传周”宣传教育、科普公益活动,构建社会共治格局。大力开展培训活动,监管人员培训率达到80%,人均培训时间达到60小时以上。推进食品药品信息化监管平台和食品药品追溯体系建设及智能APP平台应用。

【餐饮安全监管】对全旗5所养老机构进行全面排查。针对网络餐饮进行专项检查,强化美团外卖平台对餐饮服务食品安全监督量化分级管理信息的公示。按照《包头市市场监管局关于加强餐饮服务业油烟噪声污染防治工作的通知》中的要求对386家餐饮场所进行排查。全面提升餐饮质量安全,餐饮单位“明厨亮灶”率已达到75%以上。

【信用体系建设】贯彻国务院《企业信息公示暂行条例》,通过企业信用信息公示系统,政府部门公示在履职过程中产生的企业信息,企业公示应当公示的信息,实现企业信息互联共享。开展“失联”企业清理工作,对未报送2018年度报告的59户企业进行逐一核查,对长期未开展经营活动且连续两年未报税的企业,依据《中华人民共和国公司法》规定吊销营业执照32户,并通过企业信用信息公示系统(内蒙古达茂旗)网和达茂旗政府网站上公示公告。

应急管理

【概况】达茂联合旗应急管理局于2019年3月20日正式挂牌成立,设一正三副,办公地点为旗市民大厅五楼,共核定内设6个职能股室和1个二级单位(安全生产监察大队)。编制共26个,其中行政编制12个,事业编制(含参公)14个,实有人员22人。

【安全生产】2019年,全旗共发生各类生产安全事故3起,死亡3人,与去年同期相比,事故起数持平,死亡人数下降40%,控制在上级部门下达的事故指标范围内,未发生较大以上安全生产事故。

【常规检查】2019年,累计检查各类生产经营单位2590户次,发现安全隐患3345条,完成整改3315条,剩余30条隐患已督促企业明确整改责任人、完成时限,确保隐患排查与整改落实同步推进。

【节假日检查】强化企业安全生产主体责任落实,加大隐患排查整治力度,着力提高监管水平,组织开展“元旦、春节”大检查、“烟花爆竹”专项检查、“两会期间”安全生产专项督查检查、“春季开复工”大检查、“五一”期间安全生产大检查、“汛期”大检查、“遏制重特大事故”大检查、“中秋、国庆”安全大检查等活动。重点对全旗非煤矿山、危险化学品、烟花爆竹、道路交通、人员密集场所、消防、建筑、特种设备、文体娱乐等重点行业、领域进行安全专项整治工作。

【专项监察】推动企业建立全员安全生产责任制,严格企业复工验收,按照相关要求完成8家非煤矿山企业复产验收,对全旗非煤矿山开展43户次专家会诊。

对全旗27家危化企业进行集中排查整治，查处非法存储醇基燃料案件1起，妥善处置途经达茂旗境内2起危化品运输车辆泄漏事故；配合公安、工信等部门对柯达化工、正大爆破等危爆物场所开展专项检查。聘请有资质的专业机构对全旗范围内的危险化学品企业进行存储、经营安全风险评估，根据评估结果实行分级分类管控，确保全旗危化品企业安全运行。在春节期间开展“全旗烟花爆竹经营批发及销售网点专项安全检查”，对达茂旗烟花爆竹行业进行2轮次全面检查，利用“双随机”执法等形式不断强化对烟花爆竹行业的日常监管；旅游旺季针对希拉穆仁旅游市场个别旅游接待点无证非法销售烟花爆竹行为进行突击检查，对无证非法销售烟花爆竹经营行为进行了严肃查处。指导、协调住建局加强建筑施工安全管理，督促各建筑施工企业严格落实安全主体责任和全员安全责任制，有针对性组织开展安全生产检查和隐患排查治理；组织开展超载超限联合执法，对违规违法运输保持高压态势；开展道路交通隐患专项排查整治行动。指导、配合旅游局对全旗范围内的旅游景区、星级酒店、宾馆等领域进行安全生产检查工作，对经营单位用电安全、服务设施设备进行隐患排查，严防发生电气火灾、乘马、乘坐卡丁车安全事故。针对冶金工贸领域事故高发特点，扎实开展煤气使用、有限空间等为重点的安全治理工作，认真排查治理安全隐患，严防发生各类爆炸、灼烫、机械伤害、中毒窒息等事故，专题部署和开展钢铁、铝加工行业安全生产执法检查专项行动，有效遏制冶金工贸领域生产安全事故。

【宣传教育】安全知识宣传方面，先后举办以“提高灾害防治能力、构筑生命安全防线”为主题的“5·12”防灾减灾日和以“防风险、除隐患、遏事故”为主题的“安全生产月”咨询日活动，发放宣传资料5500余份；统筹开展安全生产基本常识“七进”（进企业、进学校、进机关、进社区、进农村、进家庭、进公共场所）行动。认真抓好安全培训，严格企业“三项岗位人员”考试考核，加大实操技能培训力度，全年举办各类培训班12期，参加培训1013人次。建立健全应急救援联动机制，分别在防汛、危化、非煤矿山领域开展3次应急救援演练。及时组织各苏木乡镇和有关部门干部参加安全生产执法培训，组织开展企业管理人员和负责人、电工、焊工等特种作业人员培训活动，举办各类培训班及“安全生产大讲堂”15期。各基层安监员全部运用网格化分级监管APP开展隐患排查上报工作，全年开展2次网格员集中培训，针对部分安监员业务知识不熟悉情况，制作业务知识PPT教程，深入12个苏木乡镇和巴润工业园区管委会基层安监站对174名基层安监员进行“一对一”业务指导，网格化检查覆盖率不断提高，全年累计检查企业1285户次。

招商引资服务

【概况】招商引资服务中心成立于2012年6月25日,为旗人民政府直属的相当正科级、全额拨款事业单位。内设办公室、工业项目股、三产项目股3个机构。核定事业编制7名。其中科级领导职数2名(1正1副),专业技术岗5名。实有在编人员6名。

【招商引资】全旗共引进国内(区外)到位资金24.21亿元,当年实际到位资金10.09亿元。共签约重大项目13个,协议资金总额295.6亿元,其中:一产项目1个,二产项目8个,三产项目4个;落地项目7个。

【招商推介】加强与相关产业工会、协会联系,建立紧密合作关系,利用商协会平台和资源,以国内行业龙头企业为招商重点,了解掌握产业发展方向和趋势,细分产业链招商。拓宽招商视野,与浙江内蒙古商会、天津包头商会、哈尔滨包头商会等商会联系合作,开展商会招商引资推介活动3次。在招商宣传上,开展《投资达茂宣传册》的制作工作,对照产业链延伸的目标企业发送电子资料。启动招商引资与“英雄达茂”“云上达茂”、达茂旗政府网的合作,利用现代信息技术全方位宣传达茂旗的招商优势。编辑制作招商主题宣传广告,为达茂旗招商形象“走出去”提供有力支持。

【项目前期】实施项目库录入和招商项目册编制工作,储备一批符合产业发展方向、延伸产业链条、促进产业结构转型升级的项目。完成“招商引资项目库”动态管理工作,入库项目共94项,总投资473.3亿元,其中:农牧业项目27个,总投资27.67亿元;工业项目32个,总投资368.18亿元;第三产业项目35个,总投资77.45亿元。围绕发展产业,发挥资源优势,突出抓好亿元以上产业项目的招引,主动地对接跟踪2个新能源产业升级项目。完善强化“企业代表人—招商主责联络人—产业部门联系人”三级项目洽谈推进机制,实现招商项目精准到人。推进河北建投新能源公司拟投资建设巴润产业园区清洁能源就地消纳一体化项目落地,对接北京纺织科学研究院对柠条深加工的就地转化项目。

【工作机制】制定达茂旗《招商引资项目洽谈对接落地推进机制》,规范招商引资活动中的项目考察、审核、选址、洽谈、对接、落地及各类合同、协议的审签落地等工作程序,提高工作效率。

财政税务 金融保险

财 政

【概况】达茂旗财政局是旗人民政府负责全旗财政收支的重要职能部门,承担着财政收支、社会保障、国有资产管理、会计管理、财政资金监督检查等重要职能。全局设综合办公室、预算股、国库股等9个内设股室,下设预算编审中心、金融促进服务中心、监督检查绩效评价中心和国库集中收付中心4个事业单位,财政局机关行政编制17个,其中工勤编制3个。事业编制共计31个,预算编审中心5个,金融服务促进中心9个,监督检查绩效评价中心7个,国库集中收付中心10个。实有人员:47人,其中:行政人员9人,工勤人员3人;事业人员29人;其他人员6人,其中三支一扶1名,志愿者1名,临时工4名。

【财政收入】截至12月30日,公共财政预算收入累计完成55699万元,完成人大调整预算55700万元的100%,其中,税务完成42518万元,占总收入76.33%;财政完成13181万元,占总收入23.67%。

【财政支出】截至12月30日,财政支出累计完成236653万元,其中:一般预算支出完成202799万元,基金预算支出完成33854万元。

【专项资金】截至12月30日,各部门共争取上级专项和新增债券资金10.47亿元,完成年度目标任务的104.7%。

【债务化解】截至12月30日,全旗共化解政府债务10.8亿元,完成年度目标任务的100%。

【主要工作】财政部门主动担起组织收入的牵头抓总工作,会同税务等部门,加强对税费分析,强化综合协税治税,严格执行减税降费要求,确保各项税费应收尽收;按照“保工资、保运转、保稳定”的原则,在严格按照《中共达茂联合旗委办公室 达茂联合旗政府办公室关于认真贯彻厉行节约要求从严控制一般性支出的通知》规定,除基本支出和必保项目外,一般性支出力争压减20%,在年初安排的基础上再压减5个百分点,进一步控制各类培训、会议、表彰活动等经费,积极压缩行政开支,压缩资金全部用于支持“三大攻坚战”;制定出台《达茂联合旗政府债务化解实施方案》,详细明确化债目标任务、实施步骤、化债措施、责任公共分工等。截至12月底,累计化解政府债务10.8亿元,完成年度任务10.8亿元的100%。2019年财政一事一议奖补项目、美丽乡村建设工作、嘎查村集体经济工作已全部完工;继续对全旗惠农惠牧补贴“一卡通”进行全面清理整顿,重新简化“一卡通”办理流程,达到群众办理“一卡通”最多跑一次的目标。

税务

【概况】2019年,达茂联合旗税务局按照年初工作的总体思路,充分发挥党建引作用,认真落实减税降费、初心使命主题教育、扫黑除恶、组织收入等各项重点工作的要求部署,推进依法治税,构建和谐征纳关系,推进主题教育活动,完成各项税收工作任务。

【税收收入】2019年,完成税收收入9.18亿元,其他收入0.43亿元、社保费收入1.81亿元,其中完成一般公共预算收入4.25亿元。

【减税降费】成立减税降费工作领导小组,确保减税降费工作顺利实施;开展政策宣传,利用视频、微信平台、宣传手册、办税服务厅等各种渠道积极对外宣传,实施蒙汉双语服务,同时紧紧抓住减税降费关键环节,由内而外开展减税降费政策培训,三轮培训累计户数达3357户次;实施征期申报表预审制度。帮助纳税人准确填制申报表,同时加强申报后的报表日审工作,确保纳税人用好用足税收优惠政策。

【“放管服”改革】推动税务系统“放管服”改革,优化税收环境,成立领导小组统筹协调,根据工作需要不定期召开全体会议和专题会议。推进个税改革、小微企业普惠性优惠政策、深化增值税改革等内容,对内对外开展多轮宣传辅导,确保各项优惠政策落实落地。落实小微企业涉税诉求和意见快速响应机制,通过“12366”纳税服务热线、“12366”纳税服务平台、税务网站等渠道,收集纳税人对减税降费政策落实、执法规范、纳税服务、信息化建设、法律救济等方面的意见建议。清理税务证明事项,落实总局取消税务证明事项任务。拓宽“最多跑一次”事项范围,推行纳税人“承诺制”容缺办理和纳税申报“提醒纠错制”。根据信用等级评价结果进行差异化服务和管理。研究推出更多分类服务和管理措施,加大对A级纳税人的激励力度,强化守信联合激励和失信联合惩戒。

【强化征管】2019年印发《达茂旗税务局强化税收征管专项工作实施方案》,成立小组,明确该项工作的任务、时间线、开展方式,各相关科室的责任,制定责任清单。采取企业自查为主，税务人员下户检查为辅的工作方式，通过自查和检查，提升纳税人税法遵从度。

【分级分类试点】结合《税收征管操作规范》和达茂旗税务局“三定职责方案”等规定，制订《国家税务总局达茂旗税务局税源管理工作职责优化实施方案》，以税源管理工作职责优化为契机，遵循“分类管事，分级负责，因事设岗，分工协作”原则，在理清税源管理工作职责的基础上，科学分解和重组税源管理的职责与权限，强化分工协作与监督制约，切实转变税源管理方式，有效防范基层执法风险。

金融服务

【概况】达茂旗金融服务促进中心于2014年5月成立，核定编制10人，其中专业技术人员9人，行政管理人员1人，为财政全额拨款单位。主要负责全旗金融服务、信用体系建设、金融政策咨询等工作。2016年，金融服务促进中心升格为财政局下属副科级事业单位。

【金融业基本情况】2019年，达茂旗金融保险机构共有14家，其中银行5家（工商银行、农业银行、邮政储蓄银行、包商村镇银行、中国银行）、信用社1家，保险公司8家。创新财政投融资机制，大力推广政府和社会资本合作模式。推动达茂旗PPP项目进入财政部项目库。同时积极争取自治区新增债券资金，有效缓解当前政府债务偿还压力。按照上级金融、扶贫部门要求，从2019年1月份开始按月统计上报小额信贷发放情况，金融、扶贫和银行机构三家按月统计报送小额信贷发放金额和受益贫困户数量，及时沟通对接，确保在贷款发放过程中，严格按照小额信贷的“六要素”要求，满足符合条件的建档立卡贫困户贷款需求，同时避免逾期问题发生。截至12月底，银行机构累计发放小额信贷资金294.78万元，受益农户95户。

金融监管

【概况】中国人民银行达茂旗支行成立于1954年,1984年开始专门行使中央银行职能。1996年2月,人民银行达茂旗支行由乌兰察布分行划归包头分行管辖。2003年,根据《中华人民共和国中国人民银行法》及国务院“三定”方案规定,人民银行达茂旗支行作为人民银行总行派驻机构,承担依法执行货币政策、维护支付、清算系统的正常运行、经理国库及防范和化解系统性金融风险,维护辖区金融稳定、发行,管理人民币流通、金融统计分析、社会征信业管理、组织协调辖区反洗钱工作等十四项职责。截至2019年年底,支行有在册职工28人,其中少数民族6人,党员22人,女职工4人,领导班子5人。支行内设三部两室,即金融管理部、综合业务部、保卫部、综合办公室、纪检监察审计室。

【货币信贷】妥善处置因包商银行被接管引起的达茂旗包商村镇银行流动性紧张事宜,应村镇银行申请,人民银行达茂旗支行先后向上级行提出借用支农再贷款申请、动用存款准备金申请,并获准全额动用存款准备金。完成2018年度涉农信贷政策导向效果评估工作。2月18日至3月20日,完成对辖内四家参评机构的涉农信贷政策效果导向评估工作,全部机构定量指标平均得分57.53分,较上年度提高16.04%。农行达茂旗支行实现两级连跳,由中等晋升为优秀档,其余三家均为中等档次。8月19日,人民银行达茂支行组织辖区金融机构召开辖区金融机构联席会议,通报2019年上半年全辖金融运行总体情况。针对利率定价约谈辖内法人金融机构。8月19日下午,人民银行达茂旗支行就当前辖内法人金融机构利率定价普遍偏高的情况对两家法人机构主要负责人及财务部门负责人进行约见谈话。

【国库管理】做好国库预算收、支、存、退库等基础业务,组织国库人员及时、准确办理预算科目变更、账务设置、税返和上解比例参数设置及核对工作。截至12月底,共办理预算收入129874笔,金额15.5亿元;办理预算支出业务21020笔,金额24.84亿元;办理退库1706笔,金额3680.38万元;更正业务140笔,金额5324.97万元。

【系统维护】做好ACS系统和账户系统运行维护,确保支付系统安全稳定运行。截至 12 月底,支行 ACS 支付系统共发出业务 758 笔,接收业务 62 笔。做好账户管理,督促各金融机构按时进行账户年检,保证账户真实有效。截至 12 月末,共开立账户 644 户,销户 336 户。

【金融服务】完成对辖内两家法人银行业机构一、二季度的资产业务核查工作。对两家机构的同业投资、贷款及垫款、其他应收款、抵债资产、固定资产及预付账款、其他资产、实收资本等七个部分资产业务进行全面核查,调实其信贷五级分类、逾期贷款数据,重新核算不良贷款率、资本充足率等监管指标。二季度存保系统正式上线后,按时完成存保数据录入、审核和报送工作。8 月 19 日支行对达茂旗两家地方法人金融机构主要负责人进行约见谈话。

商业银行

中国银行达茂联合旗支行

【概况】中国银行股份有限公司包头市达尔罕茂明安联合旗支行成立于 2019 年 6 月 19 日,内设一个营业网点,即达尔罕茂明安联合旗支行。支行共有员工 10 人,其中男员工 7 人,女员工 3 人,平均年龄 25 岁,另配置大堂引领员 3 名。支行党支部正式党员 3 人,入党积极分子 1 人。

【业务经营】截至 2019 年 12 月底,全行一般性存款日均余额合计 1133 万元,一般性存款时点余额合计 3435 万元,其中储蓄存款日均余额(含理财)与时点余额分别为 886 万元、2235 万元。公司存款日均余额与时点余额分别为 247 万元、286 万元。开立对公结算账户 53 户,有效账户新 22 增户。银行卡分期贷款业务累计 362 万元。完成 ETC 安装 1128 户。信用卡发卡累计 108 张,银行卡分期业务累计 362 万元。

【党建服务】7 月 11 日,与人民银行、金融促进中心、财政局、乌兰牧骑举行“金融乌兰牧骑”授旗仪式。2019 年 9 月,与旗总工会共同举办“中国银行杯”达茂旗职工运动会。配合支持扶贫工作,捐助 14 万元扶贫资金,用于石宝镇温都不令村林下养猪扶贫项目。

中国农业银行达茂联合旗支行

【概况】中国农业银行股份有限公司达茂联合旗支行成立于1979年11月1日,内设4个部室2个营业网点,即综合管理部、客户部、财会运营部、风险管理部、支行营业室、广福寺广场支行。达茂支行共有员工51人，在岗员工中蒙古族员工18人、45岁以上员工24人、35岁以下大学生员工14人。

【存贷款业务】全行各项核心存款余额13.63亿元,其中,个人核心存款余额10.09亿元,较年初增加0.95亿元,当地同业占比34%；对公核心存款余额3.54亿元,较年初减少2.16亿元。全行人民币各项贷款余额8.27亿元，全年累放各类贷款1.61亿元,累收1.37亿元。年末不良贷款占比0.46%,较年初增加0.21个百分点,其中农户贷款不良率由年初的2.24%下降至1.01%。

【业务经营】实现营业收入3853万元,净利润1849万元,拨备前利润2741万元,实现拨备后利润2532万元,实现中间业务收入553元。

【网点建设】完成人工网点硬件升级2个,全旗农行ATM取款机达到8台、新增人工智能现金超级柜台4台,智能填单台1台。

【支农惠农】2019年度，实现惠农e贷累放6966万元，完成计划的2322%,贷款投放覆盖全旗13个乡镇(50个行政村委,行政村委覆盖率达90%)。其中累计投放“强农贷”1800万元,围绕当地新型经济主体,重点支持孙氏铁矿、包满铁路公司融资需求,累计投放“富农贷”800万元，重点支持当地12户家庭农牧场（含专业大户）循环贷款560元和旗10个苏木乡镇25个村委的整村推进,累计发放循环贷款125户1680万元。其中“建档立卡”农户累计投放325户4880元。依托“惠农通”机具和“万村千乡”市场工程，布放惠农通工程服务点28个，电子机具镇覆盖率达到100%,行政村覆盖率88%。

中国工商银行百灵庙支行

【概况】中国工商银行包头百灵庙支行于2008年4月1日成立。内设营业部和市场部两个部门，2019年有职工人数21人。

【存贷款业务】截至2019年12月1日，各项存款余额为29963万元，较年初增长1894万元。其中：公司存款余额为3003万元，机构存款452万元，储蓄存款26508万元。各项贷款余额为15082万元，其中：公司贷款为13812万元，个人贷款为1271万元。

【网点建设】工行ATM自助存取款机达到5台、智能自助终端7台，完成网点自助智能的升级。

【电子银行】融e行移动端客户13000户，新增2055户。企业网银证书客户新增50户，企业网银手机端客户新增40户。

【社保卡发卡】截至2019年12月，累计发放社保卡89421张，全年启用社保卡2455张。

【业务经营】2019年，中间业务收入239万元，全行实现净利润225万元。

达茂联合旗包商村镇银行

【概况】达茂旗包商村镇银行是全国唯一由三类新型农村金融机构的贷款公司成功转型升级而来的村镇银行。2007年3月16日，原达茂旗包商惠农贷款有限责任公司在百灵庙镇正式开业，历经十年的成长发展，由原来只经营单一业务的贷款公司改制为可以开办多种类业务的银行类金融机构。2017年3月16日，达茂旗包商村镇银行正式开业，注册资本金10000万元人民币，有员工66人，营业网点2处。全行实行“三会一层”治理体制，其中股东会成员46名，包括法人控股股东1名，自然人股东45名；董事会成员5名，包括董事长1名；监事会成员3名，包括监事长1名；经营层高管2名，包括行长、副行长各1名。全行下设董事会办公室、综合部、财务部、信贷部、营业部、审计部、资产保全部、风险管理部八个部门及一个乌兰支行,并且已成立党支部、工会、团支部等党群组织。

【信贷业务】 贷款业务覆盖全旗七镇两乡三苏木,对372个自然村实现全面覆盖,直接辐射带动人群达37000余人,惠及达茂旗常住人口的45%,信贷产品覆盖农牧民生产资料购置、农田水利建设、农畜品种改良、合作组织发展以及生活水平提高等生产生活的各个方面。

【业务经营】 2019年,贷款利息收入5186.9万元,金融机构往来利息收入103.19万元,存款利息支出661.55万元,同业存放利息支出1192.05万元,实现净利润184.13万元。共发放各类贷款6777笔,44621.98万元,其中农户贷款6478笔,27147.88万元,小微企业贷款207笔,15674.6万元,消费类贷款92笔,1799.5万元。截至2019年年底,存款余额为27550.39万元,其中定期储蓄存款19490.76万元,活期存款(包括对公类账户)8059.63万元。

【电子银行】 达茂旗包商村镇银行已开通的电子银行业务有:网上银行、手机银行、电话银行。网上银行包括:企业网上银行服务和个人网上银行服务。

中国邮政储蓄银行达茂联合旗团结路支行

【概况】 中国邮政储蓄银行达茂旗团结路支行成立于2012年1月6日,现有职工15名,支行长1名,副行长1名,信贷客户经理6名,大堂经理1名,理财经理1名,客户经理1名,业务主管1名,个金服务柜员3名,主要开展信贷业务,个人业务,公司业务,理财、基金保险业务、信用卡业务、ETC业务等。

【业务经营】 截至2019年12月末,贷款结余14262.96万元,本年发放贷款9877.2万元,其中小额贷款1130笔,金额8029.2万元,再就业贷款发放162笔,金额1848万元,储蓄余额4442.76万元,支行累计完成收入1145.71万元。

【获得荣誉】 2019年被内蒙古团委评为安全生产单位。

信用合作

【概况】2019年,达茂旗农村信用合作联社共设营业网点17个,其中营业部1个、信用社11个、信用分社5个,离行式自助银行10个,普惠金融服务点33个。联社机关内设9个职能部门,分别为党政事务部、人力资源部、电子银行部、财务计划部、稽核监察部、风险合规与法律事务部、安全保卫部、业务发展部、信息科技部;5个中心,分别为集中授权中心、监控客服中心、资金营运中心、后勤服务中心、信贷服务中心。全旗农村信用社有正式在编员工155人。

【业务经营】截至2019年年末,全旗农村信用社资产总额为21.9亿元,其中各项贷款余额为13.71亿元;负债总额为19.85亿元,其中各项存款余额为19.33亿元;2019年年末所有者权益2.05亿元,其中股本金余额为1.11亿元。全年实现各项收入1.19亿元,年末利润总额263.14万元。各类税金:税金及附加520.48万元,增值税170.09万元,所得税138万元,合计828.57万元。

【信贷业务】达茂旗联社信贷投放始终向农牧民、农牧业倾斜,截至2019年年末,涉农涉牧贷款累计投放7.53亿元,占贷款累计投放总量的75.38%。同时,加大对小微企业的支持力度,重点关注涉农、涉牧、民品民贸小微企业发展需求。2019年,达茂旗联社累计向中小微企业发放贷款4.75亿元,积极填补小微企业发展资金缺口。

【电子银行】截至2019年年末,达茂旗联社已布设自助存取款机39台、POS机121台;ATM、CRS总交易笔数77.56万笔、金额8.96亿元,手机银行交易量6.39万笔、金额10.07亿元,网上银行交易量1.3万笔,交易金额6.06亿元。

【普惠金融】2019年,达茂旗联社积极践行和共享普惠金融工程,加强对中小微型企业的支持帮扶力度,其中中小企业贷款余额为23793.13万元,个体工商户贷款余额为12884.35万元,小微企业主贷款为39268.67万元。开展农牧户基本信息建档立卡工作,严格要求基础数据的真实性和可靠性,为发展普惠金融提供数据保障。创新尝试推出"农信+民品民贸"混业经营试点,为达茂旗的民品民贸提供信贷支持,帮助民品民贸产品搭台亮相。达茂旗联社申请代发二代社保卡业务,截至2019年年末,发放42214张;新增3处农信驿站;建设"金三角"农信书屋即全民阅读基地,充分发挥文化力量助力普惠金融的作用。

【精准扶贫】落实精准扶贫责任,已向247户贫困户给予信贷支持,累计发放金额为454万元,其中扶贫小额贷款发放14户、共计49.99万元,带动人口总数29人。针对坤兑滩行政村47户国贫户的情况,依托正源养殖专业合作社,出资12万元,与其他扶贫单位一起筹建养鸡场,以集体经济的形式发展养殖业,为贫困户提供合适的脱贫渠道和就业岗位,增强产业扶贫的造血功能,实现"扶真贫、真脱贫"。

【荣获荣誉】2019年荣获包头市精神文明建设委员会"包头市文明单位标兵"荣誉称号;2019年荣获"我爱你中国"庆祝中华人民共和国成立70周年暨达茂联合旗第五届合唱节合唱比赛三等奖;2019年荣获内蒙古农村信用社庆祝中华人民共和国成立70周年合唱比赛包头分区赛二等奖。

商业保险

中国人民财产保险股份有限公司达茂联合旗支公司

【概况】中国人民财产保险股份有限公司达尔罕茂明安联合旗支公司始建于1987年。现有在编职工11人,劳务外包人员5人,营销员3人,农网协保员64人。内设经理室、综合部、出单中心分部、业务部、理赔部、"三农"营销服务部等6个机构。其中"三农"营销服务部下辖7个营销服务部,分别为小文公乡、石宝镇、乌克忽洞镇、西河乡、百灵庙镇、满都拉镇和明安镇营销服务部。公司经营范围覆盖全旗保险市场的所有领域,开办的险种有机动车辆保险、企业财产险、家庭财产险、责任险、工程险、货物运输险、信用保证险、人身意外险、健康险以及农业保险等10个大类300多个险种。2008年以来,成功开办政策性种植业保险。

【业务工作】2019年,累计完成保费1686.52万元。其中,政策性种植业保险保费991.28万元,占总保费的58.78%。全旗12个苏木乡镇、14个合作社投保小麦、玉米、马铃薯、葵花、油菜籽、甜菜、大豆7种农作物。保险面覆盖61个嘎查(村)、430个自然村、惠及11974个农牧户。

【服务工作】抓好政策性种植业保

险、贯彻国务院《农业保险条例》,出动6台车,深入农牧区进行为期15天的农业保险政策宣传;利用达茂电视台进行媒体宣传;公司LED屏滚动宣传。开办“三农”服务网点7个,招聘农牧民协保员64民。各网点就地为农牧民提供投保、理赔和防灾、减灾等服务。参与精准扶贫工作,为石宝镇贫困户提供生活物资,为二里半全体村民免费办理家庭财产险。配合社会保障,与旗民政局合作,开办医疗救助保险,60岁以上老人意外保险,为全旗低保、无保户、60岁以上老人进行理赔报销。与安监局配合,协助企业落实安全生产责任保险。

中国人寿保险股份有限公司达茂联合旗支公司

【概况】中国人寿保险股份有限公司达茂联合旗支公司自1992年2月成立。新增中国人寿APP,国寿E店、国寿云助理、国寿微理赔、重疾一日赔等电子化业务;增加国寿相聚名医堂、国寿健康万里行、百日经脉健身等惠民软件。

【业务工作】2019年12月31日,支公司完成总保费2639.56万元,其中个险首年期缴保费完成258.34万元,标保完成130.99万元。团险保费完成53.42万元,银保保费完成35.62万元。总计59.93万元。满期给付393.86万元,年金给付78.13万元,赔款支出41.10万元,死亡给付11.11万元,医疗给付75.24万元。

农村牧区经济

农牧业发展

【概况】2019年机构改革，组建旗农牧局。将旗委农村牧区工作部的职责、旗农牧业局的职责，以及在旗政府办公室挂牌的旗科技和扶贫开发办公室的扶贫开发、旗发展和改革局的农业投资项目、旗财政局的农业综合开发项目、旗国土资源局的农田整治项目、旗水务局的农田水利建设项目等管理职责整合，组建旗农牧局，作为旗政府工作部门，加挂旗扶贫开发办公室牌子。旗委农村牧区工作领导小组办公室设在旗农牧局。将旗农牧业局的渔船检验和监督管理职责划入旗交通运输局。不再保留旗委农村牧区工作部、旗农牧业局。旗农牧业局的草原资源调查和确权登记管理职责划转自然资源局；草原监督管理局整体划转林草局；草原站整体划转林草局。达茂旗农牧局属于行政服务性部门，下设十三个二级单位，属全额拨款事业和参公单位，分别是统筹服务中心、家畜改良工作站、农畜产品质量安全检验检测管理站、动物疫病预防控制中心、动物卫生监督所、种子管理站、农村牧区经营管理站、农牧机监理管理站、植保植检站、农业技术推广站、农业广播电视学校、禁牧办、扶贫办。全局有在职人员84名。其中公务员20名(含工勤3人)，参公人员17名(含工勤3人)，事业人员47名；专业人员中拥有高级职称9名，中级职称17名，初级职称8名，员级:9人，管理岗3名，工勤1名。

【农村牧区工作】2019年3月因全旗机构改革工作，达茂联合旗委员会农村牧区工作部人员和职责整体划转达茂旗农牧局，公务员编划入局机关，事业编以达茂旗城乡发展一体化及新农村新牧区建设服务中心整体转入达茂旗农牧局成为农牧局二级单位。2019年，实施农村牧区人居环境整治工作，共涉及1个示范镇、17个示范嘎查村，常住农牧民3481户。厕所革命方面，完成户厕改造896户，造公厕56座、新建公厕15座；环境卫生整治工作以示范村镇为重点，旗乡村三级联动，全面开展“三清一改”行动。旗财政加大支持力度，一次性给12个苏木乡镇拨付环卫整治费115万元，实行环境卫生常态化治理。调动干部群众出动1551人次，调运装载机、清运车474机次，已清理生活垃圾9126吨、建筑垃圾4945吨，清理沟渠42.5吨，清理粪堆及农牧业废弃物53万吨。垃圾污水处理工作方面，建设完成达尔汗苏木污水处理工程。石宝镇、乌克忽洞镇、希拉穆仁、满都拉镇、小文公乡、明安镇、黄花滩村七个有条件实施污水集中处理的村镇已编制污水处理专项规划和可研报告。垃圾箱、清运车、转运站、低温裂解闪蒸矿化炉、垃圾填埋场等垃圾集中、清运、处理设施编制专项规划和可研报告。乡村振兴战略方面，通过多次会议研究制定《达茂旗乡村振兴战略五年规划(2018—2020年)》并印发。

【脱贫攻坚】达茂旗扶贫开发办公室2019年3月因机构改革由旗人民政府部门划入达茂旗农牧局，成立扶贫开发股，加挂旗扶贫开发办公室牌子。人员由原扶贫办人员构成。负责组织指导扶贫项目库建设工作。

2019年，严格落实各项扶贫政策。产业扶贫方面，为47个有国贫户嘎查村配备产业指导员，按照每户补贴3000元标准，为国贫户发放化肥、补贴购买种羊、肉羊、肉猪、肉牛等牲畜，帮助1219名无劳动能力的贫困人口入股609.5万元(每人5000元)投资龙头企业(合作社)，实现年收益8%的分红，占2017—2018年达茂旗扶贫资金总额的10.96%。资产性收益入股资金整改调整2054.1937万元，用于公益性岗位建设、集体经济发展和公共服务事业支出等项目。易地扶贫搬迁方面，开展搬迁面积超标贫困户产权分割工作，全部签订协议；未拆除37套旧房全部拆除；2018年易地扶贫搬迁未入住10户21人全部入住。生态扶贫方面，建成小型柠条加工厂4家，对接企业建设年生产加工能力5000吨以上的柠条饲料加工厂。在贫困户相对集中地区开展柠条平茬3万亩，对部分退耕还林地块进行补植补造，发放生态补助资金320万元。健康扶贫方面，健康档案建档率、服务协议书签订率、家庭医生团队签约率、发放医疗健康精准扶贫手册率、26种大病救治率全部达到100%；实施免费健康体检1785人、体检率82.52%；鉴定慢病患者799人，送医送药折合价值28.99万元。教育扶贫方面，开展辍学学生核查，帮助2名学生返校复读；推进薄弱学校改造工程，百灵庙中学、百灵庙第一小学体育活动室正在建设中。政策保障兜底方面，为277名建档立卡贫困人口发放最低生活保障金68.26万元。金融扶贫方面，建立《小额贷款防范风险预案》《小额信贷补偿金管理办法》《联席会议制度》等制度，为63户贫困户发放贷款194.98万元。社会帮扶方面，市旗两级帮扶单位共落实到位帮扶资金667.936万元，全部用于发展产业和公益性基础设施建设。截至2019年年底，无新识别贫困户。全旗4个苏木乡镇共上报边缘户22户38人。2019年建档立卡贫困户拟脱贫120户232人。

【现代农牧业】2019年，全旗农作物播种面积80万亩，其中马铃薯10万亩、小麦20万亩、玉米10万亩、菜籽16万亩、葵花8万亩、莜麦2万亩、荞麦5万亩、优质饲草6万亩、其他3万亩。全旗牲畜存栏65.07万头(只),其中大牲畜存栏5万头,羊存栏59.2万只,猪存栏0.87万头。全旗牲畜出栏总头数69.5万头(只),其中大牲畜4.63万头(只),小牲畜64.87万头(只)。推进集约化发展,农区严格以水定播,水浇地面积稳定在30万亩左右;推广现代农技措施,全旗农业机械化综合水平达到95%以上,节水灌溉率达到80%。获得绿色食品认证企业11家涉及31个单品,有机产品认证1家,涉及11个单品,诚信企业1家,全程质量控制体系试点企业2家;名特优新农产品有效名录2个,申报"达茂草原羊""达茂草原牛"为农产品地理标志,推行"企业+合作社+农牧户"发展模式,培育自治区级农牧业龙头企业4家,培育包头市级农牧业龙头企业21家;培育3家自治区级产业化联合体,培育6家包头市级产业化联合体。全旗形成约30个品牌、500多个单品的产品体系。

【惠农惠牧政策】优质良种公羊补贴,每只补贴1600元,其中国家补贴800元、自治区补贴800元。种羊鉴定,建立系谱档案并佩戴耳标。达茂旗肉牛良种母牛补贴。旗内牧区养殖良种母牛繁殖(蒙古牛或西门塔尔牛)达到50头以上的肉牛养殖专业合作社、养牛大户有权利享受补贴。每头母牛补贴标准由原来的每头50元提高到350元。

【特色种植业和设施农业】中草药种植基地方面,种植优质黄芪10000亩,带动贫困户30户,户均纯收入6000元,带动周边农户务工800余户,人均纯收入增长6000元。整合黄芪种植与黄芪养殖产业,打造达茂旗蒙中药材经济+X的特色产业。依托蒙盛达、白记粮油、忠兴合、天喜、乡村小子等专业合作组织,采取"规划引导、政策扶持、企业带动、农牧户参与"的方式,以"企业(合作社)+基地+农户"的发展模式,种植绿色有机粮油作物10万亩,积极打造有机绿色种植基地。建设规模化、标准化、现代化绿色有机种植基地12处。

【测土配方施肥】调查耕地土壤(0—20厘米)的有机质、全氮、有效磷、速效钾的含量。有机质的含量由东南向西北递减,有机质含量在6.59—33.07克/千克之间,平均为15.85克/千克,普遍偏低。土壤全氮含量在0.307—4.145克/千克之间,平均为1.034克/千克,普遍偏低。土壤中有效磷含量偏低,含量在0.41—62.34毫克/千克之间,平均为7.29毫克/千克。土壤速效钾,其含量为60.9—492.2毫克/千克,平均132.41毫克/千克。以马铃薯种植区域为重点,共完成水旱地马铃薯生产肥料配方7个。

【农畜产品质量安全】成立农畜产品质量安全检验检测管理站,在黄花滩绿色食品加工园区内建设农畜产品检验检测中心,负责农畜产品检验检测工作。打造

5个标准化乡镇监管站分别为:百灵庙镇农畜产品质量安全监管站、乌克镇农畜产品质量安全监管站、巴音敖包苏木农畜产品质量安全监管站、石宝镇农畜产品质量安全监管站、巴音花镇农畜产品质量安全监管站,配合完成检验检测工作。25个企业合作社注册并使用国家农产品质量安全追溯管理信息平台,大力推动食用农产品合格证制度,为6家企业发放便携式打印机,确保产品的全程可追溯,保障产品质量安全。

【肉羊改良】2019年,全旗存栏肉羊基础母羊70万只,全年出栏肉羊95万只,全旗共引进草原短尾羊戈壁羊、杜泊、澳洲白、苏尼特羊种公羊700多只,开展人工授精(同期配种改良)3.2万只,自然交配改良肉羊30万只。二年三产母羊达到20万只,个体产出率比上一年度提高3%,良种改良种比例达到90%以上,千只以上肉羊规模育肥场达到25处。

【动物疫病防控】2019年,存栏猪4287头,牛52596头,羊1016151只,禽66546羽,犬9160只。对口蹄疫、猪蓝耳病、禽流感、新城疫、猪瘟、小反刍兽疫等动物疫病实行强制免疫,对羊三联、羊痘等动物疫病实行计划免疫。全年防疫工作实行春防、秋防集中免疫,常年补针措施。2019年,累计接种羊口蹄疫230.4万头份、牛口蹄疫10.8万头份,鸡禽流感、新城疫疫苗各14.3万羽份,猪蓝耳、口蹄疫、猪瘟疫苗各0.9万头份,小反刍兽疫疫苗60万只,布病疫苗羊100.5万头份、牛5.8万头份。布病专项防控方面,2019年1—9月份累计网报人间布病病例271人,其中新感染病例230人,老病例41人。7月份开始展开畜间布病采血监测工作,截至9月底采血、化验、扑杀、无害化处理工作全面完成。共采血监测羊血清67066余份,阳性654份,阳性率0.97%,确立疫点66个。

【动物卫生监督】共检疫羊7655只、牛836头、马2601匹,A证和B证全部电子出证,合格率达100%。本地生产肉类32.47吨,旗外产品885.77吨。每个屠宰场聘用3名肉品质量检疫检验人员,对屠宰全程检疫,官方兽医进行巡监,抽检。共屠宰牛71头、羊6999只,全部电子出证。

【农机监理】2019年,达茂旗共补贴农机282台,受益户达到230户,总补贴资金为:918.935万元,其中中央补贴资金为800.1万元,自治区补贴资金为118.835万元。全旗农机总动力达到281000千瓦,较去年增加5000千瓦。

【龙头企业与农牧业合作社概况】农牧业龙头企业22家。自治区级龙头企业5家。市级龙头企业17家。示范专业合作社40个。国家级示范社4家。自治区级示范社11家。包头市级示范社40家。

水 务

【概况】达茂联合旗水务局是达茂联合旗人民政府组成部门，为正科级，列政府序列，达茂联合旗“河长制”办公室设在水务局。

【主要工作】2019年，争取上级水利项目资金12994万元，其中席边河河道治理工程1400万元、山探河河道治理工程495万元、二里半清洁小流域工程850万元、2019年饮水安全工程2961万元、艾不盖水系连通工程6903万元、2019年山洪灾害52万元、淤地坝除险加固工程50万元、2019年山洪灾害维修养护工程20万元、2019年人饮维修养护35万元、水库安全鉴定补助36万元、2019年农业水价改革115万元、2019年河湖管护37万元、2019年水库维修养护40万元。完成目标任务5000万元的259.9%。

【河道治理】实施席边河河道治理工程和山探河（二里半村段）河道治理工程，完成土方14.27万立方米、堤防护岸4.79公里、浆砌石1.3万立方米、格宾石笼6495立方米、桥梁一座。

【水生态文明建设】实施黑脑包小流域治理工程、二里半生态小流域治理工程和大河清洁流域治理工程，完成小流域治理面积5000公顷，水源工程30眼，节水工程22处，井房22件，管道30公里，更新水源井17眼，河道护岸1400米，河道清理200米，土方12000平方米，格宾石笼3500立方米，谷坊134座，硬化道路550米，凉亭2座，小桥1座，宣传长廊30米。实施艾不盖水系连通工程，完成河道清淤8公里，格宾石笼、土工布、石料的采购工作。

【基础设施】实施农村牧区饮水安全巩固提升工程和氟病区水质达标工程。工程涉及小文公乡、石宝镇、西河乡、乌克镇等11个苏木乡镇的145个自然村。现已实施安装单户净水设备6837台，解决22136人水质不达标问题，其中为1077户贫困户解决饮用水水质不达标问题，全面完成贫困人口脱贫攻坚“清零达标”工作。农村牧区饮水安全巩固提升工程15处、牧区加密井30眼，解决2313人吃水困难问题。

【城镇供水】实施达茂旗百灵庙镇供水管网改扩建工程。开展水厂增容扩建技改建设，完成检查井120眼，水源井改造12眼，小区管网改造2000户。实施百灵庙镇水质达标提升工程。开通新茂府小区、曼德俪花园两个小区的分质供水，2019年拟开通景观丽苑小区分质供水，普东华府小区正在实施管网工程，完成15处自助水屋,可覆盖7500余户,20000人口的直饮水饮水问题。

【水旱灾害防御】组织开展水旱灾害防御知识宣传，印发山洪灾害防御手册1000余份;严格落实水库、淤地坝行政、技术、巡查三个责任人和三项措施,积极开展水库淤地坝河道堤防等防洪工程各项检查,做到及时排查整改到位;加强防汛值守和预警预报，及时传递雨情、汛情，年内通过山洪预警平台发布预报信息80多条,预警信息12条;认真开展墒情旱情监测预报和分析准确把控旱情发展动态。

【水政水资源管理】制定整治工矿企业违规用水整改工作方案，坚持边查边改,查处违规用水企业1家;制定达茂旗2019年度地下水保护专项行动实施方案,全面启动地下水保护行动;利用水资源监控系统平台,对重点用水企业进行用水情况适时监控;加大水土保持监督执法力度，征收水土保持补偿费620万元;编制《达茂联合旗河道采砂规划报告书》;委托包头市水文勘测局对入河排污口进行监测，并及时通报旗政府及生态环境部门;加大水行政执法力度,下达《水事违法通知书》6份,对乱挖河道、无证取水等违规行为进行依法查处；推进放管服改革，完成权力清单梳理、录入工作。落实最严格水资源管理制度,用水总量控制在上级下达的目标之内,2019年,被水利部列为全国第一批节水型社会建设达标旗。

【河长制湖长制工作】已建立旗乡村三级河湖长管护体系,形成上下联动全民参与全民共管的良好工作氛围。加大河湖巡查力度,对河湖“清四乱”专项行动工作中存在的问题进行摸底排查,发现问题3个,全部进行整改销号。开展河湖划界工作,完成腾格淖尔、哈日淖尔、赛打不素3个湖泊和设旗级河湖长的11条河流以及未设旗级河湖长流域面积1000平方公里以上3条河流的划界任务。各级河湖长认真履职尽责，旗级河湖长完成巡河71人次，苏木乡镇级河湖长完成巡河1120人次。完成73块嘎查村河湖长制公示牌树立工作。

【获得荣誉】荣获全国第一批节水型社会建设达标旗(单位)。

水库管理

【维修养护】 2019年,争取国家维养资金40万元。对黄花滩水库、迎水坝坡及杨油房、青龙湾两座水库的闸门、启闭设备、艾不盖水库溢洪道进行维修养护。争取36万元鉴定费,完成黄花滩、杨油房、青龙湾、艾不盖四座水库的大坝安全鉴定工作并上报水利厅。

【防汛抗旱】 2018年,达茂旗出现多次强降雨过程,连续的降雨天气,七座水库五座多次溢洪,并在洪峰过境时对黄花滩、清水湾、艾不盖、温都不令水库溢洪道工程造成不同程度水毁。2019年,争取15万元防汛岁修费,对这些水毁工程进行修复。2019年,科学制定抗旱方案,上河子水库放水10万平方米,灌溉农田面积1000亩;东泉子水库放水0.2万平方米,灌溉农田面积250亩。截至目前,全旗七座水库总蓄水885万立方米,水库水位都在汛限水位范围内。

【生态建设】 春季在黄花滩水库共种植树木5400株,其中柳树3100株、杨树1000株、松树500株、金叶榆800株,此次共完成种植面积150亩。

【信息化平台建设】 2019年,争取到水利部预警预报工程,完成黄花滩、杨油房、青龙湾、上河子水库预警预报信息无人监控平台建设信息与水利部网络连通,可直接上传信息到水利部,实现24小时无人预警预报监控。

【风景区建设】 黄花滩水库距百灵庙镇16公里,紧靠呼百公路,交通便利、地理位置优越,2000亩的自然水面,纯天然的养殖,是百镇居民和游客垂钓休闲的好去处。2017年黄花滩水库被内蒙古自治区水利厅列入自治区八大水利风景区之一。2019年,加大基础设施的建设力度,提升景点档次,争取到交通局项目修通柏油路,在黄花滩水库建设水库文化展区,搜集修建水库时工地用的劳动工具、照片等实物陈列在文化展区,制作水库发展过程简介等展板,再现当年建设水库时人山人海的景象。

【水产养殖业】 春季通过引进的种养殖专业合作社根据养殖水域状况,科学确定品种结构和放养密度,在黄花滩水库投放鲢鱼、鲤鱼等鱼苗近1.7万尾,在杨油房水库投放鱼苗2.6万尾、清水湾水库投放鱼苗1.2万尾。严格禁止施肥培水、粗放滥捕等传统养殖方式,发展绿色水产养殖业。

气象服务

【地面观测】1月1日日照平行观测，日照以人工观测为准。安装自动光电式数字日照计。6月15日执行新的业务规定，取消低云量、雪压和小型蒸发工人观测项目。6月30日20时以后，停止人工日照观测，日照观测以自动日照为准。7月1日开始日照观测自动观测软件（日照平行观测软件-Ver2.0.0.0）为主，停止日照计人工换取日照纸。12月12日地面观测软件由ISOSver3.0.1.1013升级为ver3.0.1.1206版，取消Z文件、日数据、日照数据的生成及传输，实现BUFR数据单轨运行。

【生态监测】开展牧草生育期的监测，包括发育期、开花期、枯黄期等监测，生长期的牧草高度、盖度、优良牧草比、鲜重、干重、营养成分、地上生物量等指标的监测。同时开展土壤水分的监测，包括10厘米、20厘米、30厘米、40厘米、50厘米土壤水分特性特征量的监测。监测数据定期上报自治区气象局和包头市气象局。

【人工影响天气】2019年气象局汛期前完善11个作业点"一室两库"标准化建设。5月10日，内蒙古自治区气象局在乌拉特中旗与达茂旗政府、乌拉特中旗政府、乌拉特前旗政府、乌拉特后旗政府、固阳县政府共5个旗县签订飞机人工增雨区域合作协议。达茂旗政府孟和巴特尔副旗长、内蒙古自治区人工影响天气指挥部办公室主任常骏，自治区气象科学研究所所长李毅出席签约仪式。此次实施人工增雨作业的飞机为"新舟"60飞机，增雨时间为每年4—9月份。"新舟"60飞机是国家级高性能人工增雨作业平台，添载最全面的催化剂装载设备和先进的探测设备，携载能力大，可来回飞行，形成"面源播撒"；同时催化作业面积大，能进行大范围、长时间连续性人影作业。6月初达茂旗气象局协助包头市人影办，在乌克镇开展人工影响天气安全事故应急演练，全面加强人工影响天气安全生产工作。7月底，达茂旗气象局全面启用人影物联网系统和手持终端机，进一步完善炮点弹药出入库管理。

【气象预报】精心制作气象服务专报，并通过电子邮件及专线电话、短信、微信等渠道将决策服务信息第一时间报送至旗主要领导和决策部门。围绕春节、清明、"五一"、端午、中秋、国庆等时节和高考、中考等重大社会活动开展气象服务。目前开展的业务有24小时全旗各苏木乡镇天气预报、短时临近天气预报、气象灾害预警信号、暴雨洪涝灾害预警、山洪预警、一周气象信息、未来一个月短期气候预测、森林草原火险等级预报等预报内容。2019年共发布短期天气预报273期、一周气象信息36期、旅游景点预报273期、草原火险等级预报273期、预警信号191条、雨情公报77期、气象预报信息18期、短期气候预测9期、春耕春播预报10期、领导专报3期(其中一期被旗委书记、旗长、分管副旗长批示)、中高考专题预报6期、节假日预报7期、游牧文化旅游节气象服务专报11期、秋收气象服务5期、各类短信150余条。

【防雷检测】加强易燃易爆场所的检查工作。正式进驻市民大厅综合管理窗口,实现受理办结"一站式"完成。2019年完成全旗11个风电场,635台风机,30MWp光伏的雷电防护检测工作。

【气象服务】达茂旗防汛抗旱指挥部主要成员单位在达茂旗气象局召开针对7月21—22日降雨天气过程的应急联合会商。分管副旗长孟和巴特尔、气象局、水务局、应急管理局等防汛抗旱指挥部成员单位的主要负责人参加本次联合会商。积极主动与农牧、林草、水务等部门建立观测资料共享合作机制;与生态环境、农牧、民政等部门就气象服务、气象防灾减灾联动等开展合作;加强与周边气象部门协作与资源共享。通过与各部门的共享合作,气象局针对不同部门的需求,开展面向农牧业种养殖大户、专业合作社、林业、等部门的专项气象服务。年初更新各乡镇种植大户、养殖大户、农业合作社信息,包括包村干部、各乡镇信息员,以及各单位决策层。将手机号码纳入到气象预警短信服务平台和旗县综合业务平台中。根据达茂旗实际情况,通过电子邮箱、手机短信等手段,面向各乡镇种养殖大户、农业合作社发布天气预报、气象灾害预警、气候预测等气象服务产品。

【技术装备保障】达茂旗气象局于春节、清明、"五一"、端午、中秋节前组织开展气象综合信息网络业务应急演练。自治区气象局大探中心技术人员对达茂联合旗红旗牧场无人站和达茂旗国家基本气象站进行两年一次的巡检维护工作。完成三维闪电定位仪的安装和调试工作和完成地面观测场标准化建设,按照包头市气象局文件要求,对地面气象观测场地沟、小路、围栏、地温场等彻底按照标准化要求改造。

工业与园区建设

工业经济发展

【概况】达茂联合旗工信和科技局于2019年3月18日挂牌成立，主要负责全旗工业、信息化和科技工作。内设办公室、工业经济运行股、信息化股和科技业务股等4个股室和大数据管理中心。核定编制15个，其中，公务员10个，事业编5个，在职人员15人（其中，公务员10人，事业2人，合同制3人），局机关支部在职党员6人。

【工业发展】2019年，全旗45户规模以上企业复产复工45户，开复工率为100%，全旗规上工业企业增加值增速13.3%。主导产业方面，完成石宝铁矿（集团）高压辊磨细破碎升级改造和农牧业、旅游产业转型多元发展、新达茂和聚丰稀土废水处理、冀东水泥环保设施建设等一批项目。石宝铁矿（集团）2018年被评为自治区“高新技术企业”、2019年被列入国家绿色矿山名录，冀东水泥2019年被列入自治区绿色矿山名录、绿色制造示范名单。园区调区方面，获得《内蒙古自治区人民政府关于包头达茂巴润工业园区等三个园区调整和更名有关事宜的批复》，编制完成《达茂巴润工业园区总体规划》《达茂巴润工业园区产业发展规划》《达茂巴润工业园区总体规划环境影响报告书》。产业转型升级方面，巴润工业园区3户硅铁改造为硅锰生产，汇泽镍业实施设备改造升级；综合整治“散乱”工业企业，关停42户（全旗共计82户），完成上级下达关停50%任务。服务中小企业方面，出台《达茂联合旗盘活停产企业工作方案》，落实企业减负政策，为宇宏矿业等2户企业申请基本电费减免147.07万元，为冀东水泥等10户企业争取到上级奖励资金230万元；协调工商银行为民营企业贷款共计1.2亿元。

【重点项目】2019年，共策划亿元以上重点工业项目6个，其中续建项目4个、新建项目2个。其中，20万吨/年氟化铝、10万吨/年粗铜冶炼2个续建项目，完成项目备案和选址；新达茂稀土废水处理续建项目已竣工并投入使用，新建金杰智能风电运维服务平台项目一期工程建成并投入运营，新建包钢三合明矿业西部异常区采矿项目取得采矿证和土地手续，新达茂稀土脱硝催化剂续建项目因产品市场不景气，暂缓实施。

【科技创新】汇泽镍业拆除低冰镍老旧设备和安装先进设备，规划建设含镍固废生产高冰镍项目；争取科技专项资金,为石宝铁矿、天创黄芪等8户企业争取科技专项资金271万元,为新达茂稀土公司申报“高新技术企业”。科普宣传和科技培训方面，成立达茂旗科普专家服务团,开展各类科普宣传活动4次,举办科普讲座9场次，参培人数达到2000多人次。

【信息化发展】推进“光纤入户工程”,为实施电信普及服务试点的70个行政村具备接入条件的部分农牧户接入光纤宽带。为机构改革后的19个党政机关及时更换电子政务系统内容，现有66个部门单位、12个苏木乡镇和8个街道社区接入电子政务系统,实现电子政务系统基本全覆盖;配合自然资源局开展“达茂地理信息及多规合一项目”，新接入基础地理信息平台、金杰风电维护系统;组织涉及水、电、暖、危化等41户企业上报重要工业控制系统安全信息，指导10户风电企业开展“两化融合”评估诊断,做好网络安全监管和“两化融合”。

工业园区建设

【概况】巴润工业园区2004年开始建设,2007年12月批准成为包头市级工业园区,2012年12月晋升为自治区级工业园区。2008年4月党工委和管委会正式挂牌成立,分别是达茂旗委、政府的派出机构。2019年党工委下设企业联合党委,有8个党支部、186名党员。管委会内设3个正科级职能部门和1个正科级事业单位,分别是综合部、招商发展部、企业管理部和综合事务服务中心。园区入驻企业共24家,按照“飞地经济”发展模式,园区注册清洁能源企业29家，管理园区外规模以上工业企业12家。主要有内蒙古包钢钢连股份有限公司巴润矿业分公司、达茂旗乾通矿业有限责任公司、达茂旗鑫宝孙氏铁矿有限责任公司、达茂旗大千矿业有限公司、达茂旗北盛康矿业有限公司、达茂旗荣华矿业有限责任公司等。

【园区经济】2019年,巴润工业园区实现工业总产值104.77亿元，实现财政税收8.75亿元,生产铁精粉430万吨。

【园区基本情况】巴润工业园区为“一区三园”，即巴润钢铁稀土原料加工园、新型工业园、巴音花煤电用产业园，2019年批准调整后的园区规划面积50平方公里。巴润钢铁稀土原料加工园规划面积17平方公里,现有规上企业8户,依托巴润矿业分公司采选,主要从事铁精粉生产。产业发展规划为钢铁原料、稀土原料、氟化工、磷化工、进口蒙古国资源加工、资源综合利用和配套物流等。新型工业园规划面积15平方公里，现有规上企业3户，主要从事铁合金、碳酸稀土生产。产业发展规划为稀土分离、有色金属冶炼及加工、固体废物综合利用、醋酸乙烯及PVA、石墨加工、特色装备制造、新型建材和大数据、储能等产业。巴音花煤电用产业园规划面积18平方公里，产业发展规划为煤电用、煤化工、有色金属冶炼和配套物流等产业。

【园区规划】为适应产业发展需要、推动园区持续健康发展，2019年5月19日，自治区人民政府批复巴润工业园区调整规划，开展园区总体规划、产业规划、规划环评等三大规划修编工作。总体规划编制完成，等待自治区自然资源厅核定园区四至界限，完成国土空间规划后，进行报批；规划环评编制已完成，上报自治区生态环境厅提出修改意见，已经修改完成等待批复；产业规划编制完成，正在上报审批。

【基础设施建设】巴润钢铁稀土原料加工园建成包钢2000万吨/年输水、550万吨/年矿浆输送管道工程，3处生活自备水源，有110千伏变电站2座、35千伏变电站2座，已全部实现供水、供电、网络、通信、道路和场地平整“五通一平”，保障入园企业正常运转。建成改造原料加工园北环路、货运通道、纬一路、纬二路、经五路等，累计完成园区道路15公里，所有道路全部安装路灯。大力推进环保技改，完成11台燃煤锅炉的拆除，利用宝山公司电厂余热和新建16台电磁锅炉完成园区供热改造；新建4套地埋式污水处理设施，并实现污水处理在线监测，生产污水全部循环利用，建成空气自动监测站1处。将富源尾矿库改造建设成为巴润工业园区标准化尾矿库，确保园区企业排尾安全、环保堆存。

【园区管理】实行项目责任制，重点项目有序推进。将4个重点项目责任细化到人，制定项目推进工作表，明确时间节点、建设内容、形象进度等，每周召开项目协调推进会，研究解决项目建设中出现的问题，保障项目顺利进行。新型工业园环保设施建设项目全部完工并投入运营。包满铁路三期工程完成轨道铺架工作，主体工程全部竣工。巴润矿业公司采场西端帮岩石胶带运输系统建设运营项目，签订运营协议，完成订购设备2套。选铁尾矿中回收萤石资源建设项目完成备案、选址、土地招拍挂，正在编制环评报告。推动存量企业设备更新、技术改造、做优做强，积极推动民营企业高压辊磨项目，促进降本增效；积极推动巴润公司扩能改造，提高采选能力，提升管道输送水平，实现扩能提质。大力推进资源综合利用、清洁能源就地消纳、进口资源加工利用、承接产业转移等项目。

【园区服务】提升服务水平，着力稳定存量企业生产运行。协调包钢集团公司提高铁精粉内部结算价，每吨铁精粉（66%

品位)售价提高 107 元，增加工业产值 3 亿多元;帮助 6 家民营选厂办理信用证贷款业务 1.2 亿元，缓解企业流动资金紧张的问题;协助 6 家民营选厂调运铁精粉 15 万吨,降低民营企业铁精粉库存、减轻资金压力。协调巴润公司补办尾矿库范围内 6300 多亩草原征占用手续。组织日常安全生产检查 14 次，组织专家组进行安全生产大排查 1 次,消除各类安全隐患。妥善处理信访矛盾,保证企业正常生产。

新能源产业

【概况】风能资源储量为 3181 万千瓦,技术开发量为 2497 万千瓦,占全自治区丰富区风能资源储量的 15%，年平均有效风速时数 6000 小时以上,连续性好、品位高。全旗太阳能年日照时数大部分在 3000 小时以上,年太阳辐射总量在 6000 兆焦 / 平方米以上，夏季日照时数为 9 ~ 11 小时,冬季日照时数为 7 ~ 9 小时,太阳能辐射较强,是全国的高值地区之一。规划风电规模 1000 万千瓦;太阳能光伏规模 150 万千瓦。先后引进华能、国电龙源、国家电投、华电、大唐、中广核、鲁能等国内外近 30 家开发商到达茂联合旗开发风光能资源。截至 2019 年,全旗核准风电项目 412 万千瓦、备案太阳能光伏发电项目 59.6 万千瓦。清洁能源装机和并网总规模分别达到 351 万千瓦、351 万千瓦，累计发电 326.3 亿千瓦时,实现产值 173.5 亿元。2019 年累计发电 76.3 亿千瓦时，实现产值 41.1 亿元，上缴税金 1.4 亿元。

【项目建设】2019 年 7 月 18 日和 8 月 1 日包头市政府召开包头市可再生能源综合应用示范区首期风电项目启动会和推进会,确定了示范区首期项目建设五个具备示范性的风电项目突出包头市可再生能源综合应用示范区特点,项目均在达茂旗建设,容量为 1600 兆瓦。示范区首期风电项目分为 500 兆瓦消纳利用示范项目、500 兆瓦先进技术示范项目、200 兆瓦电力创新服务示范项目、200 兆瓦智慧风电示范项目、200 兆瓦金融支持示范项目。9 月,评优工作开始。10 月,该示范区首期风电项目评优结果结束，三峡入选 500 兆瓦消纳利用示范项目、天润入选 500 兆瓦先进技术示范项目、内蒙古电力(集团)综合能源入选 200 兆瓦电力创新服务示范项目、北京优利康达入选 200 兆瓦智慧风电示范项目、上海懿晟入选 200 兆瓦金融支持示范项目。

2019 年 6 月，完成对偏远农牧区用电升级工程建设工作，解决部分偏远农牧区牧民基本生活用电问题。其中,通网电 303 户、新能源设备升级 2000 瓦用户 739 户。

2019 年,全旗共实施清洁能源项目 5 个,总投资 88.7 亿元。其中,风电供热项目 3 个,分别为航天日昇二期 5 万千瓦风电供热项目;天翊达 5 万千瓦风电供热项目;中节能 5 万千瓦风电供热项目。以及达茂旗清洁能源示范基地项目、天翊达及中节能 2 条送出线路工程项目。

【各项目具体建设情况】

1.航天日昇二期 5 万千瓦风电供热项目:开展征地准备工作。

2.天翊达 5 万千瓦风电供热项目:竣工。

3.中节能 5 万千瓦风电供热项目:竣工。

4.达茂旗清洁能源示范基地项目:完成评优工作,入选企业开展项目前期工作。

5. 天翊达及中节能 2 条送出线路工程项目:竣工。

电力保障

【概况】达茂供电分局是包头供电局供电辖区面积最大的供电分局,分局担负着达茂旗 12 个乡、镇、苏木,近 12 万人口的供电任务,供电面积 1.817 万平方公里,跨国为蒙古国杭吉口岸供电。分局营业辖区拥有 15 座变电站,其中 110 千伏变电站 3 座,主变及容量 6 台 /32.6 万千伏安。35 千伏变电站 12 座,主变及容量 19 台 /13.13 万千伏安。35 千伏输电线路 17 回 /429 公里,10 千伏配电线路 112 回 /4559 公里,配电变压器 4225 台,总容量 58.5 万千伏安。0.4 千伏低压线路 1195 公里。达茂供电分局下设 6 个职能部室,8 个生产营销班组,6 个供电所,1 个独立核算的多经企业。截至目前,在册职工 425 人,其中在册正式职工 214 人,派遣职工 211 人,现有党员 101 人,蒙古族 76 人,满族 4 人,回族 4 人。

【安全生产】2019 年,达茂供电分局未发生任何电网、人身、设备、交通及消防等安全生产事故,未发生责任性跳闸考核事件。

【工程管理】投资边远牧区新能源转网电,支持少数民族地区经济建设,促进民族团结进步。2019 年,达茂配电网工程共 5 项,投资 5327.36 万元,新建 10 千伏线路 12.4 公里,新建 0.4 千伏线路 21 公里,新建 5 台变压器,容量 600 千伏安,新建箱变 1 台容量 200 千伏安,新建环网柜、开关柜 5 台,新建柱上开关 48 台,改造表计 39936 块,安装故障指示器 250 组。完工 4 项,完成结算 4 项,审计 1 项,剩余老旧计量改造工程完成整体工程量80%,计划转续到2020年3月复工建设。完成满都拉110千伏、城东110千伏输变电工程启动送电工作，完成巴润110千伏第二电源工程、包满电气化铁路110千伏线路清障工作。协调旗政府解决乌克110千伏输变电工程线路占用基本农田问题。

【脱贫攻坚】党政齐抓共管，脱贫攻坚任务提前收官，承担的12户精准扶贫户已核实公示脱贫，提前10天完成东黑沙图、厂汉席片,铁力格图三个村通动力电工程建设任务，共92户291人用上安全电、放心电。帮助销售扶贫产品文公雪菊、文公蒜,共计17万余元,电力扶贫工作如期完成。

【服务工作】2019年,分局结合达茂旗开展全城旅游工作目标,大力加强旅游地区特别是希拉穆仁的供电服务,全年无旅游服务用电投诉,共为200万游客提供优质的供电服务。加强拥军工作,为改善边防口岸哨所军事设备科技水平和改善边防官兵生活做出了应有的贡献。完善电费回收、电价执行等管理工作制度,进一步加强营销管理力度和深度。制定下发客户侧跳闸、业扩报装专项巡查工作方案和电价审计存在问题专项整改措施深化服务考评,加快“三零”服务实质化运作,结合“三零”服务积极推进线上业扩报装工作。同时进一步拓展网格化服务覆盖面,协调解决存在问题，不断提升服务效率。有针对性地制定增供扩销方案,助力企业复产,通过前期认真的排查和统计,协助4家企业解决企业用电问题。

重点工业企业

【包头市石宝铁矿集团有限责任公司】包头市石宝铁矿集团有限责任公司(简称石宝铁矿)始建于1987年,历经三十多年不懈奋斗,现已发展成为以铁矿采选为主业，配套开展机械加工与铸造业务,集草原休闲旅游、现代观光农牧业、农畜产品深加工为一体的中型企业集团。是达茂旗的经济支柱企业,包头市的知名企业，包钢重要的铁精矿原料供应基地,助力政府精准扶贫的民营企业典范。石宝铁矿形成年产TFe66.5%以上铁精矿约100万吨的规模,年产铸件0.8万吨,年产冶金白灰180万吨的生产规模。集团现有总资产22亿元,员工1200多名,累计上缴税费近40亿元,近三年每年缴纳税金1.8亿元左右。累计安排城镇下岗失业人员及周边农牧民劳动力6000多人次，向社会投入公益事业资金近1亿元,先后荣获各项荣誉100余项。先后取得新型实用技术发明专利21项,2019年7月纳入内蒙古自治区绿色矿山名录,2019年12月纳入国家绿色矿山名录。2019年生产铁精粉73万吨,实现工业总产值55853万元,上缴税金1.53亿元。

【包头市宝鑫特钢有限责任公司】包头市宝鑫特钢有限责任公司（以下简称宝鑫公司)始建于2003年,其前身系石宝铁矿集团旗下的宝源炼铁有限责任公司,2007年6月重新注册更名为宝鑫特钢有限责任公司。2012年2月经国家经济和信息化委员会工业和信息化部评审为全国优质铸造生铁生产企业,宝鑫公司总资产12亿元,主要以炼铁、炼钢、轧材为主业的三条生产线,主要产品以炼钢生铁、优质铸造生铁、150钢坯、特种钢、线材为主,附属产品有石灰石、白灰、球团矿,具有年产各类生铁60万吨、钢坯50万吨、特种钢50万吨、线材50万吨的生产规模,公司2019年有员工980余人，年工业产值约15亿元。钢坯38.3万吨、螺纹钢11.69万吨,实现工业产值15.52亿元，产值152773.35万元,上缴税金3780.7万元。

【包头市新达茂稀土有限公司】鸿达兴业股份有限公司控股（鸿达兴业占股80%。北方稀土占股20%)的包头市新达茂稀土有限公司(简称“新达茂稀土”)成立于2015年1月15日，注册资本为5000万元,位于内蒙古自治区包头市达茂旗稀土工业园区。包头市新达茂稀土有限公司，前身为达茂旗新宝力格稀土选矿厂,1989年建成并投产，于1999年改制,更名为包头市达茂稀土有限责任公司,2015年4月，由包头市政府招商引资鸿达兴业股份有限公司并全资收购该公司。新达茂稀土公司主要经营稀土精粉、碳酸稀土、稀土分离产品的生产、销售,铁精粉的销售。拥有选矿、冶炼、分离生产线,拥有完善的供电、供水、供热系统和尾矿库、废渣库、废水处理系统等配套设施,并且是全国少数几家拥有从稀土选矿、焙烧冶炼、稀土氧化物分离及稀土应用的全产业链企业。2019年生产碳酸稀土1万吨、上缴税金1275.14万元。

【包头冀东水泥有限公司】包头冀东水泥有限公司(简称:包头冀东)由唐山冀东水泥股份有限公司独家投资，公司位于内蒙古达茂旗西北40公里处,项目占地面积465亩。该地区石灰石资源丰富,位于211公路和包满铁路之间,距火车站1.5公里。一期项目投资9亿元,公司拥有日产4500吨新型干法资源综合利用熟料水泥生产线1条,配套7.5兆瓦纯低温余热发电站1座，哈拉西矿区水泥用石灰岩矿山储量17221.76万吨,石灰石品质优良。年可生产优质的低碱高强熟料150万吨，各种型号水泥30万吨,石灰石300万吨,各类能耗指标均达到国家先进水平。纳入内蒙古自治区重点项目名单。公司2019年生产石灰石284.6万吨、熟料110.69万吨、水泥16万吨,上缴税金951万元。公司各类产品在保证当地需求的前提下,远销北京、天津等地,企业2019年有职工200余人,当地职工占80%以上,有效缓解了当地就业压力。公司先后获得“国家安全生产标准化二级企业”“自治区绿色工厂”“自治区绿色矿山”“盾石牌硅酸盐水泥环渤海地区建材行业知名品牌”“达茂联合旗工会集体协商工作良好单位”“达茂联合旗工会工作先进集体”等荣誉。

【包头东盛科技有限公司】包头东盛科技有限公司是东方希望集团位于包头达茂旗的子公司。建成白灰项目2座套筒窑、1座回转窑,日产能1800吨、年产能60万吨,煤烧套筒窑是国内首家采用,为目前世界上运用最成熟、性能最稳定、自动化程度最高、热能使用范围宽、现场环境无污染等特点。是东方希望集团氯碱板块产业链(PVC40万吨/年、烧碱32万吨/年、电石60万吨/年)的配套项目,2019年职工总人数89人。该公司位于达茂旗巴音敖包辽阔的大草原上,占地面积332亩,厂区及周边环境优美,蓝天白云、绿草茵茵。生活设施齐全,六层综合大楼建筑4000平方米,办公区1500平方米,食堂500平方米。职工宿舍70间,客房35个床位;娱乐健身器材齐全,台球、乒乓球、跑步机、多功能健身机应有尽有。2019年生产生石灰33万吨、产值1.1亿元、上缴税金188万元。

商贸流通

口岸经济

【概况】达茂联合旗商务局是旗人民政府的职能部门，下设达茂联合旗满都拉口岸管理所和商务综合执法中队。1996年正式成立旅游口岸管理局，2004年组建旅游局，2010年组建达茂联合旗旅游和口岸管理局。2015年1月组建经济商务和信息化局。2019年3月，旗商务局挂牌成立，口岸管理、商务流通职能职责划归商务局。核定编制39名，其中行政编制6名，事业编制33名（口岸管理所29名、商务综合执法中队4名）。实有在职人员33名。

【基础设施建设】近年来，累计投资近11亿元，先后建成综合业务楼、联检楼和关区配套设施，“五进五出”货运专用通道，实施海关监管场所封闭、电子卡口、关检独立监控系统、检验检疫查验场所和边检中队营房、红外报警系统等，基础设施日臻完善，通关效率逐步提升，口岸现已具备年过货1500万吨的能力。国际物流园区：园区总面积11平方公里，集货物储存、监管、转运、配送等功能于一体的国际物流园区。已建成10万吨环保型封闭仓储大棚1座、50万吨环保型封闭仓储大棚2座。满都拉进口肉类指定监管场地：2019年4月1日，通过国家海关总署验收，4月28日正式对外公布，成为自治区第二家进口肉类指定监管场地。建成综合服务区、冷库、作业区、检疫处理区以及实验室等核心区房屋设施，完成视频监控、智能卡口等配套设施安装工作。

【主要指标】进出口贸易额：2019年进出口报关货物312.17万吨，同比下降0.01%，其中进口报关货物310.91万吨，同比增长0.45%，出口报关货物1.26万吨，同比下降52.81%；出口电力59.63万千瓦时，同比增长176.83%；进出口贸易额18.10亿元，同比增长15.58%，其中进口贸易额16.83亿元，同比增长21.87%，出口贸易额1.27亿元，同比下降31.35%。主要进出口报关货物：煤炭、铁矿石、铁精粉、锌精粉；半挂车辆、机械设备、建材等。服务业指标：服务业增加值增长-1.7%，社会消费品零售总额同比增长4%。

【重点项目】《满都拉口岸总体规划》修编工作，2019年与北京物资学院达成合作协议，形成《满都拉口岸物流园区研究报告》和《满都拉口岸物流园区规划报告》初稿;2019年年底,上报《满都拉口岸物流园区研究报告》和《满都拉口岸物流园区规划报告》第二版。亚洲开发银行区域合作贷款项目,2019年7月,参加亚洲开发银行贷款内蒙古区域合作项目TR-TA终期研讨会和评审讨论会,完成项目终期评估工作,确定为全区第一批次审理内容及实施序列内,申报贷款资金为30567万元,并于2019年11月完成项目可行性研究报告(初稿)编制工作。引入北方国际合作有限公司参与口岸物流园区建设,2019年1月,通过招行引资引入该公司,原股东达成同意港务公司增资扩股意见,原港务公司进入审计阶段,并于2019年11月完成港务公司交割工作。满都拉口岸铁路连接线项目,2019年3月,蒙古国乌兰巴托铁路院与内蒙古铁道勘察设计院完成满都拉—杭吉口岸铁路规划设计对接及过境点范围确定,并与达茂旗政府形成备忘录,共同推动项目建设。

商贸服务

【商贸展洽】累计举办商贸展会3次,吸引130余户外商参展,实现营业收入320余万元;组织7家企业参加乌兰巴托·中国内蒙古第四届商品展览会和2019中国内蒙古·蒙古国投资贸易洽谈会。11月初,旗商务局、贸促会联合组织,带领相关电商企业,参加第二届中国国际进口博览会。11月4日,中蒙经济走廊矿山一体化项目在上海签约;签约仪式上,辉邦集团和北方国际分别与蒙古ETT矿业有限公司、达茂旗人民政府签署《框架合作备忘录》和《战略合作协议》,并与蒙古TTJV公司签署《框架合作协议》。

【商务执法】组织对加油站车用尿素、环保、油品质量、人员密集场所安全生产方面开展检查,检查企业24户,发现隐患26条,下发整改意见28份。

【营商环境】完善企业收费目录清单,并在指定区域进行公示。2019年度,共完成5家企业25项收费项目梳理完善工作。更新完善满都拉口岸其他企业在进出口环节的收费目录清单公示内容,公布消费者投诉热线、包头市发改委、物价局举报电话以及互联网投诉平台信息,并长期公示。2019年7月1日起,港务公司按照市场调节价降低收费标准,并按照海关监管场所实行政府定价要求,向发改部门重新申请履行定价手续。

供 销

【概况】旗社在职干部职工11人(合同工5人),下设办公室、业务股。达茂旗供销社成立于二十世纪五十年代初,是一个集农畜产品购销与工业品批零为一体的合作经济组织,有土产、生资、北疆、电子商务、农村牧区产权交易中心五个直属公司,宏达、新合作、北辰农贸、利群再生资源回收利用四个股份制公司。采用吸收社会闲散资金等多种融资方式,投资5000多万元,新建“边贸市场”“农畜产品市场”“北疆市场”三大综合性市场。投资500万元新建希拉穆仁镇供销合作社并投入运营。注册成立内蒙古首家农牧民专业旅游合作社。抓住“一带一路”建设契机,2015年10月启动建设满都拉物流仓储项目。

【经济指标】完成商品销售总额9830万元,农副产品收购总额4350万元,实现利润57.5万元,上缴税金65万元。供应烟花爆竹100余种。

【综合业绩】选取塞北绿源农牧业合作社和巴音李氏农牧业专业合作社作为开放办社对象,塞北绿源农牧业合作社建成面粉加工厂1处,日加工面粉20吨;巴音李氏农牧业专业合作社已建成存储量为25吨的冷库2座,畜产品交易市场1处。乡村振兴方面,共流转土地1.5万亩。围绕地方特色产业和市场需求,建成油坊1处,面粉加工厂1处。共收购葵花140万公斤,土豆3500万公斤,帮助农民增收5110万元。希拉穆仁供销社接待游客4.8万人,实现销售收入100万元。巴音敖包供销社帮助牧民托养牲畜300头(只),并帮助销售牲畜100头(只)。

石油销售

【概况】2019年,达茂经营部班子成员2名,经理1名,副经理(兼安全运维岗)1名。内设综合业务岗3人,非油配送司机1人。2019年有员工61人,其中合同化用工15人,社会化用工34人,有偿解除劳动关系人员8人,非全日制人员1

人,劳务外包3人。党支部书记1名,宣传委员1名,组织委员1名,纪检委员1名,普通党员7名。工会主席1名,女工委员1名,生活委员1名。经营部团支部现有书记1名,团员2名。

【**成品油销售**】2019年成品油销售降幅8%,其中汽油销售降幅15%,柴油销售增幅8%。非油小商品销售收入增长79%。3月下旬至4月底,开展“送油下乡,服务三农”活动,统筹安排油品资源调运,在农牧区加油站专门开辟“绿色通道”,为农机具加油提供快速便捷的加油服务,组织开展“十惠”“24小时好邻居”活动,推广各类农机加油卡,满足农牧区群众春耕春播生产用油,有效降低农牧民购油费用,有效促进轻油、非油扩销增量。

【**质量监管**】2019年,达茂经营部严守“质量、数量”红线,执行上级公司下发的有关油品数质量管理文件规定,按照油品数质量验收程序接卸油品。经营部每月派专人到加油站实地进行抽样,确保抽检的真实性和准确性,并将抽检油样统一封装运送到分公司油库化验室进行化验。配合当地技术监督部门对加油机定期进行检定,保证加油机出油量在标准范围之内。同时,达茂经营部还派专人定期对所属加油站的加油机铅封和流量计进行自查自检,确保加油机铅封完好,流量计出量控制在规定范围内。与当地质监部门在第35个国际消费者权益日联合开展“3·15”质量宣传活动。9月份开展以“提高质量效益、推进转型升级”为主题的“质量月”活动。参加旗经信局组织举办2019年“质量月”活动启动仪式。

【**安全生产**】2019年,深入推进HSE管理体系工作,重视应急预案演练工作。经营部结合6月份开展的“安全生产月”活动,经营部组织所属加油站在站内集中开展火灾事故、自然灾害、防盗抢、防恐怖袭击等预案演练,并邀请旗安监局、经信局、消防大队相关领导现场观摩指导。按照分公司相关要求,逐级签订《2019年质量安全环保责任书》。执行春节、“五一”、国庆、自治区大庆、中共十九大期间以及达茂旗举办游牧文化旅游节等特殊重要时期的带班制度,加强对加油站的专项安全检查。专门部署汛期安全生产应急工作。参加“119”消防宣传月活动,提升加油站消防安全管理水平。

粮食购销

【概况】 包头市达茂粮食购销有限责任公司是根据《国务院关于进一步深化粮食流通体制改革的决定》精神，按照政企分开，经营与储备分开的原则，于1999年1月份正式成立的。2019年隶属包头市发展和改革委员会直接管理，承担着达茂联合旗粮食购、销、调、储、加等业务，以及自治区包头市和达茂旗地方储备粮的储存和管理任务，是达茂旗唯一的国有控股粮食购销企业。公司于2008年6月24日，按照包头市政府的要求，达茂粮食购销公司由国有粮食购销企业改转制为国有控股粮食购销企业，并于2008年8月底全部转制完毕，并进行注册登记。新的国有控股公司企业注册资本400.98万元，其中包头市国资委出资326.48万元，占注册资本的81.42%，职工出资74.5万元，占注册资本的18.58%。企业转制后运转良好。

【人员机构】 公司2019年有在册员工38人，其中在岗33人，企业内部退养5人，在册职工全部参加包头市养老保险，员工月平均收入4100元。公司机关内设办公室、财务审计科、业务科。

【企业财务及经营状况】 企业2019年有资产总额7106万元，其中：固定资产净值1265万元，流动资产5735万元，无形资产106万元，目前企业净资产1235万元，经营状况良好，基本保持微利持平状况，未出现亏损。

【地方储存粮】 公司下设3个粮库，大苏吉粮库、乌克忽洞粮库和坤兑滩粮库。1个面粉加工厂（小麦面粉加工、荞麦米、荞麦面加工），1个马铃薯淀粉加工厂。2019年，包头市达茂粮食购销有限责任公司储存包头市级储备12500吨（小麦10000吨、玉米2500吨），自治区储备玉米2500吨，达茂旗储备玉米5500吨，合计储备粮20500吨，有效仓容51224吨。

烟草专卖

【概况】达茂旗烟草专卖局(营销部)组建于1984年，主要围绕服务当地卷烟零售户,净化卷烟市场为主要工作。现有员工18人,下设4个职能股室,辖区共有卷烟零售客户417户，其中城网211户，农网206户。卷烟零售户的分布特点为镇(乡)密集,农牧区分散,受地域经济发展的制约，全旗卷烟销售以中低档卷烟为主,消费结构偏低。

【卷烟销售】2019年,累计销售卷烟3719箱，实现卷烟销售收入9415万元，卷烟单箱值25320元/箱，卷烟条均价101.28元/条。

【专卖管理】规范卷烟流通秩序,全面推行“双随机、一公开”监管,认真落实APCD工作法,深入开展“双公示”和跨部门联合惩戒工作。联合市监局、公安局,开展“飓风十号”等专项行动,严厉打击假、私、非卷烟。全年共查处案件50起,涉案卷烟396.7条,案值80213.75元。

城乡建设

住房和城乡规划建设

【概况】2019年机构改革后,规划职能及所属工作人员全部划归旗自然资源局。2019年所属事业单位共5个，分别为:工程管理所、质量安全监督站、人民防空管理所、房产管理所、城镇管理综合执法大队。主要承担住房和城乡建设、人民防空和城市执法管理职能。

【城建项目】计划实施城镇重点建设项目共7项(包括4个续建项目3个新建项目),总投资9.85亿元,年内已完成投资3.8亿元。1个项目已完工(百灵庙镇污水处理厂扩能及中水回用及管网建设项目);6个项目已完成年度建设任务(锦绣花苑棚户区改造项目、力源房地产开发项目、桃园山庄三期工程项目、普东华府建设项目、生态河道、左右景苑)。顺利完成年初的固定资产投资任务。

【园林绿化】对哈撒儿公园、西出口、新城区道路、211支路沿线及安达广场实施绿化补植补种。全年新增绿化面积5.2万平方米,巩固自治区园林县城创建成果。

【住房保障】经过市场预测全年有计划地新建商品住宅15.67万平方米，办理商品房预售许可9件；办理商品房预售合同网签备案44件。规范维修资金使用,共缴存住宅专项维修资金2075万元。按照《住宅专项维修资金管理办法》,2019年共使用专项维修资金51.82万元。建成分配公共租赁住房350套。完成公共租赁住房信息系统录入工作，实现公共租赁住房管理信息化。

【物业管理】完成7家物业服务企业和21个项目的基本信息录入。已有5个小区成立业主委员会。百灵庙镇物业覆盖面积已达126万平方米,物业管理覆盖率达到88%。

【老旧小区改造】投资872万元完成供销小区、巴音西小区、新兴花园小区等13个住宅小区实施供热二次管网改造，共改造面积234524.86平方米,改造住户2941户。推进百灵庙镇居民管道燃气使用全覆盖,投资110万元,新建燃气管网1.8公里,共新增管道燃气用户1100户。

【人居环境整治】完成巴音敖包、查干哈达、小文公等6个苏木乡镇的25处非固定垃圾点,完成《达茂旗农村牧区户厕改造专项规划》及相关可研报告编制工作,制定《达茂旗2019“一户一厕”工作实施方案》。采取财政补助、牧户自筹方式为6个苏木镇、1364户牧民实施户厕改造。

【脱贫攻坚】制定《达茂旗2019年脱贫攻坚四类重点对象危房改造清零达标行动实施方案》,完成1413户建档立卡贫困户住房情况再排查工作,并出具房屋安全评定表。对21户建档立卡贫困户CD级危房通过新建、购置、维修加固等方式进行全面改造,实现建档立卡贫困户危房改造清零。选派11名党员干部结对帮扶石宝镇坤兑滩村20户贫困户，所有结对帮扶贫困户全部脱贫。投资8万元为坤兑滩村委会入股正源合作社养鸡场,年收益2.5万元。

城镇管理执法

【概况】达茂联合旗城市管理综合执法大队于2013年组建，核定编制25人，百灵庙镇环卫管理所5名编制人员,在城管大队工作。下设综合办公室、法制科、市政管理科、园林绿化办公室、广告科、垃圾填埋场管理办公室、城管5个中队、环卫3个中队。

【镇容镇貌管理】占道经营整治方面,全年清理占道经营465处,规范流动摊点385人次，查处占道经营车辆269辆次。通过招标取得市场公司与大队签订便民市场委托管理协议书，在富磊热力巷内设置市场界牌作为便民市场。规范店铺牌匾设置方面，拆除不规范及缺损、破旧等有碍市容的广告牌匾54块，面积480平方米；摘除城区沿街私自悬挂彩条、横幅62条。违章建筑治理方面，对新区、解放街、双塔街、达尔罕路等发现的6处违章建筑依法全部拆除。城市“牛皮癣”治理方面,全年粉刷百灵庙镇百灵大街、团结大街、达尔罕路等主次干道小广告200多处、2000平方米。“门前三包”责任制方面,清除沿街单位店铺破旧对联2000多幅，清除橱窗广告1600多处。校园周边环境整治方面,对百灵庙镇初高中学校2所、小学3所、幼儿园4所,实行分片管理,确保学校门口200米范围内无流动商贩。严格查处校园周边噪声污染，对学校周边环境卫生进行彻底清理。

【市政园林】道路亮化方面，共维修路灯560盏、换路灯1560盏,市区路灯亮化率≥98%。市政道路方面,修补破损沥青路面620平方米,维修主街道两侧人行工字砖760平方米。维修污水井盖32处，更换污水井盖86个,清掏街巷雨水井62处,疏通污水管网1000多米。公园广场方面,累计补植、补种草花40000株、摆放草花19100盆、种植草坪9000平方米、恢复花雕3件、维修公园内景观灯45盏、维修硬化路面480平方米。

【环境卫生】居民小区整治方面，对百灵庙镇成型的33个居民小区乱堆乱放、私搭乱建等行为开展摸底排查。对其中存在问题的5个小区联合百灵庙镇各街道社区开展集中清理整治行动，共清理乱堆乱放25处，清理各类垃圾50立方米。环卫工人福利待遇方面，按照全市环卫工人工资标准，对所有环卫工人每月薪资涨300元/人。建筑垃圾处置方面，在百灵庙镇西出口设置建筑垃圾消纳场1处，所有工地围挡、安全标志设置规范合理，做到施工文明、管理规范，从源头上防止建筑垃圾的随意倾倒。农村牧区生活垃圾治理和牧区户厕改造方面，2019年，申报牧区户厕改造工程1364户，完工370户，完工率达到27%，基本符合预期工程进度。

环境和生态保护

环境保护

【概况】 环保局于1978年成立,隶属于达茂计划委员会。1981年设立环境监测站,隶属于旗城环土地局。1984年3月,基建局、环保局合并为城乡建设环境保护局。1984年旗环保局与旗建设局合并为旗城建环保局。1990年成立内蒙古生态环境监测站达茂旗子站,与环境监测站为一套人马两个牌子,隶属于旗城环土地局。1996年8月与土地开发公司合并成立城乡建设环境保护土地管理局。1997年成立环境保护监测站,隶属城环土地局,股级事业单位。2005年12月18日,经旗委十届58次会议研究,决定单设旗环保局。2006年,包头市机构编制委员会做出批复,同意单设旗环保局。2006年11月,旗环保局正式组建,依据(达机编发〔2006〕29号)文件,核定机关行政编制4名、科级领导职数2名(一正一副)、非领导人数2名、核定工勤编制1名。2007年6月,设立环境监察大队,属股级事业机构,核定事业编制9名。2019年按照市生态环境局和旗委、政府的统一安排部署,2019年5月23日完成包头市生态环境局达茂联合旗分局的挂牌。下属两个全额拨款事业单位,分别是环境监测站和环境监察大队,4个内设科室,分别是办公室、管理一室、管理二室和管理三室。全局共有31人,其中在编人数为19人,编外聘用12人。

【污染防治攻坚战】 大气污染攻坚战方面,加大涉气宝鑫特钢、冀东水泥、东盛科技等重点企业的巡查力度、频次,确保其大气污染防治设施正常运行。完成百灵酒业公司锅炉煤改天然气项目,巴润公司采矿胶带输送项目完成立项、环评等前期手续办理,正在采购设备。水污染攻坚战方面,加强集中式饮用水水源地的监督,完成百灵庙镇集中式饮用水水源地保护区调整技术报告编制工作并提交市生态环境局;积极推进希拉穆仁镇水源地整改工作;加大涉水企业的监察力度,完成新达茂稀土公司硫铵废水技改一期工程。土壤污染防治攻坚战方面,完成53家重点企业地块的统计上报工作,为今后土壤防治工作提供数据支撑。积极推进巴润工业园区萤石精粉选矿再利用项目。散乱污企业整治方面,印发实施《达茂旗散乱污企业整治方案》,深入排查“散乱污”企业83家,完成31家“散乱污”企业的整治任务;出动执法人员720多人次,对44起环境违法行为进行处罚,受理各类环境信访案件45件全部办结,办结率100%。项目审批和排污许可证发放方面,完成项目环评审批24个,环境保护验收项目16个。完成宝鑫特钢、百灵庙镇污水处理厂等11家企业的排污许可证申领工作。项目资金争取方面,争取国家和自治区农村污水处理项目专项资金支持,进入生态环境部项目库。生态创建和农村环境整治方面,完成2019年达茂旗国家重点生态功能区相关材料和空气、水、污染源等数据的报送工作。污染源普查方面,完成102家工业源、13家农业源、11家生活源锅炉、1个入河排污口、2家集中式污染治理设施、77家生活源行政村、24个移动源加油站的所有数据上报汇总审核工作。

【环境监测】截至12月8日,空气自动监测站总运行天数342天,有效监测天数337天,二级以上优良天数307天、优良比例达91.1%。

林业生态保护建设

【概况】达茂旗林业和草原局内设办公室、林政与森林资源管理股、自然保护地管理股、草原监督管理股、造林绿化股。下设林业工作站、森林资源管理站、森林病虫害防治检疫站、林木种苗站、草原工作站5个部门,下辖国营实验林场(副科级)、森林公安分局(副科级)、草原监督管理局(副科级)。全局2019年有在职职工79人。

【林业和草原】截至2019年年底,全旗林业用地面积708.33万亩,有林地面积6.05万亩、疏林地面积0.08万亩、灌木林地面积380.17万亩、未成林造林地面积96.42万亩、无立木林地22.44万亩、苗圃地面积0.06万亩、宜林荒山荒地面积202.05万亩,林业生产辅助用地1.06万亩,全旗森林覆盖率14.8%。据内蒙古自治区草勘院数据:达茂旗草原总面积2462.79万亩,其中天然草原面积2419.6万亩,人工草地43.19万亩。2级2115亩、3级9015亩、4级10755亩、5级524700亩、6级5912340亩、7级17736990亩,合计24196005亩。

【重点工程】完成京津风沙源治理面积12.5万亩,总投资1600万元;落实草原围栏封育20万亩,总投资320万元;落实新一轮退耕还林工程1万亩;完成林下种植0.7万亩、草原鼠虫害防治面积48.4万亩。

【绿化项目】对2014年至2016年已完成的重点区域绿化到期项目组织实施后期抚育浇水补植管护。围绕中心城镇百灵庙进行美丽乡村建设,巩固续建存量精品绿化工程，推进巩固10个美丽乡村建设，并在百镇周边投资2500万元续建绿化1000亩。

【林草资源保护管理】林草资源征占用管理方面，认真执行全区林地保护利用规划、《中华人民共和国草原法》及《内蒙古自治区基本草原保护条例》等相关法律法规，严守生态红线，严格征占用审核、审批制度，依法、依规办理征占用林地草原审核审批手续，全年共办理征占用林草地审核审批手续4起。推进中央环保督察"回头看"和草原专项督查反馈意见整改，完成125家矿山企业整改任务。生态公益林管理和森林植被恢复方面，对达茂旗落界调整林地变更后确定的121.78万亩重点公益林进一步加强核查管理。认真按照上级对重点生态公益林补偿基金项目的有关要求，依法依规落实公益林补偿资金1800多万元核准发放工作。完成森林保险灾后植被恢复项目5760亩，保险部门赔付投资157.94万元；完成森林质量精准提升补植1万亩，国家投资100万元。今年草场长势良好，草原植被覆盖度达到30.5%，平均高度18.2厘米，产草量67.2公斤/亩。

【生态扶贫】发展柠条林带和林下经济及林带间种饲草等经济作物2000亩，带动500多农户参与种植。扶持5个柠条加工厂和林业产业专业合作社进行柠条平茬。年内完成农区四乡镇灌木柠条平茬3万亩，项目投资300万元，项目覆盖贫困户157户305人。发展有劳动能力贫困户为生态护林员49人，围绕贫困户集中村实施新一轮退耕还林工程1万亩，覆盖贫困户60户202人。巩固完成的退耕还草6万亩，覆盖贫困户295户，384人。

【林草改革】按照《达茂联合旗机构改革方案》，2019年3月，旗林业局和草原监督管理局合并组建达茂旗林业和草原局（草原工作站整建制划转旗林业和草原局），为正科级，由旗自然资源局统一管理和协调，负责全旗林草资源保护、建设和管理等项工作。下设办公室、造林绿化综合管理股、林政与森林资源管理股、草原监督管理股、自然保护地管理股。机关行政编制10名，局长1名，副局长3名。

草原生态保护建设

【概况】达茂旗草原监督管理局2008年4月命名，当时为差额事业单位。2011年6月5日，正式成立达茂旗草原监督管理局，为正科级事业单位。2012年，完成人员配置，编制90人，2019年有干部职工66人。2019年，机构改革以后，和林业局共同组建达茂旗林业和草原局，下设8个草原监理所，分别为百灵庙草监所、查干哈达草监所、明安草监所、巴音敖包草监所、希拉穆仁草监所、满都拉草监所、巴音花草监所、达尔汗草监所。

【禁牧工作】通过发放宣传单、手册和悬挂条幅、书写标语、制作宣传栏,向广大干部群众宣讲相关草原法律、法规。各基层草监所在各自辖区内进行入户宣传,向牧民群众发放禁牧宣传材料,并进行现场讲解,在思想认识上加以引导。各基层草监所对所辖范围内的养殖大户进行重点督查,在规定时间内按照政策要求减少牲畜数量,对拒不执行的进行严厉处罚。2019 年共发放宣传单 3000 份,开展宣传 6 次。

【草原保护】2019 年,组织开展草原防火演练 4 次,境内无重特大草原火灾事故发生。全年完成草原植被恢复 1033 亩。

【草情监测】根据《全国草原监测工作方案》和《内蒙古自治区草原监测工作方案》要求,于 2019 年 5 月至 8 月对全旗不同类型的天然草原植被生长情况进行 5 次监测,共监测样地 30 个,样方 96 个。监测结果显示,天然草原平均产草量为 67.2 千克 / 亩,植被平均高度为 18.2 厘米,植被平均盖度为 33.3%。

【草原确权】2019 年机构改革后,草原确权行政权力转隶到达茂旗自然资源局。

交通运输

交通运输管理

【概况】达茂旗交通运输局是旗人民政府主管全旗交通工作的职能部门。主要负责全旗境内公路交通发展规划、年度计划、公路建设、养护、运输、路政管理、海事工作、交通战备以及行业管理。1956年，在旗人民政府农林科设一专人分管全旗交通工作，1957年春，正式成立交通科，同年冬撤销，全旗交通工作归旗民政科管理。1958年冬成立工业交通局，1959年旗委工交政治部与旗人民政府工交局合并，下设工交科负责全旗交通工作。1960年，工业交通分设，成立旗职能交通科。1961年又与工业合并成立工业交通科，1968年成立交通运输管理站，1970年在生产建设部下设交邮科，1971年合并为工交科，1974年与工业分家成立交通局。1981年交通局撤销，划归旗经委设立交通科。1984年设立达茂联合旗交通局。2003年成立达茂联合旗交通局路政大队。2005年成立公路建设项目中心、交通局海事处。内设综合办、机关事务中心、业务股、运输管理与政策法规股、交通战备办公室，下属公路管理段、交通运输综合行政执法大队、公路建设项目中心、地方海事处4个事业单位。2019年有在册职工55人，聘用养护工人119人。

【交通事业】截至2019年年底，全旗基本形成以国道210线、335线、331线和省道211线、104线为干线，以县道、乡道为补充的“七纵七横二环十四出口”交通网络。全旗公路总里程达2993公里，其中：国道356.5公里、省道208.7公里、县道694.8公里、乡道732.1公里、专用公路27.2公里、村道985.6公里，嘎查村通沥青(水泥)路率达100%。

【公路建设】续建新建重点公路共6条：一是省道104线希拉穆仁至百灵庙一级公路。总投资13.1亿元，路线全长73.96公里，已全线通车。二是国道210线满都拉口岸至白云鄂博段一级公路。总投资29.6亿元，全长158.5公里，目前路面、桥涵工程已完成总工程量的75%。三是国道331线乌兰敖包至乌珠尔二级公路。总投资4.3亿元，全长90.8公里，已全线通车。四是呼吉日图至满都拉段旅游公路。总投资5.3亿元，主线全长109.5公里，目前路面、桥涵工程完成总工程量的72%。五是国道335线黄花滩至百灵庙二级公路。项目总投资6亿元，路线全长85公里，完成总工程量的70%。六是县道065

百灵庙镇南出口道路改造项目。预算总金额1.48亿元,路线全长9.97公里,扎达盖大桥至种羊场段已通车。

【农村公路】 累计投入资金3.74亿元,新建改建农村公路224公里,百灵庙南出口改造、抵边公路等重点项目有序推进。实施窄路基路面加宽改造46.1公里、“畅返不畅”路面改造22公里;实施县乡道安防工程6处、处置隐患里程17.7公里;实施乡村公路安防工程24条200公里;实施路面精细抗滑分层技术改造项目5条93.5公里。

【公路养护】 设立养护道班19个,乡级养护站11个,村级养护所75个。2019年投入58万元支持苏木乡镇养护站的建设。2019年县道经常养护率达到100%,乡道、村道经常性养护率分别达到85%和75%。

【路政管理】 开展货运车辆超限超载治理,投入执法车辆185台次、执法人员580人次,查处违法车辆90台,卸载转载货物5803吨。

【获得荣誉】 2019年,达茂旗成功创建自治区“四好农村路”示范县,被交通运输部、农业农村部、国务院扶贫办联合授予2019年全国“四好农村路”示范县。

航空建设

【通用机场】 达茂旗通用机场位于百灵庙镇呼吉图嘎查,距百灵庙镇直线距离11公里,总投资9600万元,占地面积587.7亩,按照一类通用机场标准建设,飞行区等级为2B,规划运-12及以下机型。机场标高1415米。主要建设内容有:新建长1200米、宽23米跑道1条,长173米、宽15米滑行道1条,长103.5米、宽81米机坪1处,长32米、宽32米直升机停机坪1处,导航台1套,航站楼、综合业务楼1座。同时,配套建设机场道路、宿舍、食堂、输电线路等工程。达茂旗通用机场计划先期飞行达茂旗至包头东河机场航线。2019年完成工程竣工验收、消防验收和行业验收。

铁路建设

【包满铁路三期工程项目】包满铁路三期工程由中铁十四局承建，建设范围为巴音花至满都拉段，线路全长26.133公里，设计时速120公里。2019年4月份复工，完成路基土石方、桥梁结构、涵洞、房屋、通信、电力等，进行线路整道、网围及路基排水沟、站场硬化、房屋装修、设备调试安装等工作。2019年11月26日，轨道建设铺架工作全部完成，主体工程基本结束，同日召开包满三期工程建设总结表彰大会。

【中蒙跨境铁路满都拉口岸连接线项目】2019年9月，中蒙跨境铁路满都拉口岸连接线项目接受呼铁局行业初审。

信息通信

邮 政

【概况】达茂旗邮政分公司是1998年9月份在原邮电局基础上分营成立的。达茂旗邮政分公司在岗从业人员49人(其中,劳务用工14人),其中,女职工22人。大专以上文化29人,党员人数18人,其中女党员4名,少数民族党员3人。2014年3月成立共青团达茂联合旗邮政局团支部,团支部书记1人,委员2人。基层工会,也是在分营后成立的,工会成员12名,设主席1人,委员4人。公司下设两个职能部(室)。在农、牧区设有邮政所11处。百灵庙镇内有金融网点2处,邮政网点1处,分公司院内设转封投班。2015年4月更名为中国邮政集团公司内蒙古自治区达尔罕茂明安联合旗分公司。

【业务工作】2019年,全旗邮政总收入完成899.98万元,完成市公司预算的100.67%,列全市第二位。金融总收入573.21万元,包裹快递全年共实现业务收入39.25万元,增值业务收入实现39.25万元,函件业务累计完成收入77.48万元,集邮业务全年累计完成收入116.53万元,报刊发行方面,全年累计完成收入51.1万元,2019年报刊大收订累计实现流转额146万元,分销业务全年累计实现收入21.05万元。

【网点建设】两个金融网点实现WIFI全覆盖,均配备叫号机,新增ITM机两台,乡下分支机构网点标准化装修4处,全部实现电子化办公,11处分支机构实现监控全覆盖。

【内部管理】财务管理方面,严控成本费用支出。做到有保有压,在资金非常紧张的情况下,对代理金融业务费给予倾斜。强化资金管控,细化欠费日常管理,欠费率较低。基础管理方面,提升监督检查工作效能,对生产服务全过程进行管控,加大对邮政服务规范的检查力度,投诉处理及时率、投诉回访率均达到100%。

【工作成绩】2019年实现百灵庙镇行政、企事业单位党报党刊当日见报,全旗邮政乡镇通邮频次达到1周5次,全旗77个建制村实现全部通邮,实现党报党刊投递频次每周2次,切实履行邮政企业的政治责任、社会责任和经济责任。

移动通信

中国移动达茂联合旗分公司

【概况】中国移动通信集团内蒙古有限公司达尔罕茂明安联合旗分公司成立于1999年，负责境内移动电话网的发展规划、建设维护和经营服务。达茂移动公司建有自营厅一个,专营店11家,城区5家,乡镇6家。公司2019年有员工31人,共产党员6名,预备党员2名。领导班子2人,综合部3人,客户响应部3人,集团客户部3人,市场部20人(其中后台支撑4人,营业厅经理1人,营业员4人,网格经理10人,其他2人)。

【网络建设】2019年,在农牧区及信号覆盖薄弱的区域新建基站19座（全包头共批复23座),解决边境沿线、牧区的信号覆盖。截至目前,新共建设物理基站235个，逻辑基站415个（其中2G基站177个,3G基站65个,4G基站173个),建设光缆总长2124公里（其中架空956公里,地下置埋1168公里),主干光交61座,接入汇聚网机房19座。5G建设方面,2019年已经初步实现旗委、政府、公安局等重要区域及场所的5G覆盖,有效提升达茂旗信息化水平。偏远农牧区的宽带建设方面,全年完成石宝镇、乌克镇主街道、大井村(下辖11个自然村)、查干哈达等农村牧区农牧民家庭宽带上网需求,全年共计发展1000余户。

【业务发展】2019年，业务收入完成4000万元。截至2019年12月份,移动用户数58042个，移动宽带用户数8329个。

【精准扶贫】坚持“主动参与、积极作为、尽力而为、量力而行”的原则,以免费赠送副卡及流量卡,在小文公、西河等偏远农牧区免费赠送含百元话费手机卡,为精准扶贫工作做好信息侧支撑,所送流量及话费用于保障日常各项扶贫数据的准确录入及查询,并为村民日常使用提供便利。

中国联通达茂联合旗分公司

【概况】达茂联通分公司承担着全旗乡苏木宽带、数据、移动网等业务。光缆长度达到3452公里，宽带网络覆盖全旗12个苏木镇及周边主要村庄嘎查。资源情况如下：光缆皮长：3452千米（共2593条光缆）；人井数：447个；电杆数：15321个；光交数：92个（其中主干光交18个，小区光交74个）；接入网机房：29个；基站个数：156个物理基站、322个逻辑基站，其中包括117个2G基站、139个3G基站、66个4G基站。

【收入用户】2019年，净收入完成1695.6万元，移网用户29490户、固话用户2909户、宽带用户7087户（其中城区5640户，乡镇1447户）；互联网光纤用户36条，数字电路122条。

【网络建设】节能降耗方面，种羊场基站下电一套诺西2G设备，共节约能耗成本1.68万元/年。网络改造方面，分别对5个接入网机房和7个基站机房进行SDH网络改造，将原有业务割接到烽火IPRAN网络，共利用旧6台烽火R845设备，7台烽火630设备，节约成本19.5万元。宽带网络服务方面，辖7镇、2乡、3苏木，目前只有巴音敖包苏木、查干哈达苏木、明安镇未进行光改，其他乡镇苏木光改人口覆盖率均已达60%以上。巡检护线方面，全年行驶3万多公里，在18770平方公里的区域内，对3452公里光级线路15321根杆路，29个接入网机房进行巡检。

【获得荣誉】2019年7月达茂旗分公司党支部被中国联合网络通信有限公司包头市分公司党委评为先进党支部；12月中国联合网络通信有限公司包头市分公司授予达茂分公司“2019年最佳贡献旗县”奖。

中国电信达茂联合旗分公司

【概况】达茂电信分公司2005年2月1日正式挂牌运营,2008年10月1日,中国电信收购中国联通CDMA网络资产,获得移动通信业务经营权,成为全业务电信运营企业。2019年有员工15人,主要经营国内、国际各类固定电信网络设施,基于电信网络的语音(133、153、177、180、181、189、199号段)、数据、图像及多媒体通信、互联网应用、信息服务;经营与通信及信息业务相关的系统集成、技术开发、技术服务、信息通信技术、信息咨询、广告等业务,并根据市场发展需要,经营国家批准或允许的其他业务。网络覆盖方面,2019年全旗新建4G基站24个,覆盖1万多户居民。4G基站86个,其中1800M有28个,800M有66个;2G基站36个。4G站基本满足辖区内用户无线上网使用,其中百灵庙、希拉穆仁镇已做到信号全覆盖。建设光缆长度达470公里,管道长度达20公里,2019年百灵庙镇(城关镇)光网格建成,镇内接入业务均在500米之内。截至2019年宽带开通小区36个,覆盖用户1.29万户,覆盖率为73%。农村通宽带的乡镇,目前为石宝镇覆盖304户,2019年5月预计做到石宝镇宽带全覆盖,覆盖用户数达到1100户农村通宽带的乡镇,达茂电信公司以“服务之上 用心服务”理念服务于家庭宽带3200多户、移动网6000多户、政府办、经信局、财政局、教育局等重点客户。

【经营工作】达茂电信分公司服务宽带用户数为5180户,4G在网用户数为11500户。达茂旗医院阳光病房129间。

教　育

综述

【概况】2019年全旗有中小学、幼儿园19所，其中完全中学1所（寄宿学校）、九年一贯制学校2所（寄宿学校）、标准化小学6所（寄宿学校4所）、公办幼儿园6所、民办幼儿园4所。全旗在校中小学生、幼儿共计5718名，其中，幼儿1732名（民办在园幼儿447名），小学生2692名（寄宿学生160名），初中生973名（寄宿学生226名）、高中生321名（寄宿学生306名）。有教职工984人（在编教职工854人），其中，专任教师721名（幼儿园专任教师194名、小学专任教师304名、初中专任教师154名、高中专任教师69名）。

【硬件建设】2019年，教育基础设施建设共投资940万元，其中预算投资296万元，建设百中体育活动室，建设完成基础工程；预算投资217万元，建设百一小体育活动室，建设完成主体框架工程；投入资金430万元，铺设达茂旗足球馆PVC地面3500平方米；投资资金100万元，完成5所学校房屋建筑漏雨、破损彩钢屋顶修缮工程。

【教育教学】深化课堂教学改革，依托“同频互动”，组织开展联校教研12次。开展“名师工作坊”“蓝青工程”活动，落实义务教育阶段课后服务、班主任职级制、高中分层教学实验“三项改革”。强化教育督导，完成幼儿园办园行为督导评估、国家义务教育质量监测，并被包头市教育局评为“义务教育质量监测实施市级优秀组织单位”。

【课题研究】对已立项的“十三五”市级课题，进行了结题检查评估，并向上级教育科研管理部门提交《结题验收申请》《课题研究报告》《课题工作报告》及相关研究资料，目前所报送的课题全部结题。

【普高教育】落实包头市普通高中学校开展分层教学改革实验的相关要求，制定《关于在百灵庙中学开展分层教学改革实验的实施意见（试行）》，根据学生的个体差异，学科学习能力差异开展分层教学改革实验，关注不同层次学生发展，培养学生学习兴趣，努力提高教学质量。百灵庙中学与包钢五中深度合作办学初见成效，高考普理一本上线2人、普文普理二本上线23人、艺术类双上线25人，本科升学率为41.7%，实现一本零的突破。秋季开学，包钢五中增派2名教师，在百中增设合作项目班2个。

【义务教育】全旗共有义务教育阶段学校8所，其中，九年一贯制学校2所（蒙古族学校、百灵庙第二中学），小学6所

[百灵庙第一小学、百灵庙第二小学、乌克忽洞镇小学(乡村学校)、石宝镇小学(乡村学校)、大苏吉小学(乡村学校)、满都拉国际联谊小学(乡村学校)],另外,百灵庙中学设有初中教学班。有义务教育阶段学生3665人,其中蒙古族学校631人(小学445人,初中186人),百灵庙第二中学788人(小学140人,初中648人),百灵庙中学初中139人,百灵庙第一小学760人,百灵庙第二小学984人,乌克忽洞镇小学84人,石宝镇小学226人,大苏吉小学53人。2013年深化与九原区8所中小学结对共建,结对学校积极开展教学教研活动。实施义务教育阶段课后服务改革。小学巩固率100%、初中三年巩固率99.32%、残疾儿童入学率95.56%。今年中考,市重点高中统招上线19人(不含分招26人),中考重点升学率为8.48%。

【学前教育】全旗共有幼儿园10所(含民办幼儿园4所),自治区示范幼儿园3所(第二幼儿园、民族幼儿园、蒙古族幼儿园),包头市示范幼儿园2所(石宝幼儿园、红格塔拉民族幼儿园),此外,分别在乌克小学、大苏吉小学、满都拉国际联谊小学附设幼儿班共3个,共有在园幼儿1732人,其中,民族幼儿园288人,第二幼儿园253人,蒙古族幼儿园297人,石宝幼儿园102人,红格塔拉民族幼儿园303人,希拉穆仁幼儿园8人,满都拉国际联谊小学幼儿班8人,民办幼儿园447人。另外,大苏吉小学、乌克小学幼儿班共26人。截至2019年年底,自治区级、市级示范幼儿园占83%,普惠性学前教育覆盖率100%。学前教育三年毛入(园)率达98.42%,普惠性学前教育覆盖率达到100%,均位居全市前列。

【民族教育】全旗现有民族幼儿园4所(牧区1所),牧区民族完全小学1所,九年一贯制寄宿制民族学校1所,基本形成了幼儿、小学到初中相对健全的民族教育体系。2019年,蒙古族学校学生宝丽以中考总分559.2分名列全市蒙语授课第三名,考入中央民族大学附属中学1人,考入内师大附中1人,汉语文、物理、历史、地理4门单科成绩考出全市最高分,地理优秀率居全市第一,高中升学率为100%。

【特殊教育】实施特殊教育提升计划,完善特殊教育经费保障机制,保证特殊教育教师待遇,建设好特殊教育资源教室,优化特殊教育资源,保证残疾儿童接受良好的教育。开展送教上门服务工作,残疾儿童入学率95.56%。

【成人教育】2019年,中国地质大学网院招收学生45人,江南大学网院招收学生2人,东北农业大学网院招收20人,各级各类学生毕业109人。通过教育局招生考试中心报考成人高考91人。

【未成年人思想道德建设】开展社会主义核心价值观宣传教育,围绕中华人民共和国成立70周年这一主题,积极开展童谣征集和传唱活动。以学雷锋、清明节等重要时间节点,开展丰富多彩的“我们的节日”系列主题活动。深入开展书香校园和中华经典诵读活动，在包头市第六届经典诵读比赛中，百灵庙第二小学赵婧指导的《鸿鹄展翅·酬壮志》荣获三等奖，百灵庙第一小学赵海荣指导的《少年中国说》与达茂旗百灵庙中学杜文娟指导的《大自然在说话》荣获优秀奖。开展文明校园创建工作，百灵庙第二小学、百灵庙中学、百灵庙第一小学、百灵庙第二中学、蒙古族学校已被评为包头市文明校园。各学校结合学校实际，充分利用乡村学校少年宫资源，开展形式多样、内容丰富的活动，并在各级各类艺术节活动中进行展示。学校心理教育水平不断提高，各校心理咨询室建设基本完成，持国家级证书的教师为33名。

【学生资助管理】为130名大学生发放各级各类资助资金共计94.5万元，为1100名大学生办理国家开发银行生源地助学贷款857.09万元，为百灵庙中学学生368人次发放高中助学金36.8万元。积极争取社会捐资助学项目，为3名患病师生争取社会资助1.7万元，为28名学生争取“泛海助学”资助金14万元，为达茂旗教育基金会募集资金14.8万元，全力保障家庭经济困难学生接受教育的权利。

【获得荣誉】2019年，被包头市教育局评为“义务教育质量监测实施市级优秀组织单位”；被包头市精神文明建设委员会、包头市关心下一代工作委员会评为包头市关心下一代工作先进集体。

中学教育

百灵庙中学

【概况】百灵庙中学是包头市示范性高级中学，创建于1958年，自建校以来，毕业初中班235个，高中班231个，培养出两万多名各级各类优秀人才。学校占地面积29690平方米，总建筑面积14789平方米。学校现有教学楼3栋，宿舍楼、餐厅、综合服务楼各1栋，微机室、心理咨询室各2间；录播室、同频互动室、图书室、阅览室各1间；音乐活动室12间，美术活动室3间、书法教室2间、舞蹈教室各1间；理、化、生、通用技术实验室8个；配有电子白板教室24间；多功能报告厅1个。学校现有在编教师98人，其中专任教师88名，国家级模范教师和优秀教师各1

名,自治区优秀教师3名,包头市名教师2名;自治区学科带头人1名,市级学科带头人4名,教学能手12名,自治区和市级骨干教师34名;正高级教师1名(“5512”工程领军人才李凤良),副高级教师54名,一级教师24名;全日制硕士研究生、教育硕士9名。2012年起,达茂旗在全市实现高中阶段教育“两免一补”免费教育。同年9月百灵庙中学恢复初中招生,全校现有教学班17个,其中初中4个班,高中13个班,在校生448人,初中生137人,高中生311人。

【办学成绩】2019年高考一本上线2人,实现高考一本上线零的突破。2019年学校被教育部足球办评为“国家级校园足球特色学校”、被自治区教育厅和体育局认定并命名为“内蒙古自治区青少年校园田径特色学校”、被自治区教育厅认定并命名为“内蒙古自治区第二批中小学美育特色学校”;学校荣获“包头市基层党建示范校”称号、“包头市文明校园”称号、“达茂旗教育教学质量提升奖”,校团委被评为包头市优秀“五四红旗团委”;百灵庙中学《艺术纸浆画》荣获包头市第四届乡村学校少年宫艺术作品一等奖;在“全国中小学信息技术创新与实践活动”中荣获包头市“优秀组织奖”。

百灵庙第二中学

【概况】百灵庙第二中学位于达茂联合旗百灵庙镇河东新区,1989年建校。为全旗办学规模最大的一所九年一贯制学校。新二中占地面积7.8万平方米,建筑面积29232平方米,有教学楼2座、学生公寓2座、体育馆1座、办公实验综合楼1座、多功能报告厅和综合服务中心,投资一千多万元的达茂联合旗足球馆主体建筑完工,是一所各种设施一应俱全的现代化学校。学校设有图书室、阅览室、微机室3个、语音室、教育信息化校园网主控室,物理实验室4个、化学实验室3个、生物实验室3个、小学科学实验室、音乐教室2个、美术教室、书法教室;每个班级安装交互式电子白板,有标准化塑胶操场、篮球场6个、排球场2个。学校有在岗教职工182人,其中研究生学历1人,本科学历146人;学生789人(其中小学生140人),25个教学班(其中小学7个教学班)。

【办学成绩】中考参考人数192人,一批次统招升入重点高中18人,分招升入重点高中9人,特长生8人。二批次升入普通高中91人。重点升学率18%。

达茂旗蒙古族学校

【概况】达茂联合旗蒙古族学校的前身是达茂联合旗民族中学，始建于1974年。1998年与百灵庙蒙古族小学合并，更名为达茂联合旗蒙古族学校，是全旗唯一一所九年一贯制民族学校。学校占地面积36176平方米。校舍总建筑面积9965平方米。学校有教学班23个(其中小学教学班14个，初中教学班9个)，在校生630人，住校生114人。教职工106人，其中专任教师79人。学校有教学楼、实验楼、学生宿舍楼、综合服务楼、标准塑胶运动场、体育馆、实验室、微机室、图书室及各类活动室一应俱全。学校开设有博克班、马头琴班、射箭班、蒙古象棋、民族歌舞、蒙文书画班等民族传统文化特长班，组建足球、声乐、器乐等体艺项目兴趣班，使每个学生至少掌握两个体育特长和一个艺术特长奠定了基础。学校先后获得"全国体育传统项目学校""全国足球特色学校""全国国际象棋特色学校""内蒙古自治区教育系统先进集体""内蒙古自治区体育传统项目学校""内蒙古自治区竞技体育后备人才基地""内蒙古自治区民族团结进步模范集体""自治区级红十字示范学校""包头市民族文化教育基地""包头市义务教育示范校""包头市竞技体育后备人才基地"等荣誉称号。

【教育教学】2019年，学校在包头市义务教育督导评估综合考评中获得"良好学校"、教育部关心下一代工作委员会"新时代好少年"主题教育读书活动"我为祖国点赞"示范学校、达茂旗"教育教学质量提升奖"等荣誉称号。2019年学校中小学毕业率均达到100%，初中毕业生升学率97.8%。在中考10门文化课程单科成绩中学校考生汉语文、物理、历史、地理考出全市最高分。全市各科前三名中学校考生排名为地理第一、第二、第三名；汉语文第一名；物理第一、第三名；历史第一名、第二名；蒙语文第二名。有1名学生考入内蒙古师范大学附属中学，1名学生考入中央民族大学附属中学。

小学教育

百灵庙第一小学

【概况】百灵庙第一小学始建于1958年,是“草原英雄小姐妹”——龙梅、玉荣的母校。2019年学校在校学生761人,教学班级24个,有教职工82人,专任教师中本科学历62人,教育硕士2人;学校有自治区级骨干教师1名,市级骨干教师15名,市级学科带头人1人,市级教学能手4名,市级卓越教师1人,旗级教学能手16人,旗级课改领头人12名。

【办学成绩】2019年,学校荣获全国青少年读书征文示范单位,学校党支部被评为达茂旗先进基层党组织,学校综合办学水平连续六年获“全旗教育教学工作先进单位”称号;2019年学校还被授予“达茂旗文明校园”“包头市文明校园”荣誉称号。

百灵庙第二小学

【概况】百灵庙第二小学创办于1971年。学校有教学班33个,学生984名,教师113名,其中,自治区教学能手2名,市级以上学科带头人3名,市级教学能手4名,旗级学科带头人、教学能手18名。校园占地面积23424平方米,建筑面积10350平方米。校园内有新建成的1003平方米的风雨操场,有200米的塑胶跑道及田径运动场,另有水泥硬化空地7000平方米。两幢教学楼内配有高清录播室、同屏互动教室、微机室、图书室、实验室、音乐教室、美术教室、书法教室、心理咨询室、卫生保健室、多功能教室等各类专用库室35间。

【德育工作】开展“学习雷锋争当小小志愿者、扣好人生第一粒扣子”“爱祖国 担大任 做新人”研学实践活动等主题教育活动全年共计30次。校内有国旗下演讲、主题班队会、各类竞赛、经典诵读等形式。校外有慰问、演出、综合实践、结对共建等形式。网上有签名、祭奠、投票等形式。课后有制作手抄报、书写征文等形式。2019 年 6 月，德育处协同达茂旗青少年德育基地共同拍摄快闪《草原英雄故事多》,作品登上《学习强国》平台。

【队伍建设】共派出教师 105 人次，培训费开支 6.7 万元，占经费比例 11.35%。学校利用“结对共建”和“区域教研”两个平台和市内学校开展“请进来”“走出去”活动,赴沙河二小开展各类教研培训活动 3 次,邀请郭平、常久春等包头市专家组到校开展教研交流活动 1 次。包头市教育局组织的送教下乡活动中,学校王丽、刘美霞、云登仙老师讲市级公开课。在市教研中心组织的主题教研活动中,学校胡高娃、刘玉萍、赵晓东老师赴东河区做公开课和讲座。建立骨干教师引领机制。学校选取课改中成长起来的新教师作为“蓝青工程”的师傅,7 名指导教师与 14 名青年教师组建结对组 7 个,通过常态课的指导、示范课引领、汇报课整改的教研形式,提升青年教师的业务水平。年底,分别从教学设计和粉笔字两方面对青年教师进行考核,取得良好的工作效果。

【艺体工作】开设有体育类兴趣小组 5 个。组织学生参加各类体育竞赛,学校田径队在全旗中小学生越野赛上获得团体总分第二名。组织“校长杯”校园足球联赛,聘请有执教经验的优秀教练,2019 年度的“旗长杯”足球联赛上,学校男队获得第三名,女队获得第二名,较往年取得新突破。目前开设美术、音乐、体育、语言、劳技、信息 6 类社团共计 32 个。学校少年宫开展家长进校园活动 2 次,“六一”期间开展校园艺术节展演 1 次，美术作品展 1 次,中秋节和重阳节期间,学校“小小乌兰牧骑”分别走进社区和养老院开展慰问演出 2 次。在参加各级各类艺术竞赛评选中,学校分别获得“全国青少年书画艺术展集体一等奖”“包头市乡村学校少年宫作品展示二等奖”。在全旗第 23 届艺术节上,学校学生节目分别获一、二、三等奖。

满都拉国际联谊小学

【概况】学校始建于 1962 年,属于边境苏木学校。2003 年,北京银达公司投资新建教学楼及辅助教学用房,校名更改为满都拉银达希望小学。2016 年,上级部门筹措资金对原有校舍进行维修,并更名为达茂联合旗满都拉国际联谊小学,并附设幼儿园。满都拉国际联谊小学位于达茂联合旗满都拉镇政府所在地,距满都拉口岸

15公里，距旗人民政府所在地百灵庙镇120公里,满都拉国际联谊小学建设是达茂联合旗旗委、政府对优化民族教育布局的举措,是响应国家“一带一路”和向北开放的配套措施。满都拉国际联谊小学是达茂旗唯一一所牧区公办小学、也是包头市唯一一所口岸学校。学校占地面积9110平方米,建筑面积4500平方米,设有18个教室,另建有食堂,餐厅,教师周转房等。2016年秋季开始招收幼儿。现有蒙语授课幼儿班一个,学生2名,教职工5名,并聘请2名临时工。

【教研工作】以《幼儿园教育指导纲要》和《幼儿园工作规程》为指南,认真落实《3—6岁儿童学习与发展指南》围绕幼儿教育工作创设良好的环境,优化一日活动,促进幼儿健康成长。以抓实教育教学活动研讨为核心、优化教学活动的组织、合理安排一日常规、优化区域游戏活动开展、继续推进“能动乐园”的改革。以培养教师为重点、加强师资队伍的培训。刚恢复的学校、刚参加工作的教师、培训极为重要。开展讲座、学习理论和业务、听课、评课、集体备课等形式多样的校本培训。邀请专家讲座、姊妹幼儿园的优秀教师到学校上示范课互相交流探讨等。

【设备配置】2016年以来，不断补充设施设备，新建灯光篮球场1个,户外和室内健身器材1套,添置部分教学仪器和设备,2019年校室内室外进行维修改善。

大苏吉小学

【概况】大苏吉小学位于石宝镇大苏吉村，是达茂旗唯一一所村级寄宿制小学。学校占地面积20443平方米,建筑面积2504平方米,2019年有在编教职工32人,6个教学班,在校学生65人,附属幼儿园入园人数12人。

【获得荣誉】2019年，大苏吉小学教育教学先进集体、旗少儿艺术节一等奖、先进基层党组织、冬季越野体育道德风尚奖、反邪教宣传竞赛优秀奖。

石宝镇小学

【概况】石宝小学有教职工50人，学生223人，教学班级12个，平均班容量19人。专任教师50人，其中拥有硕士学历3人，本科学历20人，专科学历23人；中师学历4人。拥有副高级职称26人，中级职称17人，初级职称7人；市级优秀教师1名。旗级教学能手1人。

【获得荣誉】先后被评为“包头市教育教学先进集体”“达茂旗教育教学工作先进单位”“达茂旗教育教学先进集体”“达茂旗五好基层关工委”“达茂旗少先队红旗大队”“达茂旗关心下一代工作先进集体”“全旗未成年人思想道德建设先进集体”“全旗优秀道德讲堂”“包头市实验教学优秀学校”“包头市少先队红旗大队”“内蒙古青少年文明礼仪教育示范基地”等荣誉称号。

乌克忽洞镇小学

【概况】乌克忽洞镇小学位于达茂旗乌克忽洞镇，学校初与1953年，历经多次校点布局调整，2009年整合原我旗农区5所学校的资源，成立现在的乌克忽洞镇小学。2013年秋，在原来的乌克中学旧址新建教学楼和教师周转宿舍并投入使用。校园占地面积28000平方米，有4000多平方米运动场，建有高清录播及多媒体教室、音乐教室、书画室、计算机教室、科学实验室、图书室、阅览室、综合活动室、心理咨询室、卫生保健室等10个功能室，营造了良好的育人环境，成为一所寄宿制完全小学。学校有教职工40人。在校生97人，其中小学生83人，幼儿14人。

【德育工作】举办校园运动会、艺术节。利用黑板报、升旗仪式、红领巾监督岗、校园广播、多媒体等开展宣传教育活动；开展“开学第一课”活动，举办讲故事比赛，“九一八”勿忘国耻活动，防灾减灾宣传教育活动，讲故事比赛；开展校园卫生环境整治活动;开展“十星少年”评选奖励活动,开展“三爱”活动,举办以故事、说唱、书画、手抄报比赛等为主要形式的“迎国庆、庆中秋”系列活动,开展“十一三”建队日专题活动,规范使用少先队标志,开展禁止商业广告商业活动进校园自查自纠活动。6月组织部分学生赴新宝德育基地、诗画草原、草原英雄小姐妹旧居等地参加爱国主义系列教育活动。参加教育局组织的各项活动,参与市、旗级优秀个人及班集体评选活动,闫小红同学被评为旗级“诚实守信”美德少年。

学前教育

民族幼儿园

【概况】民族幼儿园建于1981年,是全旗最早的一所民族幼儿教育基地。总占地面积11000平方米,建筑面积3098平方米,2014年被包头市命名为“市级示范幼儿园”,2015年晋升为“内蒙古自治区示范园”。开设蒙汉10个教学班,在园幼儿288名,教职工60人(含临聘)。幼儿园以传承蒙古族传统文化为主,注重礼仪品格和幼儿养成教育,大力推广自治区级课题优秀成果。

【办学成绩】先后获“内蒙古自治区幼儿教育先进单位”“全区第五次使用蒙古语先进集体”“包头市教育系统育人党建优秀品牌”“包头市五一女职工标兵示范岗”“达茂旗教育教学先进集体”。

第二幼儿园

【概况】第二幼儿园始建于1986年,是一所自治区级示范幼儿园是幼教系统的窗口单位。全园占地面积8100平方米,其中建筑面积3012平方米,绿化面积900平方米,2019年开设9个班级,在园幼儿260多名。全园在册员工27人,其中中学高级职称 4 人、小教高级职称 19 人、初级职称 4 人;本科学历 22 人、大专学历 5 人;市、旗优秀教师数十人。

【办学成绩】3 月被授予市级“巾帼文明岗”称号;4 月“2018 年度教育教学先进单位”;6 月达茂联合旗第五届合唱节合唱比赛三等奖;9 月体育道德风尚奖。

蒙古族幼儿园

【概况】蒙古族幼儿园于 2013 年建成的自治区级少数民族幼儿园,总投资近 1000 万元,总建筑面积 3456 平方米。全园设置大中小常规教学班 9 个,(同步开设蒙授班和汉授班)园内有活动室、多功能厅、画室等,入园幼儿全部享受两免一补优惠政策。2019 年幼儿园生源达 297 名,其中蒙古族 176 人,汉族 119 人,其他民族 2 人。2019 年有在编教师 27 名,其中蒙古族教师 22 名。

【办学成绩】成功入选全国足球特色幼儿园, 被评为达茂旗教育教学先进集体,荣获达茂旗“我爱你,中国”第五届合唱比赛一等奖, 少儿艺术节选送的舞蹈《加油宝贝》和《童心向党》分获三等奖和优秀奖。

红格塔拉民族幼儿园

【概况】全园设置 12 个教学班,有蒙、汉在园幼儿 303 名,其中纯蒙语授课班级 3 个,幼儿 53 名。2019 年有在册职工 28 人。

【办学成绩】2019 年度通过包头市市级示范园类级评估“一类甲级”的验收;荣获包头市“民族团结进步示范单位”;荣获达茂旗“2019 年度教育教学先进集体”;荣获全旗庆祝“中华人民共和国成立 70 周年”合唱比赛优秀组织奖;幼儿童话剧《昂沁海力布》荣获全旗第二十届少儿艺术节幼儿组舞蹈比赛一等奖、幼儿舞蹈《少儿国风》荣获二等奖。

石宝幼儿园

【概况】石宝镇幼儿园，是一所2015年就取得包头市级示范园的公办乡村普惠性幼儿园（2019年4月顺利通过市级示范园复检）。设有大、中、小三个年级6个班，在园幼儿102名，教职工27名，其中在编教师7名，合同制教师15名，保育员4名。石宝幼儿园在上级领导的关心、支持和督促下，以“不忘初心、牢记使命”主题教育活动作为党建工作的思想核心，以《2016幼儿园工作规程》精神为指导，以《3—6岁儿童学习与发展指南》为纲要，立足本园实际，结合地域乡村特色，通过开展“录、说、评”教研活动、进行岗位大练兵，以示范课引领、党员先锋模范岗等方式，激发农村学前教育教师的工作热情和奉献精神，全面提升全园教师专业化水平。开展“五大领域主题游戏活动统领、集体教学游戏活动支撑、区域游戏活动拓展”的多元化课程建构教育教学，促进每个幼儿富有个性的发展，全面提高幼儿园的保教质量。

【教学活动】5月全园开展“劳动最光荣”主题教育活动。6月举办“六一”亲子运动会。参加全旗“少儿艺术节”。7月迎接建党98周年，党支部举办红色之旅《重走先辈革命道路、感悟光荣岁月》(乌兰夫故居)，扎实开展“不忘初心、牢记使命”主题教育活动。“走村串户”大力宣传教育扶贫政策，优化招生服务。组织毕业班幼儿到小学参观学习，完善“幼小衔接”工作。10月迎接“建国70周年”，举办大型活动“我和我的祖国”。12月幼儿科学实验探索课程全面开课，幼儿户内体操活动全面开课，解决冬季体育户外活动短板。

希拉穆仁民族幼儿园

【概况】希拉穆仁民族幼儿园建于2014年春季，2015年秋季正式招生，投资280多万元，总占地面积3420平方米，建筑面积1220平方米的三层综合楼。有2个教学班(蒙、汉各一班)8名幼儿，教职工9名。其中编制1人，合同制1人，借调1人，支教 2 人,临时雇佣 4 人。

【教育教学】4 月 25 日的同课异构活动在幼儿园举办，由蒙古国幼教专家巴雅尔赛罕老师到园评课、说课,并进行半天的教师专业提升培训；多次派出教师分别到固阳县、百灵庙、包头市、鄂尔多斯市、锡盟、杭州市进行观摩学习。

【特色活动】6 月 30 日包头市妇联在希拉穆仁民族幼儿园成立市级“儿童之家”并授牌。同时呼和浩特市蒙古族幼儿园乌园长一行到幼儿园参观指导,高度关注留守流动儿童。组织幼儿观看红格尔敖包祭祀、那达慕大会、毕力格泰奶食加工厂、普惠寺、“布斯贵民间手工艺”等多种社会实践活动。6 月 28 日组织全体教师观看民族幼儿园举行的自治区级、包头市级两项“十三五”科研课题结题活动。

文化 旅游 体育 融媒体建设

文化 旅游 体育

【概况】文体旅游广电局属于一级行政机关单位，是旗政府组成部门，负责全旗文化、体育、旅游工作，财务隶属关系为一级单位。单位目前下属9个二级单位，分别为：百灵那达慕文化产业园区管理服务中心、希拉穆仁草原旅游管理服务中心、体育运动中心、乌兰牧骑、文化市场执法大队、文化馆、博物馆、图书馆和文物管理所。其中那达慕文化产业服务管理中心和希拉穆仁草原旅游管理服务中心为正科级单位；体育运动中心、乌兰牧骑、文化市场执法大队3个单位为副科级单位。

【组织机构及职责】百灵那达慕文化产业园区管理服务中心核定编制人数7人，实际在职6人，负责对那达慕会场等永久性建筑进行管理、使用和维护。希拉穆仁草原旅游管理服务中心核定编制人数13人，实际在职13人（编外聘用2人），负责对希拉穆仁草原风景区及旅游工作实施管理；编制希拉穆仁草原风景区旅游产业发展规划，做好组织编制风景区总体规划、核心景区专项规划和详细规划等工作。体育运动中心核定编制人数6人，实际在职6人，协助拟定达茂旗体育事业发展规划和年度计划并组织实施，协同有关部门规划建设公共体育场地和设施，并依法进行管理。文化市场综合执法局核定编制人数14人，实际在职10人，负责依法对全旗文化娱乐、文化遗产、广播电视、新闻出版、互联网上网服务、版权、体育、旅游等市场实施监督检查，受理文化、体育、旅游市场举报，承担法律法规规定的行政处罚、行政强制及监督检查职能；乌兰牧骑核定编制人数33人，实际在职42人（在编31人，编外合同聘用9人，临时雇用2人），负责配合上级部门进行惠民演出任务；辅导群众文艺活动，培养基层业余文艺骨干；传承民族民间优秀传统文化和非物质文化遗产，创新乌兰牧骑的创作方式、表演形式、传播渠道；开展法治宣传、科学知识普及等服务活动。文化馆核定编制人数4人，实际在职4人，负责开展社会宣传教育，普及科学文化知识，组织辅导群众文化艺术活动的综合性文化事业单位和活动场所。图书馆核定编制人数9人，实际在职9人，是收集、整理、保存、开发、利用图书、报纸、期刊、音像制品、微缩胶片、电子出版物和网络信息等文献信息资源为读者服务的文化事业机构。博物馆核定编制人数4人，实际在职4人,负责对具有历史、艺术、科学价值的可移动文物的征集、收藏、保管、陈列、展示,充实博物馆展品的内容,提高展品的内涵。文物管理所核定编制人数4人,实际在职4人,负责申报推荐文物保护单位工作,划定文物保护单位的保护范围及建设控制地带,审核建设控制地带内的建设工程项目。

【文体旅游基础设施建设】公共文化服务中心纪念馆、博物馆内部装修工程完工并试运营。从包头市体育局争取到3套体育健身路径,分别配置安装在全民健身中心、水塔街社区后河广场和新茂府嘉苑小区;安装完成2个5人制笼式足球场,建设完成百灵那达慕产业园区11人制标准化足球场。

【群众文化】开展"达茂旗2019年春节、元宵节"活动(包括2019年春节晚会、民俗文化活动、秧歌队表演、焰火晚会、花灯展示、路灯装饰等活动);开展"惠民演出"工程,全年开展各类惠民演出105场,社区群众文化活动12场;开办声乐、摄影、书法、美术等公益培训班4次,参与免费培训213人;参加上级部门举办的公共文化培训3次,参培人员50人次;选送的曲艺节目好来宝《那达慕》荣获内蒙古自治区第二届群星奖,荣获第十二届中国艺术节暨第十八届群星奖入围作品奖;长调《褐色的鹰》在包头市第十四届鹿城文化艺术节暨第二届农牧民文艺会演中获表演奖、文化馆荣获组织优秀奖。

【文化品牌】以政府引导,企业参与,社会支持的发展理念,争取100万元上级资金引进北京天风旅游开发有限公司承办第七届游牧文化旅游节,共举办开幕式文艺晚会、徒步健走比赛、千人帐篷露营、篝火晚会、户外主题派对、音乐节、啤酒美食节、羊羊认领等20余项活动。开幕式首次网络直播在线观看人数突破100万人次,接待游客35.7万人次,旅游营业收入2.5亿元。

【文艺创作】组织主创人员深入生活、深入基层,精心创作推出贴近党的十九大精神,具有鲜明时代特征,符合乌兰牧骑特点、满足基层群众需求的《玛奈乌兰牧骑》、《天之文》等文艺精品(剧)节目8个;参加自治区第八届乌兰牧骑艺术节,荣获团体银奖、创作一等奖、一专多能金奖等8个奖项;先后举办各类艺术主题展览4次,展出作品达600余幅(件),包括书法、绘画、摄影、工艺美术等主题展览,全年吸引观展群众达2万余人。

【全民阅读】利用"流动服务车"到达尔汗苏木、乌克忽洞镇开展送书下乡活动,共送出图书2000多册,盲人听书机30台,举办"全民阅读·书香达茂"活动3场,组织团队参加自治区第八届乌兰牧骑艺术节,荣获8个奖项;纪念馆接待观展人员57批次,6000余人。

【文物保护】利用现有资源和研究成果,做好敖伦苏木古城等遗址的保护工作,完善敖伦苏木古城等遗址档案。完成安答堡子古城安防及百灵庙起义旧址安防、消防项目，并利用卫星地图软件对全旗503个文物点及五条长城遗址进行精准定位。

【旅游产业】2019年编制完成《达茂旗草原旅游整治和提升规划》和《希拉穆仁草原旅游控制性详细规划》。成立旅游行业协会，并开展相关工作；依托蒙元风情、游牧文化、红色文化资源完善草原深度游、游牧文化体验游、党性教育专线游等草原精品旅游线路；创建自治区五星级乡村旅游接待户1处，研学基地2处。

【文旅项目】推进希拉穆仁草原旅游景区提档升级工程，争取300万元完成全旗旅游标志标牌和大数据中心工程；争取50万元建成红格敖包防风抑尘网项目；争取41万元建成旅游厕所10个。

【全域旅游创建】4月18日接受自治区文化和旅游厅初步验收，已将全域旅游示范区创建材料上报自治区文旅厅；参加北方旅游交易会，举办呼包两地旅游推介会、旅行社采线活动3次；举办全旗旅游安全、旅游服务标准化暨旅游讲解员培训班，培训100余人次；编印并向社区、群众、景区景点免费发放达茂联合旗全域旅游线路宣传册3000份。2019年，全旗累计接待游客人数283.89万人次，实现旅游收入达到19.8亿元。

【希拉穆仁草原旅游管理服务中心】2011年6月1日，达茂联合旗希拉穆仁草原旅游管理委员会成立，为旗旅游和口岸管理局所属事业单位，派驻希拉穆仁镇开展工作，机构规格为相当股级。2012年2月13日，按照市编委《关于达茂联合旗希拉程仁草原旅游管理服务中心机构规格的批复》(包机编办发〔2012〕4号)，更名为"达茂联合旗希拉穆仁草原旅游管理服务中心"，升格为相当正科级事业单位。核定编制人数13人，实际在职13人(编外聘用2人)，其中科级领导职数3名(1正2副)，负责对希拉穆仁草原风景区及旅游工作实施管理；编制希拉穆仁草原风景区旅游产业发展规划，做好组织编制风景区总体规划、核心景区专项规划和详细规划等工作。2019年，希拉穆仁旅游区共计接待国内外游客144.78万人次，累计实现营业收入10.13亿元，旅游经济贡献率达到21%，就业贡献率达到65%，争取上级项目资金100万元。

【文旅市场综合执法】核定编制人数14人，实际在职10人，负责依法对全旗文化娱乐、文化遗产、广播电视、新闻出版、互联网上网服务、版权、体育、旅游等市场实施监督检查，受理文化、体育、旅游市场举报，承担法律法规规定的行政处罚、行政强制及监督检查职能。充分发挥文化市场综合执法局的监督作用，联合多部门开展10次希拉穆仁旅游市场综合整治行动，检查导游300余人次；对全旗书店、打字复印、网吧和KTV等检查606家次、出动执法人员1483人次；严肃查处文旅市场违法经营行为，行政处罚立案15起，结案15起，罚款金额6.4万元；组织开展文旅市场消防安全知识讲座2次、消防现场演练1次、安全隐患排查10次；全面做好节假日文化旅游市场安全工作，实行专人值班领导带班制度，设置24小时投诉电话，确保旅游投诉第一时间得到有效处理；开展文化旅游业扫黑除恶专项行动，完善旅游企业信用信息共享机制。

【乌兰牧骑】2019年核定编制人数33人，实际在职42人(在编31人，编外合同聘用9人，临时雇用2人)，负责配合上级部门进行惠民演出任务；创作接地气、传得开、留得下的文艺作品；辅导群众文艺活动，培养基层业余文艺骨干；传承民族民间优秀传统文化和非物质文化遗产，创新乌兰牧骑的创作方式、表演形式、传播渠道；开展法治宣传、科学知识普及等服务活动。

【体育基础设施建设】编制《2019年达尔罕茂明安联合旗全民健身实施计划》，年内为全民健身中心、水塔街社区后河广场和新茂府嘉苑小区申请安装完成配备3套健身路径、建成5人制笼式足球场2处(百灵庙第二小学、第二中学院内各1处)，百灵那达慕产业园区新建成11人制足球场1个。

【竞技体育】组织开展春季哈日靶、广场舞大赛、全民健身日展演、五人制足球赛、健身操表演、“农信杯”徒步活动“中国银行杯”职工乒乓球、羽毛球、篮球比赛等17项体育健身活动。先后派出80余名运动员参加自治区西部第22届西部邻近盟市搏克协作赛，代表包头市参加自治区“欢乐草原”全民健身活动等各类全民健身活动。参加自治区西部第22届西部盟市搏克协作赛中获得团体第二，3人闯进前八，2019年荣获包头市群众体育先进集体，包头市全民健身活动优秀特色品牌荣誉。

融媒体中心

达茂联合旗融媒体中心

【新闻宣传】开设《不忘初心、牢记使命》《脱贫路上故事多》《壮丽70年，奋斗新时代》《新时代文明实践》《扫黑除恶进行时》等多个品牌新闻专栏，切实办好新闻。在办好自办栏目《达茂新闻》《魅力达茂》《百姓关注》的基础上，办好频道，全年频道共播出公益广告18848条次,选播精品爱国主义电影300部、优秀电视剧2700集,切实把电视台办出特色。重新编排新闻资讯、故事评书、休闲音乐、文化生活类节目。提升自办栏目,将综艺节目《欢乐好时光》改版为《欢乐进行时》《1028新闻驿站》节目升级为《新闻听天下》,增设音乐节目《听见好时光》,让电台节目类型更加丰富。联合旗委组织部、宣传部、民政局和边境三镇,创作以边民戍边为题材广播剧《红砂》。新开办"云上达茂"APP、入驻"内蒙古新闻"APP云端号、《人民日报》APP人民号、抖音、快手等多个传播平台。在新媒体平台开设包括"不忘初心、牢记使命""脱贫路上故事多"在内的众多专栏。利用现场云平台,直播达茂旗"两会"、2019年春晚、扫黑除恶专场晚会、诗画草原风筝节、融媒体建设现场观摩会等内容,近20万人观看直播。制作多个正能量H5和小视频,吸引更多年龄层受众。在"云上达茂"APP上线政务和民生服务功能,开通"党建指导""有事找我""便民信息""我在现场"等多个栏目,为全旗各部门和群众提供便捷服务。开通IPTV电视业务和APP端广播电视直播业务,为广大受众提供更快捷方便的收听、收看体验。2019年,新媒体共推送4000余条文字、图片、音频、视频信息,总阅读量达200万人。2019年,上级媒体共发稿249条(自治区级以上媒体发稿160篇幅),其中各级电视台发稿79条、各级电台发稿35条、各级报纸杂志发稿22篇幅,学习强国平台推送24条,其他媒体发稿89篇。

【事业建设管理】实施广播电视公共服务体系长效化建设,深入全旗12个乡苏木镇77个嘎查村,免费维修、维护390多套户户通设备。组建达茂旗公共服务微信群,技术人员对常见故障随时给予解答。维护嘎查村90套"村村响"应急广播和百灵庙镇区内大喇叭设备的线路、功放、喇叭等,保证设备正常运行。实施广播电视发射台站标准化建设,实施百灵庙、红旗牧场、满都拉三个台站标准化建设。实施传输体系一体化建设,实施自治区微波应急通信和光缆传输信号工程。自治区微波应急通信工程建设范围为百灵庙、西河、红旗牧场、满都拉四个台站,主要解决边境地区广播电视信号传输问题。媒体融合方面,2019年,将达茂联合旗新闻传媒中心更名为达茂联合旗融媒体中心。按照《县级融媒体中心建设规范》要求,整合旗内广播电视、新媒体等资源,完成融媒体中心架构谋划。按照"媒体+"的理念,拓展"宣传舆论、政务服务、社区民生、营销推广"四大服务功能,将媒体与政务、服务等业务相结合,提供多样化综合服务。按照移动优先的原则,搭建媒体"一台、一站、两微、一端、多平台"五大矩阵化板块。

达茂863台

【概况】达茂863台地处内蒙古包头市达茂旗百灵庙镇西北两公里处,距离北部边境150公里。台址海拔高度1396米,占地面积600亩。台站始建于1986年,是经自治区政府批准的建设项目,并且是自治区成立四十周年大庆的献礼项目,总投资170万元,同年5月份土建工程开工,11月份完工。1987年1月投入设备安装调试,同年7月28日日正式播音。全台2019年有在职职工18名,其中具有本科学历15名,具有大专学历的3名。党员10名,入党积极分子2名,党员占总人数的55.6%。

【广播节目】达茂863台隶属于内蒙古自治区广播电视局包头广播发射中心台。主要担负着转播中国之声(549KHz)、民族之声(1305KHz)、内蒙古汉语新闻综合广播(675KHz)、内蒙古蒙语新闻综合广播(1458KHz)、内蒙古农村牧区广播(1044KHz)五套中波节目。全台有10部10千瓦全固态广播发射机,实现了1+1配置,并配有电动倒换装置。播出总功率为50千瓦,全天播出总时间为85:15。1.中国之声,频率为549KHz,机器功率为10千瓦,辐射距离约为100千瓦的半径圆,以达茂863天线场地(南)发射塔为圆心,塔高76米,属拉线塔;2.民族之声,频率为1305KHz,机器功率为10千瓦,辐射距离约为100千米的半径圆,以达茂863天线场地(东)发射塔为圆心,塔高76米,属拉线塔;3. 内蒙古汉语新闻综合广播,频率为675KHz,机器功率为10千瓦,辐射距离约为100千米的半径圆,以达茂863天线场地(东)发射塔为圆心,塔高76米,属拉线塔;4.内蒙古蒙语新闻综合广播,频率为1458KHz,机器功率为10千瓦,辐射距离约为100千米的半径圆,以达茂863天线场地(西)发射塔为圆心,塔高76米,属拉线塔;5.绿野之声,频率为1044KHz,机器功率为10千瓦,辐射距离约为100千米的半径圆,以达茂863天线场地(西)发射塔为圆心,塔高76米,属拉线塔。

【台站建设】6月对3座中波发射台进行刷塔工作,同时对中波网络进行天线切换装置安装工作。对机房静电地板架进行更换,原地板支架摇晃不稳定,去掉原支架,改焊为不锈钢支架。安装定时广播闹铃系统,安装一套定时广播装置。增加一路信源,接入有线光缆信号,提高信源系统的安全。对蒙语发射机进行改造，将原来两部1千瓦发射机更换10千瓦发射机。

【技术保障】强化安全生产意识，以“防风险、除隐患、遏事故”为主题，开展“安全知识普及”“隐患排查”“应急演练”等多项活动。按照《安全隐患排查月》要求，从“安全播出”“网络安全”“设施安全”进行、逐步排查，解决安全生产问题。

档案管理

【概况】达茂联合旗档案局（馆）成立于1959年2月。2019年3月，根据达茂旗机构改革实施方案，原旗档案局的行政职责并入旗委办公室，旗档案馆为旗委直属事业单位，履行全旗档案的接收、管理和利用等公共服务职能。内设办公室、业务指导股、编研股、保管利用股。核定编制13人，实有12人。其中，领导3人，少数民族6人，中共党员8人；研究生学历1人，本科学历8人，大专学历3人。

【法治建设】6月9日，组织干部职工开展以“新中国的记忆”为主题的宣传活动。召开职工座谈会对新修订的《中华人民共和国档案法》进行学习研讨。11月，开展档案工作指导检查，检查对象为全旗12个苏木乡镇、抽查部分行政企事业单位。检查档案室设施设备、档案库存量、到期移交档案情况、年度档案材料是否及时完整归档立卷、档案安全管理、档案信息化工作开展情况等。采取实地查看、逐条对照档案管理工作考核标准进行综合考评。

【基础业务】投入1万多元在大厅、资料库、查询室安装6个摄像头，及时更换到期消防安全设施，实行规范管理，保障正常运转，确保档案实体及其信息安全。强化业务学习培训工作。派出8人次赴呼和浩特、包头、昆明参加档案工作业务培训。派出5人次分赴集宁、包头市档案馆实地参观、学习档案工作。整理编写6万字的“百灵庙抗日武装暴动”相关资料，收集整理4.8万字的“2018年达茂旗大事记”，收集“上海三千孤儿”有关书刊5本、CD一张。配合做好精准扶贫档案工作。配合旗扶贫办，对旗级五个一批9个部门、农区4个乡镇、35个行政村的精准扶贫文件材料的整理归档工作进行指导。

【业务建设】档案馆馆藏档案内容按历史时期划分，可分为两大类，一是中华人民共和国成立以前的旧政权档案；二是中华人民共和国成立以来的现行档案。截至2019年年底，档案馆馆藏文书档案

140个全宗104965卷;科技档案134卷,专门档案6680卷,中华人民共和国成立前历史资料8册,照片档案20册581张,馆藏图书资料7176册。

【资料征集管理利用】今年共接收黄金公司、林业局、环保局、民委等21个单位文书档案12738卷,11512件。接收森林公安账簿12盒,凭证119盒。共接待查档748人次,利用档案2469卷,复印档案8000余张,为查档人员解决草场纠纷、工龄、退伍军人登记等多种问题。深入各乡镇、机关单位针对其单位涉及的各门类未归或已归不规范档案进行业务指导,并对撤并单位档案员指导。

【馆库建设】档案馆占地面积1350平方米。其中档案库房面积930平方米。设置有查阅室、目录室、微机室、监控室,配置"八防"设施,档案装具有铁质密集柜26列10组,配置复印机、吸尘器、微机、扫描仪等设施。2017年5月,包头市发改委批复新建档案馆项目,新馆建筑面积2737平方米,总投资684万元。其中中央财政投资264万元,地方配套资金420万元。先后投入39.8万元开展档案数字化工作,录入文书档案文件目录3.3万条,全文扫描63万页,实现婚姻、人事、干部任免、知青、旗委馆藏档案的计算机检索。全旗63个立档单位安装信息化软件并开展档案信息化工作。

【爱国主义教育基地】基地分为前言、悠久的历史、珍贵的历史档案资料、历任四大班子、领导关怀、发展中的达茂、名人名录、达茂旗特色产业、秀美风光、达茂旗民俗等板块,展出图片300余幅(件)。

图书发行

【概况】内蒙古包头市新华书店有限公司达茂旗分公司(以下简称达茂店),成立于1952年11月,归属乌兰察布盟新华书店,1996年归属包头市新华书店,达茂店在职职工10人,2019年有门市部1个,全民阅读基地1个。

【业务工作】担负着全旗蒙汉文8所中小学、高中以及13所幼儿园教材、教辅、政治读物及一般图书、音像制品、电子出版物等发行任务。全店主营业务销售398.06万元,教材销售153.4万元,教辅销售149.3万元,一般图书销售46.7万元,幼儿教材销售62.7万元,资产经营收入30.85万元,费用支出35.6万元,利润实现50.2万元,两教工作作为主抓工作,保证"课前到书,人手一册"的服务宗旨。"送书到校、分书到班、发书到生"的服务理念。

【社会公益】参加公益活动,参与旗政府扶贫工作,主动承担石宝镇古碌礴村 3 户贫困户,给他们送书和猪仔作为扶贫项目。2019 年达茂旗新华书店全民阅读基地主要围绕达茂旗宣传部开展的达茂旗机关单位“学习讲堂”讲习会为主题,让每一个机关单位都走进全民阅读基地学习习近平总书记的思想理论精神,全年共举办 89 场活动。截至年底,全民阅读基地有 5000 多个品种,10000 余册,价值 32 万元,其中蒙文图书有 1000 多个品种,3000 余册,价值 15 万元。借阅人数为 1.8 万人次,借阅 3 万多册,价值 70 多万元。

医疗卫生

医疗保障

【概况】达茂旗医疗保障局作为机构改革新组成部门,于2019年3月20日挂牌成立。下设2个所属事业单位,分别为达茂旗医疗保险管理中心、达茂旗基本药物采购中心。局机关核定行政编制5人,实配3人;医疗保险管理中心核定编制9人,实配8人;基本药物采购中心核定编制5人,实配5人;合同制3人。

【业务工作】医疗保险业务方面,2019年,城乡居民医疗保险参保缴费人员共计78137人。其中缴纳200元农牧民为62482人,计1249.64万元;缴纳150元学龄前儿童、新生儿、学生为8578人,计128.67万元;缴纳280元城乡居民医疗保险6904人,计193.31万元,共计1571.62万元。缴纳150元新标准为104人,计1.56万元。共计缴费金额为1573.18万元。医疗保险待遇支出,2019年,达茂旗职工市外报销200人次,统筹支付金额196.89万元;区内异地医保转院391人次,异地安置办理12人次;靶向药备案8人次;公务员医疗补助报销311人次,统筹支付金额80.35万元;居民住院报销9817人次,统筹支付金额4439.22万元;门诊报销43730人次,统筹支付金额309.67万元,慢病报销18451人次,统筹支付金额459.7万元;“文化大革命”伤残人员共139人,报销138人次,报销金额98.23万元;生育保险报销144人次,报销金额为217.59万元。城乡居民医疗救助279人次,救助金额118.79万元。日常慢性病鉴定工作方面,优化鉴定流程,缩短办理周期,通过集中鉴定、入户鉴定、代办等多种形式,组织开展24种特殊慢性病和国贫人口慢性病鉴定两次共鉴定180人,符合鉴定标准161人。

【稽查管理】日常稽核检查,2019年,组织对辖区内28家定点医疗机构和36家定点零售药店进行230余次日常监督检查,共发现违约行为24处,停网整顿4家。“打击欺诈骗保行动”方面,开展“打击欺诈骗保行动”2次,保障医保基金安全。

【采购工作】药品采购方面,协助卫健委的基层药事委员会成员议价2次。2019年,旗级医疗机构网上采购入库1037.78万元,基层医疗机构网上采购入库438.18万元,旗级医疗机构同比采购上升281.68%,基层医疗卫生机构同比采购上升6.17%。全品种药品上报方面,

2019年，旗级医疗机构全品种上报247.25万元，基层医疗机构全品种上报26.18万元，主要为蒙药制剂、中药饮片等。23家基层医疗机构中,全品种上报3家。耗材采购方面,药采中心督促医疗机构实施网上集中采购,为医疗机构提供网上采购技术指导。药品备案采购方面，2019年，药采中心受理医疗机构备案采购2个品规，严格按照备案采购工作要求、程序实施备案采购,并为备案采购的医疗机构提供备案采购技术指导。定点药店药品和医用耗材采购价格监测和定点医疗机构医保支付标准药品采购方面,建立定点医药机构不良记录制度,对日常监督发现的问题及时纳入不良记录,为年度绩效考核结果应用提供依据。2019年,自治区纳入监测的3个品种药品，全旗25家直采单位纳入监测，发现异常采购1起。对全旗36家定点药店实施药品和医用耗材采购价格监测，连续监测6期,累计监测32658个品规，核查168个品规，未发现数据异常品规。

卫生 计划生育

【概况】2019年有各级各类医疗卫生计生机构79个，其中直属医疗卫生计生机构5个、苏木乡镇卫生院(妇幼保健计划生育服务中心)20个、社区卫生服务中心3个、社区卫生服务站2个、一体化管理嘎查村卫生室32个、私营诊所17个。实有床位数609个,在职职工516名,其中卫生技术人员410名，管理人员75名，工勤人员30名，其他技术人员112名;卫生技术人员中,执业医师148名,执业助理医师49名，执业护士136名,药(士)22名,检验技师(士)19名,影像技师(士)19名。全旗万元以上医疗设备435台,其中百万元以上医疗设备13台。

【卫生管理】重点加强特色科室的建设,申请中央财政投入资金投入大苏吉卫生院“蒙中医馆”建设正在实施中。蒙医院蒙药制剂室等待验收后核发制剂许可证,配制更多更有疗效的蒙药制剂和蒙药衍生产品。同时设立独立蒙中药药材库和蒙中药材院内库管系统。加强蒙医药文化的专科宣传,加大专科设备投入,学习其他医院特色有效的治疗方法,提高疗效。通过师承工作,继承、发扬和创新蒙中医药特色优势,保护濒临失传的老蒙医药中医药专家学术思想、医疗经验和特色诊疗技术、方法,培养造就高层次蒙医药中医药技术人才。建立全国名老蒙医传承工作室2个，评出内蒙古自治区基层名蒙医2名,包头市基层名蒙医1名。蒙医院蒙医胃肠科被评为自治区蒙医特色优势重点专科。以蒙医院人事薪酬制度改革为契机,在蒙医(药)人才引进、蒙医专科培养方面予以政策倾斜。全力推进巩固国家卫生县城创建成果工作,健康城市社会宣传以开展第30个全国爱国卫生月和第一个爱国卫生周活动为抓手,集中宣传与健康巡讲、入户宣传相结合,宣传覆盖面不断扩大。

【基层医疗】提升苏木乡镇卫生院数字化医疗设备建设,为苏木乡镇中心卫生院配备数字化心电图机5套、彩色多普勒超声诊断仪2套,为嘎查村卫生室配备平板电脑21台。全旗常住人口家庭医生签约85.34%,城乡居民健康档案电子档案建档率76.98%,0—6岁儿童健康管理率95.05%,孕产妇健康管理率100%,老年人健康管理率74.60%,高血压患者健康管理率96.31%、规范化管理率77.02%,糖尿病患者健康管理率100%、规范化管理率85.53%,65岁以上老年人健康体检率72%。

【人口情况】实行一孩、二孩生育登记制度、及时采集出生人口、奖励扶助等信息,逐步完善全员人口信息库。截至2019年9月底,全旗现居住总人口数为9.6万人,其中,少数民族1.72万人,占总人口数的17.92%,汉族7.87万人,流出人口1.3万人,已婚育龄妇女数为1.5万人,当年出生563人,其中,一孩出生320人,二孩及以上出生219人,出生率为5.895‰,出生性别比102.5。

【优生优育】2019年,对674人发放叶酸,免费婚检1072人,婚检率85.49%,孕前优生健康检查人数604,孕检率94.37%。新生儿遗传代谢疾病筛查388人,筛查率99.49%,新生儿听力筛查272人,筛查率69.74%。避孕节育方面,在社区、医院、基层卫生院、便民服务大厅、苏木乡镇“一办三中心”等地设立33个药具免费供应点,设立流动发放网点,将流动人口及特殊人群纳入服务范围。采取各种节育措施13488人,其中落实长效节育措施12811人,药具648人,全旗已婚育龄妇女综合节育率为89.26%,长效节育措施占总节育的94.98%。

红十字会

【概况】达茂联合旗红十字会成立于1965年10月,起初由旗卫生局代管,1965年11月成立基层红十字会。期间一直停止工作,1990年6月恢复工作。2005

年11月机构独立,变为由旗政府直接管理。旗红十字会属全额拨款正科级事业单位,参照公务员管理,内设办公室、宣传筹资科和业务科3个科室。2019年有人员编制5人,实有人员4人,包括1名常务副会长、3名工作人员,另外聘请1名志愿者担任专职会计,1名三支一扶志愿者。获得内蒙古自治区红十字会系统先进集体的荣誉。

【救灾救助】举行2019年“博爱送万家”送温暖活动。救助受灾贫困农牧民家庭和企业贫困职工共550户,每户发放价值208元的米、面、油一份,发放救助物资总价值11.44万元。开展贫困群众(学生)救助工作。救助贫困群众(学生)226人,落实救助金20.74万元。其中,救助大病贫困患者131人,落实救助金11.51万元;救助贫困学生81人(当年入学贫困大学生20人),落实救助金8.61万元;救助慰问其他贫困群众弱势群体14人,落实救助金0.62万元。开展红十字“光明行”社会公益活动。5月底积极联系包头朝聚眼科医院深入达茂旗12个苏木乡镇共为2000余人进行眼疾病免费筛查,包头朝聚眼科医院在百灵庙镇及3个基层乡镇为44名符合手术条件的白内障患者实施免费复明手术。共实施白内障患者免费复明手术57例,患者手术成功率100%。

【人道服务】积极开展造血干细胞志愿捐献和遗体器官志愿捐献登记工作。利用各类宣传、培训活动,开展造血干细胞和无偿献血宣传动员、知识普及和志愿者招募,并于7月25日开展了2019年捐献造血干细胞血样采集活动,血样采集入库人数22人。全旗共有造血干细胞血样入库人数210人。组织志愿者积极参与全旗2019年无偿献血活动。全旗已有捐献器官、遗体志愿登记者12名,其中,3名登记者已实现遗体、器官捐献。启动2019年“五个一”项目,在石宝镇石宝村委会实施“博爱家园”项目1个,为石宝旧村修建储水水塔1座,打饮水井1眼,解决该村148户人家308口人吃水难问题;在希拉穆仁草原旅游管理服务中心设置红十字应急救护点1个;在百灵庙第二中学设置应急救护角1个;整合资源,将百灵庙第二中学创建为自治区红十字示范学校,设置人道文化传播点1个。

【筹资工作】筹集募捐款77.69万元。其中通过开展“博爱一日捐”活动,共有67个机关、企事业单位的2300余名干部,捐款26.24万元。“自强基金”筹资20万元,“达茂教育救助基金”筹资14.8万元,其他定向捐款16.65万元。

【基层组织】全旗已有团体会员单位94个,个人会员8500名,红十字志愿者227名。行政事业单位建会率达95%以上,企业建会率达30%以上。全旗12个苏木乡镇和44个嘎查(村、社区)建立红十字会,建会率分别达100%和51.76%,12个苏木乡镇和36个嘎查(村、社区)达到

"六有"要求,"六有"合格率分别达100%和81.81%。

【志愿者服务】新发展志愿者30人,在项目点成立志愿服务队3支,共有志愿服务队13支,注册志愿者63人,组织深入各学校开展红十字应急救护、逃生演练8次,普及性培训8次,主题班会1次,开展红十字青少年志愿服务活动10余次。年内组织开展"三救三献""光明行"等各类志愿服务活动30余次,尤其是在今年鼠疫防控期间,积极组织志愿者深入社区村嘎查、学校等地开展爱国卫生和鼠疫防控知识宣传,发放宣传资料,确保做到鼠疫防控入脑入心、人人皆知。

【获得荣誉】2019年9月11日在呼和浩特市召开的内蒙古红十字运动100周年大会上,红十字会被授予"全区红十字系统先进集体"荣誉称号。

卫生计生综合监督

【概况】达茂旗卫生局卫生监督所于2006年1月4日组建成立,2016年变更为达茂旗卫计局卫生监督所,2018年变更为达茂旗卫生计生综合监督执法局,副科级,参照公务员管理事业单位。主要职能是依法监管医疗机构、传染病、公共场所、生活饮用水卫生、职业卫生和学校卫生等综合监督工作;其次还承担卫生监督现场监测、技术取证、行政执法以及法律规定的其他职责范围内的工作。核定编制11名,其中行政人员10名,工勤技能人员1名。2019年有在岗职工7名,行政人员6名,工勤技能人员1名,空编4名。2019年有综合执法车1辆,与卫健委合署办公。

【卫生许可】2019年,共验发各类公共场所卫生许可证193户,包括50户美容美发、131户住宿(其中百灵庙镇56户、基层乡镇75户)、4户娱乐场所、4户洗浴、2户超市、1户汽车站、1户电影院等公共场所,从业单位建档率100%,监督覆盖率100%,持有效证件率100%(卫生许可证和健康证)。

【医疗卫生和传染病监督】开展打击非法行医、非法采供血和非法鉴定胎儿性别、非法终止妊娠等打击"两非"专项行动,对2户药店非法行医、1户社区卫生服务中心及3家个体诊所医疗垃圾处置不规范等违法行为进行了处罚,共计罚款14000元。对辖区内7家开展放射诊疗工作的医疗机构进行了监督检查,对基层卫生协管工作进行了2次督导检查和1次关于卫生协管、院内感染控制、医疗废物处置专题培训。完成国家双随机监督抽查任务6项,包括医疗机构监督4项,放射卫生监督2项。加强各医疗机构传染病防治的监管,共监督检查妇幼保健所计划生育服务中心、社区卫生服务中心(站)5户,疾病预防控制中心1户、乡镇卫生院21户、个体诊所19户,民营医院5户、村卫生室36户等共计87户,各医疗卫生机构均建立医疗废物管理制度,设有专职或兼职管理人员。

【职业卫生监督】对全旗82户厂矿企业进行摸底调查,共有52户厂矿企业运行生产,30户厂矿企业暂时停业,对52户运行厂矿企业建筑“三同时”、工作场所职业危害因素检测、劳动者职业健康体检、职业病危害因素项目申报以及企业负责人、管理人员和劳动者职业健康培训等方面进行了监督检查。共有31户企业申报职业危害因素,申报率60.0%,共进行职业健康体检1756人,体检率76.6%,参加职业卫生管理人员培训115人,培训率达95%,开展职业危害场所监测18户,监测率35%。

【公共场所卫生监督】全年对50户美容美发、56户住宿、4户娱乐场所、4户洗浴、1户汽车站、1户影院、2户超市等共118户各类公共场所开展经常性卫生监督检查工作。

【生活饮用水卫生监督】全年重点对达茂旗1户百镇供水站进行监督检查,主要对供水单位水源地保护、水污染事故应急措施、水质净化和消毒设施运转情况以及供水站持有效卫生许可证、工作人员持证上岗等方面进行监督检查,并按照国家双随机抽查任务完成1户百镇供水站双随机任务抽查工作。

疾病预防控制

【概况】1950年达尔罕旗设立卫生科,1954年卫生科组建了达茂旗民族卫生工作队。1958年11月,旗人民政府决定撤销民族卫生工作队,改建卫生防疫站,站址在旗卫校。2006年1月根据达机编发〔2006〕1号文件成立达茂旗疾病预防控制中心。达茂旗疾病预防控制中心的发展历程,记录达茂防疫人与时俱进,开拓创新的发展观,2019年全中心现有在职人员15人,内设办公室、地病股、计划免疫股、检验股、流病股等业务股室。设有党支部、工会、共青团、妇联等组织。主要开展结核病防治、急性传染病控制、地方病防治。承担突发公共卫生事件的处理任务。

【疾控宣传】重点开展“3·24”世界结核病日、“4·14”创建文明旗县城暨第29个爱国卫生月、“4·25”全国儿童预防接种日、“4·26”全国疟疾日、“5·31”世界无烟日、“7·28”世界肝病日、“10·8”全国高血压日、“10·10” 世界精神卫生日、“11·14”糖尿病日、“12·1”世界艾滋病日等宣传工作。

【地方病防治】按照包头市疾控中心的监测抽样要求，旗疾控中心组织专业人员采集8—10岁儿童家庭碘盐200份，孕妇家庭碘盐100份，均合格。

【结核病防治】截至12月31日，全旗结防门诊共接诊初诊病人255例，确诊为活动性结核病人40例，其中涂阳18例，涂阴病人22例。为40例结核病病人免费提供抗结核药物进行规范化治疗，并纳入项目管理。非结防机构网络直报疑似结核病病人46例，转诊到位41例，重报患者数5例，转诊到位率为100%。对40例结核病人全部纳入正规治疗，18例涂阳病人施行全程督导管理，其他22例病人施行全程管理方式治疗。截至12月31日应检查涂阳患者密切接触者36例，涂阳患者密切接触者检查率为100%，未查出肺结核病人。

【慢性病防治】全旗常住人口97200人，居民健康档案规范建档78 023人，建档率80.27%；全年高血压患者6903人，规范管理高血压患者6386人，规范管理率为92.51%；最近一次随访血压达标患者数4858人，血压控制率69.36%；2型糖尿病患者1361人，规范管理糖尿病患者1229人，规范管理率为90.30%，最近一次随访血糖达标患者数806人，血糖控制率59.22%；重症精神疾病患者454人，规范管理454人，规范管理率为100%。

妇幼保健

【概况】达茂联合旗妇幼保健计划生育服务中心是一所政府举办的医疗保健公益机构，始建于1958年，时称达茂旗妇幼保健所，2016年与达茂旗计划生育服务站合并后改名为达茂联合旗妇幼保健计划生育服务中心。达茂旗妇幼保健计划生育服务中心是包头市唯一开展产科临床业务的妇幼保健机构。2019年准备搬迁的新楼为三层框架结构，占地面积约3200平方米（使用面积约2500平方米），编制床位数30张。核定编制数32个，有职工45人（其中在编职工27人，临时聘用18人）。内设儿童保健部、妇女保健部、孕产保健部、计划生育技术服务部以及免费孕前优生健康检查室、检验科、彩超室、心电图室、手术室、妇产科、麻醉室、护办室等功能齐全的相关职能科室。拥有全自动生化分析仪、全自动血球计数仪、尿液分析仪、阴道镜、化学发光仪、超声仪器、母婴监护仪、救护车、心电监护仪、DR等先进设备。

【婚前孕前医学检查】2019年,叶酸发放760人,发放叶酸2280瓶;免费婚检1072人,检出疾病22人,结婚人数1254人,婚前医学检查率为85.49%;孕前优生健康检查人数604人(302对),目标人群完成率为94.38%。

【妇幼保健】2019年,全旗两个助产机构共出生390人,新生儿苯丙酮尿症筛查388人,筛查率为99.49%,新生儿听力筛查272人,筛查率为69.74%。入托体检人数666人,其中患病人数为12人,对全旗9所幼儿园,进行3次督导检查。并就各项检查结果对幼儿的健康状况及时做专业的综合评估,对幼儿健康成长具有重要的指导意义;婴儿死亡率为1.38‰、5岁以下儿童死亡1人,死亡率均为1.38‰,3岁以下儿童系统管理率95.66%,7岁以下儿童健康管理率均达95.06%。

达茂联合旗医院

【概况】达茂旗医院始建于1951年,时称达茂旗中心卫生院,1958年正式改名为达茂旗医院,2019年建设成为占地面积6665平方米,建筑面积16000平方米的二级甲等综合性公立医院,开放床位150张。核定编制106名;有职工185人(其中在编职工96人,临时聘用89人)。

【医务工作】确保医疗保险接口、国贫人口一站式报销正常运行,电子健康卡6月底投入使用,健康码使用率为60.45%。与包头市中心医院开通影像远程会诊。与包医二附院开展远程门诊;与内蒙古、包头市多家三甲医院建立协作关系。与包头市中心医院签署医疗联合体合作协议。与包钢医院签署包头市航空紧急医学救援联盟内蒙古包钢医院基地医院建设合作协议。成为包头市第六医院精神卫生专科联盟单位。成为包头医学院第二附属医院“胃爱护肠”消化道早癌筛查项目协作单位。改善医疗服务,在门诊一楼增设名医工作室、智能雾化室;开展胃肠镜检查项目,胃肠镜检查285人次,消化道早癌筛查240人次;开展宫颈癌疫苗预约接种工作27人次;开展狂犬疫苗接种工作240人次。成为“包头市青年见习基地”,签订13名优秀医护人员到医院见习。

【公益医疗服务】下乡义诊17次,举行健康知识讲座5次,为1500余人次进行免费B超、心电图、测血糖、测血压、化验。为全旗3630名中小学生进行健康体检,为达尔汗苏木253名60岁以上农牧民进行健康体检，为全旗39名宗教人士进行免费健康体检，为40名全旗优秀志愿者免费体检。

【医保工作】按医保相关政策对职工、居民医保门诊慢性病进行现场报销；确保医疗保险接口、国贫人口一站式报销正常运行；执行物价政策，督查违反相关价格政策，私立项目收费、分解项目收费、超标准收费的情况。

【血液与药品管理】药品实行零差率，执行药品、耗材网上采购政策，将原有28家药品供应商整合为5家。完善药品集中网上竞价采购工作，加强特殊药品管理工作，加强对医疗药品购销合同的签订履行，按时回款工作。完善中药饮片管理制度，加强中药饮片各环节管理，保证中药饮片质量，保证临床用药安全有效，从饮片的购进、保管、调配、煎煮等方面进行严格管理。

【基础设施建设】引进医用内窥镜图像处理器、电子上消化道内窥镜、电子下消化道内窥镜、医用内窥镜冷光源等。

达茂联合旗蒙医院

【概况】达茂旗蒙医医院创建于1951年10月，是包头市唯一一所综合性蒙医医院，医院以医疗、教学、康复、保健、医养、旅游为一体，是蒙医系列“满巴拉森”的延续，肩负传承发展民族医药事业的重任；医院同时承担旗县医疗卫生救治和国际蒙医药交流工作。2012年成为包头120急救分站，2011年12月通过内蒙古自治区“二级甲等蒙医综合医院”评审，2014年12月晋升为国家级“二级甲等民族医医院”。2019年3月被评为“内蒙古自治区蒙医中医名院”。

【扶贫义诊和公益服务】全年共下乡义诊、健康保健知识宣传等医疗卫生服务16次，健康知识讲座6次，共为900余人次进行免费诊疗、测血压，发放预防保健、医疗救护、健康教育、卫生法律法规等宣传资料1200余份，发放价值5000元的药品。组织医护人员到结对帮扶的额尔登敖包嘎查为当地牧民义诊1次，义诊患者共58人次，减免费用3800元，免费发放价值1100元的药品。开展“54321”干部下乡帮扶工作，开展扶贫义诊3次，义诊患者共150人次。义诊费用减免15000余元，免费发放价值3600元的药品。走访慰问7户国贫户5次，向他们送上价值1200元的米、面、月饼，常用药等慰问品。建立定期巡诊和轮换派驻骨干医生制度，对卫生院人员、业务培训10次，向上转诊21人次，截至12月31日完成国贫免费体检

691名，国贫人员慢性病鉴定423例。农牧民共体检746名。

【蒙中医药标准化建设】加强特色科室建设，以疗术科、制剂室、康复科、汗蒸房、心身医学科等科室建设为特色，积极推广宣传，扩大影响力，同时利用现有的蒙成药炮制加工生产线，在每年自行配制蒙药已获得准字号65种的基础上开发研究传统验方和院内制剂准字号，传承发扬蒙医药事业，以特色吸引周围地区患者。同时加强各科室人才培养力度，提升医疗服务质量。

【医学教育】全年组织医护人员进行专业技术、医德医风、继续教育等培训36次，对医护人员进行业务理论、实践操作考试6次，每周在病区内进行基础护理知识学习和护理操作示范演练。共引进5名蒙医药紧缺专业技术人才，充实医院人才队伍，加强人才梯队建设；选派53名专业技术人员前往上级医院学习、培训和参加学术交流活动，其中一年以上进修人员7名。聘请上级医院专家30人次到医院巡回坐诊。

民政管理　民族事务

民政管理

【概况】2019 年达茂旗民政局有干部职工 30 人(其中行政人员 8 人、事业人员 10 人、合同制人员 11 人、志愿者 1 人)。2019 年机构改革内设 2 股 1 站 1 所 1 中心,即机关事务股、基础政权和社区治理股、救助管理站、殡葬管理所、低保中心。承担全旗的城乡低保、社区建设、民间组织管理、社会福利、基层政权和基层群众自治组织建设、行政区划和地名管理、婚姻登记管理、殡葬管理、救助管理及儿童收养管理等工作。

【社会救助】救灾工作方面，年初存储衣物 2000 套、被子 800 套、帐篷 50 个、蒙古包 80 顶。上半年将 475.41 万元救灾款拨付到各苏木乡镇,解决各地冬令、春节期间受灾户、特困户等困难群众的生活急需。春节前对全旗的特困户、低保户、优抚对象等进行走访慰问，支出慰问金 117.2 万元。城乡低保方面,城镇低保补助标准由每人每月 670 元提高到 710 元，农牧区低保补助标准由每人每年 5700 元提高到 6040 元;全旗有城镇低保对象 219 户、338 人,发放低保金 223.85 万元,农村牧区低保对象 1099 户、2004 人，发放低保金 721.2 万元。特困人员供养方面,农牧区特困人员分散供养标准由每人每年 7410 元提高到 10000 元,集中供养和分散供养标准全部达到每人每年 10000 元;城镇“三无”人员分散供养标准和集中供养标准全部达到每人每月 1600 元。同时按时足额发放特困人员供养金，全年为 665 名农牧区特困人员发放供养金 664.8 万元;为 43 名城镇“三无”人员发放供养金 82.87 万元,为 97 名特困失能人员发放护理补贴 98.42 万元,为 8994 人次重度残疾人发放护理补贴 269.83 万元，为 2803 人次困难残疾人发放生活补贴 83.4 万元。孤儿分散供养和集中供养标准分别为每人每月 1700 元和 2000 元。全年为 46 名孤儿发放供养金 80.91 万元。临时救助方面,对 294 名生活困难人员给予临时救助,发放救助金 45.33 万元;“救急难”救助 24 人，发放救助金 20.04 万元，发放米面油 1033 份，支出 25.36 万元。为 5 户国贫户发放救助资金 1.35 万元。城乡低保户取暖救助方面,为 1064 户农牧区低保家庭每户发放 400 元取暖补贴,共计 42.56 万元;为 213 户城镇低保家庭每户发放 1200 元取暖补贴,共计 25.56 万元。城乡医疗救助方面,资助 2265 名城乡低保、城镇三无、特困人员和孤儿参加城镇居民基本医疗保险和农村牧区合作医疗,支出救助金47.68万元。审批大病救助对象249名,发放救助金99.87万元。

【双拥优抚安置】双拥工作方面,走访慰问13个原驻军单位、10个现驻军单位,发放慰问金12.5万元,慰问30名优抚对象,发放慰问金4.5万元。优抚政策方面,81名重点优抚对象和86名60周岁农村籍退役士兵缴纳参保参合费用35528元,为11名重点优抚对象报销医疗费1.98万元。为153名各类重点优抚对象发放生活补助金139.52万元;为125名60周岁以上的农村牧区退役士兵发放生活补助金25.23万元。

【社会事务】宣传《中华人民共和国婚姻法》和《中华人民共和国新婚姻登记条例》,规范婚姻登记工作,办理结婚登记599对、离婚登记308对、补办结婚登记578对。全年为328名60周岁以上老年人办理老年优待证。年内为2576名80周岁以上的老年人发放高龄津贴299.74万元。为408名落实政策"三民"对象发放补助525.08万元;为39名老弱病残退职人员及社会定补人员发放生活困难定补33.09万元。殡葬管理方面,在春节、清明节等祭祀节期间在百灵庙镇设置集中焚烧点8处、集中放置焚烧箱80个,规范祭祀活动。按照全旗机构改革的要求,做好与发改委、应急管理局、退役军人事务局、医疗保障局工作的移交。

残疾人联合会

【概况】达茂旗残疾人联合会于1991年11月组建,核定编制4名,实有工作人员4名,其中理事长1名,副理事长1名,科员2名,聘用合同制工作人员7名。84个嘎查村(社区)有7名专职委员,84个兼职委员,构建旗乡村三级组织网络健全。全旗有残疾人7252人,占总人口的6.04%。截至2019年年底全旗持证人数为4233人,其中视力残疾501人,听力残疾409人,言语残疾73人,肢体残疾2435人,智力残疾453人,精神残疾344人,多重残疾18人。

【残疾人康复】全旗有精准康复服务需求的残疾人为1440人,已提供精准康复服务的为1366人。联合旗医院医学康复科和新胜街社区卫生服务站,完成100余名残疾人实施康复训练。实施脑瘫儿童康复训练7名,聋儿助听器康复训练1名,孤独症儿童免费康复训练2名。在包头市近视弱视防治中心为低视力残疾儿童康复训练3名。在包头市六医院实施住院治疗3名精神残疾人。联合包头市朝聚眼科医院开展"光明行"复明工程,共为30名残疾人实施免费白内障复明手术。

通过市残联辅具中心为353名残疾人适配辅助器具，为视力残疾人发放听书机8个，为听力残疾人发放助听器41个、闪光门铃20个。

【残疾人教育就业】2019年，共救助298名贫困残疾学生及残疾人子女，投入资金12.47万元。救助21名残疾学生及残疾人子女，每人5000元，共计105000元。为城镇残疾人开展2期职业技能培训，为农村牧区残疾人开展3期实用技术培训，共计培训244人。在小文公拉兑九村委会西有庆村，扶持10户残疾人农民种植“绿头蒜”来实现增收，最终每名残疾人的收入达到3000元。

【残疾人社会保障】全年为2219人发放重度残疾人护理补贴，发放资金269.82万元。为762人发放困难残疾人生活补贴，发放资金84.15元。为733残疾人购买意外伤害保险实施补贴，每人补贴30元。全年征收残疾人就业保障金263.43万元。重点帮扶36名残疾人，每人给予慰问金1500元，合计5.4万元。2019年元旦、春节期间临时救助残疾人69人，投入资金3.45万元。

【组织维权】开展残疾人证办理工作，开展残疾人证清理工作、残疾人证到期换证工作，全年为229名残疾人办理残疾人证。畅通残疾人反映诉求渠道，累计接待处理残疾人来访57件。为53名贫困残疾人家庭实施无障碍改造工程，发放了轮椅、坐便椅、助行器、拐杖等辅助器具。

【获得荣誉】2019年5月16日，第六次全国自强模范暨助残先进表彰大会在京举行，达茂旗残联理事长那日苏荣获“全国残联系统先进工作者”荣誉称号，并受到习近平总书记在人民大会堂亲切会见。

民族事务

【概况】达茂联合旗民族事务委员会2019年有在编领导干部2名（正科级1名，副科级1名），科员1名，工勤人员1名。下设蒙古语文翻译中心，共有事业编制人员7人。党员6人。2019年3月份，根据机构改革实施意见，旗委统战部统一领导旗民族工作，在旗民族宗教事务局的民族工作等职责基础上，组建旗民族事务委员会，作为旗政府工作部门，归口旗委统战部领导。不再保留旗民族宗教事务局。旗委统战部统一管理宗教工作。将旗民族宗教事务局的宗教事务职责划入旗委统战部，对外加挂旗宗教事务局牌子。

【民族工作】民族团结进步创建方

面,依托“一周两月”活动,组织各机关单位、苏木乡镇、企业、社区、嘎查村以及学校,以悬挂标语、发放宣传单和书籍、举办讲座、组织知识问答、举办那达慕、参观“民族团结进步教育基地”、开展手工艺培训和庆祝中华人民共和国成立70周年系列活动等形式,开展党和国家民族政策学习宣传教育活动以及民族团结进步创建活动。发挥典型引领作用,满都拉镇巴音哈拉嘎查戍边牧民阿迪雅被国务院表彰为全国民族团结进步模范个人。民族文化传承方面,开展“腊月二十三民俗活动”、祭敖包及第七届游牧文化旅游节期间的祭火、祭苏力德仪式,促进民族文化的发展和传播。

【民族经济】项目报备方面,本着服务大局、精准扶持的原则,完善项目库建设,最终确定符合投向的18个项目,共涉及项目资金1605万元。项目推进方面,项目资金现已拨付1591万元,其中《达茂旗查干哈达苏木边境延伸区牧民危房改造项目》《达茂旗巴音敖包苏木诗画草原“研学旅”脱贫攻坚项目》等7个项目完工,6个正在实施建设,5个正在办理前期手续。完善项目库的申报、储备、实施和监管流程。整合历年未实施项目资金、项目招标后的剩余资金共计220.05万元,作为下一批项目申报备用资金。脱贫攻坚方面,合理分配2019年少数民族发展资金项目,力求覆盖全旗12个苏木乡镇的贫困人口。投入2019年少数民族发展资金100万元,实施《小文公乡腮林村集体经济绿头蒜培育基地续建项目》,完善绿头蒜培育基地基础设施建设,扶持腮林村发展集体经济。

【蒙古语文】宣传方面,结合文化旅游节、那达慕及“一周两月”重要时间节点,着重宣传《内蒙古自治区蒙古语言文字工作条例》《包头市社会市面蒙汉两种文字并用管理条例》。执法整顿方面,开展社会市面蒙汉文并用大检查,针对不符合要求的牌匾下发《限期整改通知书》,全旗各类牌匾、会标、标语等社会市面用文并用率达到99%,准确率在95%以上;全旗大型会议标语标题和四大班子重要下行文件的翻译率达到100%。

【城市民族工作】聘请内蒙古蒙古文书画艺术专修学院讲师,就皮雕、木雕、银质工艺、刺绣、蒙古族服饰制作,举办为期五个月的专业化系统化培训,部分培训作品入选包头市文化艺术展览品行列。结合全旗第36个民族团结进步月活动,举办以“民族团结,共同致富”为主题的民族手工艺作品展,共展出各类作品435件。

【单位荣誉】2019年包头市教师才艺大赛荣获优秀组织奖;2019年第十一个民族政策宣传月有奖答题活动优秀组织奖。

人力资源和社会保障

【概况】2019 年，根据《达茂联合旗机构改革实施意见》的精神，将公务员管理职责划入旗委组织部；将军官转业安置等职责划入旗退役军人事务局；将城镇职工和城乡居民基本医疗保险、生育保险职责划入旗医保局；将外国专家管理职责划入旗工信和科技局。2019 年达茂旗人力资源和社会保障局局机关内设 8 个股室：办公室、人事人才管理股、工资福利股、职称股、劳动关系和工伤保险股、劳动仲裁股、政策法规股、基金监督股。下属 3 个事业单位：社会保险中心、就业局、劳动监察大队。其中局机关行政编制 11 个、工勤编制 1 个(正科级领导职数 1 个、副科级 2 个)，在职干部 9 名；劳动保障监察大队事业编制 9 个，在职干部 7 名；社保中心参照公务员管理事业编制 13 个（副科级领导职数 1 个)，在职干部 6 名；就业服务局行政编制 1 个(副科级领导职数 1 个)，参照公务员管理事业编制 10 个，事业编制 1 个，在职干部 10 名。

【公务员管理】人才培养和引进方面，共选派 4 名专业技术人员参加各类人才培养项目；按照安置要求对 7 名退役士兵、3 名订单定向免费医学毕业生安置为旗事业单位工作人员，申报招聘事业单位工作人员 82 人；对 2018 年度新录用的事业人员、2019 年转正的村干部及备案人员办理工龄认定、转正定级手续 46 人。干部人事管理方面，完成 2018 年度事业单位工作人员年度统计上报工作及年度考核、审核和备案工作；对今年新任职的领导干部及时办理备案手续；审批退休共 282 人。

【专技人员管理】完成 128 名专业技术人员高、中、初级职称申报工作；完成 1600 名专业技术人员继续教育在线培训学习和 128 名申报高、中、初级职称专业技术人员审验工作；完成教育系统 38 名中初级中小学教师专业技术职称自评工作。完成 11 名“三支一扶”人员期满考核工作，以及新引进的 15 名“三支一扶”人员的接收、岗前培训、分配等工作。

【就业工作】2019 年，全旗实现农牧民转移就业 22569 人，完成目标任务 21000 人的 107.4%；城镇新增就业 1504 人，完成目标任务 1500 人的 102%；城镇登记失业率 3.77%。农牧民转移就业技能培训 1121 人，完成目标任务 1100 人的 102%；城镇失业人员就业培训 317 人，完成目标任务200人的158.5%；家庭服务业培训303人，完成目标任务200人的150%；创业培训554人，完成全年目标550人的100%；创业培训后成功创业240人，完成全年目标任务200人的120%，发放创业担保贷款3020万元,完成目标任务3000万元的100%。失业保险参保人数6002人,完成目标任务6000人的100%，为93名失业人员发放失业保险金90万元，失业保险征缴300万元,完成目标任务280万元的107%。全面做好离校未就业高校毕业生的就业指导和管理服务工作，完成目标任务260人的100%。

【社会保险】2019年,城镇职工养老保险累计参保人数达17723人,新增扩面598人，完成全年扩面任务300人的199%；城乡居民养老保险参保人数73948,参保率98%;工伤保险,累计参保人数达8639人,征缴19.7万元;城镇职工养老保险核定应缴社会保险费5324万元,实际征缴5022万元,补缴往年94万元;城乡居民养老保险缴费人数2688人,个人缴费165万元,财政补贴19万元,政府代缴金额为22万元；城镇职工养老保险累计为74443人发放1.7亿元,发放率为100%;2019年新增退休人员358人,其中企业新增210人,灵活就业新增144人,失地农民新增4人。城乡居民养老保险累计为15572人发放养老金3728万元；工伤保险累计为33人支付工伤待遇141.9万元。

【劳动保障监察与人事争议仲裁】共排查检查用人单位192户,涉及劳动者达3829人,其中工矿企业42户,涉及劳动者人数2679人,其他用人单位150户,涉及劳动者人数1150人。劳动合同的签订率达100%。共解决举报、投诉欠薪案件1起，涉及农牧民工1人，追回拖欠工资0.84万元,结案率达100%。规范劳动争议仲裁,旗劳动人事争议仲裁委共受理案件16件,涉及劳动者16人。立案审理案件13件,不予受理3件。已审结案件11件,涉案总金额为54.67万元,其中仲裁调解处理3件、仲裁裁决处理6件,仲裁决定处理2件。

苏木乡镇

百灵庙镇

【概况】百灵庙镇是达茂联合旗委、旗政府所在地，是全旗政治、经济、文化中心镇，距包头市167公里，距呼和浩特市168公里，处于呼包鄂经济区两小时辐射圈，素有“草原码头”“陆路口岸”之称。总面积585平方公里，下辖7个社区居委会，4个嘎查村，总人口1.9万户、4.7万人，其中农牧业人口1037户、2067人，少数民族7083人(蒙古族5396人)，是一个以蒙古族为主体，汉族占多数、多民族聚居的少数民族城关镇。现有耕地3万亩，其中水浇地26700亩。可利用草场59.6万亩，人工林地10.2万亩。

【组织机构】百灵庙镇辖呼恒乌拉街、水塔街、吉祥湾街、解放街、艾不盖街、新胜街、朵兰戈尔7个社区，忽吉图、塔日更敖包、黄花滩、红格塔拉4个嘎查村。百灵庙镇党委下辖7个党总支，22个党支部，共有党员631名，流动党员229人，少数民族党员150人。内设党政综合办公室、财务所、文化站、产业办、经管站、环卫站、计生办、民生办、农牧业服务中心办公室、人大办、纪检办、兽医站、派出所、司法所。

【脱贫攻坚】制定《百灵庙镇2019年精准脱贫实施方案》，以“六个精准”“两不愁、三保障”为统领，完成全镇建档立卡贫困户脱贫摘帽任务。开展中央脱贫攻坚专项巡视反馈问题、市委联动巡查组反馈意见、旗委扶贫领域专项巡察反馈问题整改工作，制定百灵庙镇《中央第八巡视组脱贫攻坚专项巡视反馈意见整改方案》《市委联动巡查组反馈意见整改方案》《十三届旗委脱贫攻坚专项巡察反馈意见整改方案》，立行整改的问题已全部整改完成，3项需长期坚持的问题已完成整改并销号。

【农牧工作】春耕总播种面积2.99万亩，完成11619亩、6.3万元种植业保险投保工作，其中投保玉米8811亩、5.3万元，葵花1018亩、0.37万元，马铃薯846亩、0.4万元，甜菜944亩、0.23万元，发放各类农牧补贴252.4万元。投资265万元，实施黄花滩村田园综合体建设项目。争取旗民委少数民族发展资金50万元，在黄花滩旧村打造传统蒙古包制作项目；争取旗农开办82万元专项经费，在忽吉图嘎查打造肉羊养殖项目。

【城建工作】推进国道335线路项目征占地工作，共签订征地补偿协议153户，剩余9户。配合旗住建局清理棚改腾空区,配合开展街景立面改造、新城区市政基础设施等续建工程。为瑞星小区、锦绣花苑等22个小区引进物业公司,贝勒小区、电力小区等11个小区实施准物业和居民自治化管理,累计发放物业补贴30万元,在巴音东小区、百灵花园小区探索成立业主委员会。

【新农村新牧区】针对环境保洁、"六乱"等痛点开展专项整治,清理各类垃圾7852立方米。落实"河长制"工作要求,开展巡河6次,设立河长工作牌。组织工作人员全面摸排镇内废弃沙坑5处。依托黄花滩村、红格塔拉村观光农业线路,扶持农家乐提档升级,培育发展星级农家院和家庭旅馆。

【社会治理】共整治"涉黄""涉赌""涉毒"治安乱点31处,抓获相关人员150人,摸排上报涉黑涉恶线索4条。通过微博、微信等线上载体宣传扫黑除恶相关内容287条次,张贴扫黑除恶巡查公告,悬挂扫黑除恶宣传标语28条,发放宣传资料、海报、手册1.4万份。完成70年大庆安保维稳工作,实行重点信访稳控人员"五级包联"制度,答复政府热线8条。建立健全民族宗教管理三级网络,对全镇5处宗教场所进行3次排查,开展"一周两月"和创建"六进"活动,上报邪教"法轮功"线索1条。开展安全生产宣传月活动,悬挂安全生产条幅7条,发放安全生产资料500余份。组织各社区、嘎查村开展安全生产、用电安全知识、消防安全知识培训5次。

【社会事业】实施低保动态管理,取消不符合条件低保户56户、80人,新入保39户、57人,信息调整114户,发放低保救助金176.7万元。新增公租房承租人22户,变更8户公租房承租人员信息,为全镇807名退役军人家庭悬挂光荣牌。

【人大工作】加强"人大代表之家"建设,开展代表接待选民12次,入户走访联系选民18次,代表持证视察、调研活动13次,集中学习8次,报送人大工作各类信息31条。百灵庙镇"人大代表之家"被评为五星级"人大代表之家",水塔街社区、吉祥湾街社区"人大代表之家"被评为四星级"人大代表之家"。提高代表履职能力。召开主席团会议、人大工作会议2次,提出建议意见27条。

【基层组织】组织中心组学习20次,集中学习12次,领导干部讲党课7次,支部学习107次,自学、讨论96次。组织民兵应急连24人赴固阳县进行集中拉练,购置各类保障物资350套。百镇工会、团委、妇联与旗总工会、团旗委、旗妇联组织开展各类活动21次,与旗总工会摸排全镇工矿、光伏、风电企业、合作社共484家。建立健全意识形态工作研判机制,对嘎查村(社区)开展意识形态专项指导3次。落实《中国共产党农村基层组织工作条例》《中国共产党支部工作条例》,共有12名嘎查村后备人才。开展"不忘初心、牢记使命"主题教育,认真履行"三会一课"、组织生活会等党内政治生活制度,开展"守初心·颂党情"

“不忘初心·传承红色基因”“感恩伟大祖国·构建和谐社区”等主题党日活动42场。推进城市基层党建工作，7个社区联合党委开展知识宣讲、技能培训等活动40余场，实现居民微心愿235个。深入推进各社区成立党群服务中心，全镇7个社区全部完成挂牌，创建朵兰课堂、手工艺坊、阅读悦生活、便民1+X、党课超市等党建项目71个，目前实施45个。

【党风廉政】压实“两个责任”和“一岗双责”，制定《百灵庙镇党风廉政建设和反腐败工作2019年工作安排》，召开2019年百灵庙镇“三重一大”会议8次，在“三务”公开栏公开各类信息381条。开展“持续净化良好政治生态年”活动，深入整治形式主义、官僚主义及“四官”问题。各社区结合主题文化建设，以新时代文明实践站为依托，开展各类活动28场。积极配合旗文明办、旗妇联开展最美家庭和身边好人评选活动，上报先进事迹10条。

石宝镇

【概况】石宝镇位于达茂旗东南部，辖区交通条件便利，距旗政府所在地百灵庙镇60公里，与呼和浩特市相距102公里，东与希拉穆仁镇、南与呼和浩特市武川县二份子乡、北与达尔汗苏木、西与乌克忽洞镇交界，是达茂旗农区的工业重镇，下辖10个村委会67个新村，总面积643平方公里，户籍人口9042户19602人，常住人口6141户10720人，全镇有党支部12个、党员642名，其中农民党员551人、机关党员76名、市旗驻村党员15名；脱贫人口387户768人。

【组织机构】石宝镇人民政府位于石宝村委，机构改革后共设立5个行政办公室和3个副科级事业单位，5个行政办公室分别为党政综合办公室、基层党的建设办公室、乡村振兴办公室、社会事务办公室、平安建设办公室，3个事业单位分别为达茂联合旗石宝镇党群服务中心、达茂联合旗石宝镇综合执法中心和达茂联合旗石宝镇综合保障和技术服务推广中心，在编人员65人（其中公务员29人，事业编36人）。

【脱贫攻坚】2019年实现对34户74人的正常脱贫；建档立卡贫困户387户768人，边缘户5户9人，贫困户脱贫，其中52户122人实现稳定脱贫，335户646人实现脱贫但仍享受政策帮扶；按照“志智双扶”要求，将有劳动能力的184户418人安排产业帮扶，落实产业帮扶资金398.336万元，为125户贫困户发放价值24.92万元的复合化肥，并根据产业特点设立产业指导员;将无劳动能力的197户285人实施政策入股分红;幸福村标准化肉猪育肥基地实现年出栏6000头,集体经济年收益达19.6万元;在6个村委实施光伏扶贫产业项目;建成防洪坝1处,2.4公里通村砂石路一条,柠条加工厂1处;将20户危房户全部解决住房安全;为5户贫困户解决用电难题;为20户进行健康体检。

【农牧工作】共计播种面积21.23万亩,其中黄芪种植面积首次突破1.1万亩。对2.79万亩籽玉米、22.23万亩公益林进行补贴;各村委完成清产核资工作、耕地确权颁证工作。在城库伦村建成100亩野兔养殖基地一处,温都不令村建成300头野猪养殖基地一处。按期完成春、秋牲畜防疫任务,对2.58万只肉羊进行布病监测;为188户农户发放种公羊226只;为85户农户发放棚圈补贴,

【新农村建设】全面检测各村安全饮水质量,对不达标的40个村庄安装净水机1361台,新打水源井1眼,完成旧石宝、岔岔和大苏吉村的饮水管网改造任务。在各村成立"四好农村公路"养护站,完成大苏吉至西格少、坤兑滩通村道路的拓宽任务。完成石宝、红山子、腮吾素三个示范村137户居民的户厕建设任务;清理垃圾1900余吨,撰写环境整治标语16条。

【社会管理】开展扫黑除恶专项斗争,在全镇明显地段张贴通告50余张,悬挂宣传条幅15条,悬挂线索征集箱13个,办结治安案件27起。对辖区内宾馆、KTV等场所进行定期排查。开展邪教信奉排查工作3次,张贴反邪教宣传画50余张。全年排查社会不稳定因素11件,完成中华人民共和国70周年大庆期间镇内安保稳定工作。

【社会事业】2019年,农牧民参保人数为16212人,实现应保尽保,办理退休手续领取待遇4447人,终止待遇1327人;收缴2237人的养农村老保险金,共计132.79万元;为108人办理死亡注销登记;为23人办理城镇职工灵活就业退休手续;为247户424人发放城乡最低生活保障资金174万元;新农合参保人数为12658人,参保率达98%;为114户五保户发放生活津贴114万元;为475户高龄老人发放高龄费171万元;为68户残疾学生及残疾人子女发放助学补贴2.13万元。根据相关政策,为国贫、残疾、低保、五保和计划生育特殊奖扶的432人代缴养老保险金4.32万元。

【基层组织】组织党委理论中心组学习12次,专题研讨2次,领导干部讲党课6次,各支部学习128次,自学、集中学习、研讨63次,安排全镇党员每天自学半小时。通过对党员逐一的登记摸底,消除"口袋"党员和失联党员。党委书记深入基层党组织讲党课6次,包片领导领学10次。开展"不忘初心、牢记使命"主题教育,履行"三会一课"、组织生活会等各项政治

生活制度,在腮乌素新建基层党组织阵地1处。

【创新工作】形成“务实为民高效发展长效管理机制”,制定《石宝镇务实为民高效发展长效管理机制实施方案》,领导班子每15个工作日走访1个村委会,采取现场办公的形式对包联领导收集整理的问题进行现场解决;镇党委班子每月进行1次小结,将本级党委无法解决的问题梳理归纳建立台账,并向旗包联领导进行汇报,请上级党委、政府协助解决。

乌克忽洞镇

【概况】全镇总面积740平方公里,辖11个村委会,122个自然村,6284户、22342人,常住3073户、7485人,劳动力4831人。总耕地面积22.9万亩,其中水浇地面积8.08万亩,林草地总面积10.9万亩。辖乌克忽洞、乌兰忽洞、碾草湾、腮忽洞、大毛忽洞、东河、大西滩、太平、二里半、大汉海、东山畔11个村委会,镇党委辖14个支部(机关支部2个,联合支部1个,11个村支部),拥有党员653名,女性党员110名。

【脱贫攻坚】实施扶贫对象动态管理,全镇未脱贫的5户8人实现脱贫。经村两委提名,入户调查,共拟定3户边缘户。

【农牧工作】共种植优质玉米45000亩,马铃薯23000亩,甜菜5000亩,生产脱毒种薯600万粒微型薯;在旱作区种植小麦、莜麦、荞麦油菜籽等有机农作物10000亩。打造“艾不盖”“草原明珠”等一批有机绿色品牌,订单种植油菜籽、胡麻、莜麦、小麦等农作物,套马沟丰域合作社与太平、腮忽洞村农户签订有机小麦种植合同3000多亩。

【新农村建设】推进实施户厕、公厕改造,完成户厕改造任务86户,公厕改建和新建19座。完成二里半河道治理堤防护岸998米,小流域河道护岸500米,更新水源井2眼。

【社会事业】全镇有低保户523户,1034人享受低保。发放残疾人补贴57600元。社保缴费13563人,缴费880900元。做好三留人员工作,救助“两癌”妇女、贫困妇女、留守儿童10人。对70户贫困户进行慰问,每户发放800元。定期走访乌克忽洞镇“三民”、60周岁以上农村籍退役士兵、优抚对象、五保户,了解其生活动态,及时变更享受人员信息,实现老有所居、老有所养。

【基层组织】开展党委书记讲党课

3次,集中学习12次。开展调研70次,参与680人次,形成调研报告9篇。深入查找发现问题63个,完成整改63个。289名党员参与"亮身份、做表率"活动。建立意识形态网格化管理制度。全镇11个村集体经济项目全覆盖,引进小尾羊公司肉羊养殖项目、建立乌克快递公司、壮大乌克柠条加工厂、建成覆盖碾草湾等11个村的光伏项目等重点集体经济项目。发展党员6名,其中贫困村发展5名。

【党风廉政】开展扶贫领域作风建设专项整治行动,开展形式主义、官僚主义及"四官"问题整治工作和"持续净化良好政治生态年"活动。落实"一岗双责"责任制,加大违规违纪案件查处力度。召开警示教育大会2次,观看警示教育片3次,开展干部谈心谈话15人次。查处各类违法违规案件3件,党内警告1人、开除党籍2人、留党察看1人。

希拉穆仁镇

【概况】全镇共辖3个嘎查,73个浩特乌素,户籍人口1228户、2496人,常住人口1860人。在2019年机构改革之后,希拉穆仁镇增设党群服务中心、综合行政执法局、综合保障和技术推广中心等机构,其中,党群服务中心4人,综合行政执法局17人,综合保障和技术推广中心6人组成。

【脱贫攻坚】实行扶贫动态数据库管理,按季度开展扶贫动态管理及信息采集工作,累计出动工作人员62人,完成信息采集40户、84人,无返贫人员。

【农业发展】完成种植户投保21户、5900亩。排查非洲猪瘟疫,防疫生猪99头,杜绝疫情流入。鼠疫防控期间,鼠疫防治宣传手册资料发放100余份,蒙汉语资料1036份为1000多户牧户发放D型肉毒灭鼠药20袋共600公斤。

【新农村新牧区建设】实施集体经济项目8项,亿元以上项目2个,实现收益共计133.9万元,牧民直接或间接收益96.4万元。呼和点素嘎查集体经济项目3个,共计收益57.9万元。哈拉乌素嘎查集体经济项目3个,共计收益74万元。巴彦淖尔嘎查集体经济项目1个,收益2万元。

【社会管理】排查化解各类矛盾积案,化解信访矛盾6起。推进"七五"普法宣传活动8次,发放宣传单(手册)3000余份。进行矛盾排查12次,发现矛盾纠纷线索17起,成功调解11起,起诉1起,正在调解5起,调解成功率达到70%。严格落实安全生产监管职责，按季、按月召开部署会议，对存在的事故隐患和苗头采取坚决有力措施。开展旅游综合执法检查，加强全镇食品药品安全、消费安全等各项工作，对所有工矿企业、旅游景点233家、餐饮服务行业、食药销售行业、校园周边和个体工商户等进行排查。未发生一起重大安全生产事故，或重大食品安全隐患和药品危害事件。

【社会事业】完成9个个体工商户，1个社会团体、民办非企业单位，16个行政事业单位、嘎查村居委会，39个企业、专业合作社的普查登记工作。全镇3个嘎查共有资产经营性固定资产70万元，集体土地资源总量1081431.6亩。129家旅游企业办理草原征占用草原审核审批手续，其中111家通过环境影响评价，其余18家正在调整水源地，待水源地调整完毕，办理环境影响评价手续。

【基层组织】全年完成党员承诺践诺140余名，重温入党誓词220余人次。按要求培养吸收党员2名，培养嘎查后备干部6名。落实集体经济“清零递增”，通过健全土地承包经营制度，完成希拉穆仁镇花海项目、红格尔敖包景区项目、库列古城项目土地流转租赁，增加流转性收益。全年实施集体经济项目8个，其中亿元以上项目2个，共计收益133.9万元，牧民直接或间接收益96.4万元，牧民就业增收400余人。

【党风廉政】落实“两个主体责任”，强化执纪监督问责力度，办理群众信访案件3起，立案1起，了结1起，初核1起，移送1起，提醒谈话4人。高度重视“三务公开”，设立防风雨公开栏3处，安装LED公开显示屏1个，购置查询机1台，全年公开362条。完成旗监察委员会派出希拉穆仁镇监察办公室挂牌。

明安镇

【概况】明安镇总面积2491平方公里，可利用草场面积345.06万亩，饲草料基地包括五配套草库伦1.1万多亩，下辖7个牧业嘎查，包括高腰亥产业化园区。总人口2051户、4565人，其中常住人口1098户、2085人，蒙古族2415人（占总人口52.9%），是以蒙古族为主体，汉族、回族、满族、藏族多民族聚居镇。

【组织机构】明安镇现有行政编制22名、实有人员18人；事业编制33名，在编人员32人。核定科级领导3正7副，实有3正6副，编外人员3人，司法所2人，共计54人。党政机构设置5个，分别为党政综合办公室、基层党的建设办公室、乡村振兴办公室、社会事务办公室、平安建设办公室。事业单位设置3个,分别为党群服务中心、综合行政执法局、综合保障和技术推广中心。党组织机构基本情况,镇党委下辖8个党支部,共有党员196名,其中女性党员54名,少数民族党员158名。

【农牧工作】乌日根菊拉专业合作社带动周边12户牧户受益,都仁专业合作社年度接待游客5000余人;欧格德专业合作社年采马血清4吨,带动周边11户牧民参与,12人就业。玉米种植47户3803亩,谷草1500亩,葵花1450亩。

【新农村新牧区建设】开展“厕所革命”工作,10月底完成43户牧户户厕改造工程并验收通过,完成镇区自来水管网改造工程。鉴定15户D级危房,重建完成2户,修缮3户;临时安置4户,发放救灾物资232户;修复冲毁路段28处,防洪坝2处,漫水桥6处,水井71眼,设置警示牌5处。

【社会管理】累计答复信访件12件,未发生越级非访事件。开展扫黑除恶专项斗争,发放宣传材料1200余份、刷写墙体标语5处、悬挂横幅20余条;对7个嘎查34名“两委”人员备案管理进行复审,未发现涉黑涉恶等情况。

【社会事业】实施临时困难救助13人,合作医疗参合率100%,农牧民新型养老保险参保1048人。严格落实低保、五保户、残疾人等惠民政策,落实失地牧民政策,未发生拖欠农牧民工资现象。新增出生人口8人,落实计生相关政策。完成本单位2014—2019年机关、事业单位养老保险基础信息核定工作。为国贫户、低保户、重度残疾、五保户等六类人员30人及时办理免收费养老保险参保登记相关工作。

【基层组织】开展党委中心组学习12次,180余人次参加,利用“周一讲堂”“学习强国”APP、班子成员集中研讨及机关支部固定学习日等多种形式载体,机关党员干部职工集中学习12次,“周一讲堂”学习20次,邀请专家和旗委讲师团讲师辅导4次。开展集中学习10次,专题研讨5次,现场教学3次,邀请专家辅导讲座1次;组建2个调研组,深入嘎查、驻地企业,收集37项问题,形成调研报告2篇,解决18项问题。国贫户5户6人均达标脱贫,7个嘎查集体经济以入股教育基地、租赁集体草场等形式提高收入。

【党风廉政】落实党委的主体责任,将党风廉政建设责任制列入党委、政府的重要议事日程。每半年部署召开一次党风廉政建设和反腐败工作专题会,党委书记听取班子成员落实党风廉政建设责任制落实情况汇报一次。建立党组织责任清单、政治监督一把手责任清单、纪委监督清单及党风廉政建设主体责任清单。严格执行“三重一大”报备制度。党委书记、镇长和纪委书记向镇纪委全会述职述廉,集中报告履行“两个责任”、个人廉洁自律等情况，并接受纪委委员现场评议。

【创新工作】加强对民族传统文化的传承和弘扬，对哈萨尔民俗展厅进行布展,重新规范哈萨尔祭奠堂管理制度。依托哈萨尔祭奠堂、汉长城、突厥墓等独有的旅游资源和龙梅玉荣旧居、达茂旗党性教育基地、包头市青少年德育基地等红色资源，引导辖区内牧家乐健康发展,年内吸引游客5.5万人次,营业收入达到1000余万元,带动牧民增收致富。

巴音花镇

【概况】巴音花镇位于达茂旗北部,北与蒙古国接壤,是达茂旗3个边境镇之一,总面积3143平方公里,边境线长35.6公里,镇党委、政府所在地距百灵庙镇80公里。全镇辖6个嘎查、3个产业化园区、2个饲草料基地,草场面积422.6万亩,共有户籍人口1465户3096人,是一个纯牧业镇。

【组织机构】2019年,巴音花镇成立5办2中心1局。核定编制共50个,其中行政编制20个、参公与事业编30个。党群服务中心11人、综合执法局10人、综合保障和计数推广中心9人。下设党政综合办公室、基层党的建设办公室、乡村振兴办公室、社会事务办公室、平安建设办公室等办事部门。辖吉忽龙图、敖龙忽洞、乌兰宝力格、白音敖包、白音查干、开林河6个嘎查党支部,1个机关党支部，共有党员211名，牧民党员156名，占74%；少数民族党员145名,占69%。嘎查两委班子成员共28人。

【脱贫攻坚】2019全面整改完成中央脱贫攻坚专项巡视组查出的9项问题。为镇内3户9人国贫户协调解决安全住房、医疗保险、资产性分红等实际问题,确保其如期脱贫。

【农牧业】向旗农牧部门申报家庭牧场55户，对12980亩耕地种植结构进行调整,指导种植户对11456.5亩耕地进行投保。对6706亩籽玉米种植面积逐户进行实测并公示上报申领补贴。完成吉忽龙图嘎查牛羊肉深加工基地建设项目、吉忽龙图嘎查农业综合发展标准化棚圈建设项目,积极申报乌兰宝力格嘎查风干肉生产体验基地项目和乌兰宝力格肉牛养殖基地建设等惠民项目。争取扶贫专项资金90万元、财政“一事一议”资金74万元，并组织嘎查自筹60万元，完成光伏发电项目建设。引导牧民群众做好各自草牧场灭鼠工作,先后出动干部126人次开展3

次集中灭鼠。

【乡村振兴战略】 完成260户人畜饮水困难户牧区储水窖收尾工作,为敖龙忽洞、白音查干、吉忽龙图3个嘎查新打机电井4眼,解决25户63人的饮水安全问题。配合发改部门完成129户新能源(风光互补)用电系统升级工程。完成G211公路线二次征地任务,修通乌兰敖包至乌珠尔边防公路、百灵庙至满都拉一级公路、白音敖包嘎查到边防公路旅游柏油路和百满公路到原红旗牧场雷达站5.1公里国防公路。

【社会事业】 全年共确定核准低保73人、五保10人,按规定发放低保保障金、五保户供养金、救助金、高龄补贴、优抚补助金等共计42万余元。为受灾牧民群众发放75.7万元救助款严格兑现各项惠民政策。为全镇1465户牧民及时兑现禁牧各类补贴;落实社保政策,参加社保1956人,比例达到86.7%;参医合3456人,达到100%。“全面二孩”出生5人。

【基层组织】 开展建党98周年庆祝活动和主题党日活动。培养预备党员2名,吸纳发展对象3人,培养积极分子19人。党员斯仁敖道被分别授予市级、自治区级优秀共产党员荣誉称号。开展扫黑除恶专项斗争,开展矛盾排查和化解,开展普法宣传、国家安全日、禁毒日等宣传活动,深入牧户开展民族团结宣传教育,实现“零越级访”和“零非访”的目标。发挥军、警、民联防联控体系作用,开展“维护边境安宁,保护草原生态”边境联防巡逻活动。

【党风廉政】 严格执行“三务公开”“三重一大”事项报备制度、领导干部重大事项请示报告等制度。建立奖惩机制,消除部分干部干多干少都一样的思想,形成人人争当先进的工作氛围。强化执纪问责力度,对没有按时收缴离退休党员党费的机关党支部进行问责。圆满完成自治区巡视组驻旗和旗委巡察组驻镇检查指导工作中交办的各项工作任务。及时召开巴音花镇党委巡察“回头看”整改专题民主生活会,积极整改巡察组移交的各类问题。

满都拉镇

【概况】 满都拉镇系蒙古语,意为“曼荼罗、祭坛”。因此地南平滩有一座孤山,过去喇嘛在这个地方安置佛像做坛场,后盖庙取名为满都拉。全镇总面积1874平方公里,下辖2个嘎查,即额尔登敖包嘎查、巴音哈拉嘎查。镇区总人口649户、

1455人,镇区现有人口56户、178人。全镇农牧业人口593户、1277人。

【组织机构】满都拉镇辖设额尔登敖包、巴音哈拉2个嘎查。满都拉镇党委下辖3个党支部,共有党员117名(包含满都拉镇机关党支部、额尔登敖包嘎查党支部和巴音哈拉嘎查党支部),少数民族党员99人,无流动党员。满都拉镇内设党政综合办公室、财政所、司法所、计生办、农牧业服务中心、社保中心、兽医站、牧经站、水利站、草监站、文化站。

【脱贫攻坚】解决1人住房问题,3人就业问题,做好资产性收益分配,落实企业分红0.5万元,完成1户2人(1人死亡,自然减少)脱贫任务,实现全镇建档立卡国贫人口全部脱贫。争取上级资金80万元,实施2个嘎查各50千瓦分布式光伏发电项目,完成电力并网。

【农牧工作】争取配套项目,促成15户牧民更替良种公羊24只,35种公牛,冷配西门塔尔肉牛64头,3户牧民建设家庭养殖牧场。全年销售羊肉10吨,牛肉5吨,加强新型经营主体培育,申报家庭牧场15户。农业保险投保4065亩,落实籽玉米补贴62641.65元。

【新农村新牧区建设】完善基础设施建设,提升镇区服务功能。完成户厕改造牧户36个。配合交通部门开展G210国道、G331国道、旅游公路建设工作。

【社会管理】推进扫黑除恶专项斗争,开展常识集中学习4次,报送信息7条,发放宣传资料300余册,设固定标语7处、漫画展板1个、横幅6条、举报箱1处,鼓励引导牧民积极参与线索发现与线索举报,牧民群众法治观念明显增强。发挥北疆联合党委的体制机制优势,健全完善“军管线、警管面、一线牧户管点”三级联防体系,边防营部负责守护88.6公里边境线、4个边防派出所将辖区分成12个网格开展管控、设置100个堡垒户把边境20公里以内区域分成100个网格进行管理。

【社会事业】完成债务化解约1419.32万元。开展环境整治活动14次,处理生活垃圾900吨。推行“河湖长”制,对辖区内16条河委派1名总河湖长、6名河湖长加强河道管理和治理。开展禁牧工作,宣传禁牧政策走访入户322户。协助企业协调牧民,完成包满铁路、G210国道、G331国道,抵边公路建设项目征地工作。协调解决草场纠纷9起,工牧矛盾12起。完成基层武装部规范化建设,采集退伍军人信息63人。完成户厕改造牧户36个,申报发放1264人边境牧民生活补助379.2万元,发放过冬困难补助9.48万元。争取少数民族发展资金555万元,实施助力少数民族脱贫项目2个。安全生产大检查领域进行大排查11次,联合执法5次,对镇域内工矿企业、口岸物流园区企业个体进行安全生产检查16次,联合检查8次。组织干部职工和牧民1200人次对2个疫区8平方公里进行灭鼠。

【基层组织】扎实开展“不忘初心、牢记使命”主题教育,组织开展集体学习12次,党委书记带头讲党课2次,班子成员讲党课7次。举办全国道德模范、全国民族团结进步模范个人阿迪雅事迹报告会,组织党员干部红色教育基地现场教学和典型教育7次。加强北疆联合党委联动联建,加强党组织建设,落实“三会一课”、“三项制度”,引领3个党支部完成10大项、38小项工作目标,引导有履职能力的94名党员承诺111条、践诺74条。深化巩固基层党建长廊建设成果,实施额尔登敖包嘎查阵地亮化工程。坚决履行党委书记抓意识形态第一责任人职责,将意识形态工作纳入党委会议重要议事日程,专题研究意识形态工作2次,全面自查2次,召开意识形态工作研判部署会2次,真正把意识形态工作作为党的建设的重要内容。

【党风廉政】健全完善“一把手负总责,班子成员各负其责,纪委协调督查”领导体制,镇党委书记履行“一把手”职能,班子成员履行“一岗双责”,突出“两个责任”落实和作风建设、脱贫攻坚、产业发展、城镇建设、民生保障等重点环节管控,确保党风廉政与业务工作同抓同落实。镇纪委全程监督“三务”公开,通过公开栏、“三务”公开查询机、微信公众号等载体,公开党务公开共74条,政务公开共11条,财务公开56条,村务公开142条,扩大牧民群众的知晓率和参与率。

西河乡

【概况】西河乡位于达茂旗西南部,距百灵庙镇45公里,2006年机构改革并入乌克忽洞镇,2012年恢复西河乡建制。总面积611平方公里,下辖8个村委会、56个自然村,户籍人口5168户13650人,常住人口1628户3152人。总耕地面积22万亩,其中旱地18.7万亩,水浇地3.3万亩,主要农作物有油菜、小麦、马铃薯、葵花、荞麦等。西河乡党委下辖9个党支部,共有党员397名,其中农牧民党员356名。全乡143户316人(享受政策102户209人)贫困人口通过党建引领全部脱贫。

【组织机构】西河乡辖西河、厂汉、前河、德令沟、德承永、本不台、什拉文格、石兰哈达8个嘎查村。西河乡党委下辖9个党支部,共有党员397名,农牧民党员356人。内设党政综合办公室、财务所、文化站、经管站、计生办、农牧业服务中心办公室、人大办、纪检办、兽医站、派出所、司法所。

【基层组织】申请资金13万元,对什拉文格村、西河村、厂汉村3个村的阵地进行翻修,更换德承永、德令沟等7个村委的牌匾。按照“四必访”和“三必问”要求,对下辖的8个村委会以“过筛子”形式进行认真摸排,召开座谈会8次,填写摸排调研表120份,收集问题5条,形成调研报告1份。完善党组织民主集中制。召开支委会172次,讲党课27次。转正党员4名,发展预备党员5名,全乡收缴党费19840.6元。

【脱贫攻坚】种植业帮扶44户、100人,免费发放化肥171袋;养殖业帮扶养猪1户、1口,养羊6户、33只,棚圈建设补贴1户、6000元;为60岁以上(含60岁)及二级以上伤残国贫人员共计98人享受养老政府兜底,为所有国贫人员代缴医疗保险340元/人。实施“泛海行动”1户1人(5000元/人),为3名在校大学生及1名新生实施教育救助(5000元/人学期)。2019年共争取社会帮扶资金38.5万元。加大生态帮扶力度,2019年确定护林员12人,每人每年800元。落实健康扶贫,鉴定慢性病贫困人员46人。开展“六个清零四项达标”和精准扶贫动态管理常态化工作,2019年无新进入人员,现有24户、44人国贫人口已全部脱贫。

【农牧工作】全乡种植各类农作物17.84万亩,其中:种植小麦47970亩,玉米23920亩,燕麦2105亩,荞麦10700亩,马铃薯1792亩,油菜籽64339亩,葵花20678亩、甜菜90亩、牧草6911亩。完成农作物入保14.31万亩。认真开展布病溯源灭点工作,春秋两季对206户,6万平方米进行消毒灭源。完成全乡大小牲畜防疫12万头只,防疫密度100%;切实抓好非洲猪瘟防控工作,全乡未发生疫情。

【舆情引导】建立健全舆情事件应急处置机制和问责机制,召开中心组学习研讨10次,组织全乡领导干部完成宣传部下发的文明传播转发任务29次。在全旗“千村示范万村行动”举办期间,4户家庭评选为旗“移风易俗光荣户”、6户家庭评选为旗“十星家庭”、2户家庭评选为旗“2019年自主脱贫示范户”,石兰哈达村王焕枝家庭评选为“全市十星家庭示范户”。

【社会事业】全年新增低保户50户,停保30户,调整97户。新增城乡居民养老保险156人,完成296名高龄老人、60名五保人员的待遇认证工作。发放自然灾害补助145457元,医疗保险参合率达到百分之95以上。全乡共有独生子女86户,奖扶158人,特扶2人,为443人加入计生保险。红十字会“光明行”行动为109人进行免费检查,免费做白内障手术11人,同时,为13人申请大病救助。加强人武工作,成立30人的民兵应急排,开展18周岁以上适龄青年的兵役登记,上站体检合格2人,为退役军人悬挂“光荣之家”牌匾121个。

【人大工作】成功召开2次人大会

议，组织代表集中视察新农村建设并听取政府专题工作报告，组织代表开展3次集中持证视察，征集到民生实施项目8项，督办代表建设意见16条，解决库列点素农民长期私围集体草场、房屋建设等群众反映强烈的问题。

【党风廉政】先后组织全体党员干部认真学习新修订的《中国共产党纪律处分条例》《中国共产党党内问责条例》，观看党风廉政警示教育片《贪欲引他们误入人生歧途》，参观达茂旗朵兰戈尔警示教育基地，组织召开1次党风廉政专题警示教育大会。组织开展关于民生领域、形式主义、官僚主义及“四官”问题和加强党内政治监督等专项整治工作。继续加强机关作风建设，推进干部约谈常态化，采取集中谈话和个别谈话相结合的方式，与7个村党支部书记进行廉政谈话。

小文公乡

【概况】全乡户籍人口3728户、13165人，其中常住人口1777户、3778人。共有耕地16.3万亩，其中旱地10.8万亩，水浇地5.5万亩。辖大井、黄合少、西拐子、西圪旦、拉兑九、厂汉、小文公、波罗图、腮林9个行政村。小文公乡党委下辖10个党支部，共有党员394名，流动党员153人。小文公乡内设:党政综合办公室、财政所、农牧业服务中心、劳动社会保障事务所、人口和计划生育服务中心、综治办、司法所、派出所。

【脱贫攻坚】全乡394户、856人全部实现脱贫，其中脱贫享受政策301户、615人，标稳93户、241人。配合行业部门推进“清零达标”专项行动，贫困户上电8户，易地移民搬迁拆除旧房194户，贫困户全部入住新房，住房安全得到保障。为33户种植户发放化肥6765袋，为100户养殖户发放澳洲白种公羊100只，为贫困户发放雪菊23800株、绿头蒜870斤、青年鸡7660只，帮助贫困户发展庭院经济，增加脱贫致富步伐。在西圪旦、西拐子、小文公、波罗图、腮林和厂汉发展光伏发电项目，西圪旦、西拐子已经完工，其他四个村委会开始办理招标手续，由组织部统一实施。积极与草原立新公司对接，建设1000头猪育肥基地。依托国道335，在拉兑九建设扶贫畜牧产业园，审批手续办理完毕。黄合少农副产品直营店(电商平台)正在施工。

【农牧工作】2019年种植玉米14610亩、小麦39740亩、马铃薯9350亩、葵花44318亩、油菜籽16495亩。在拉兑九集中连片种植绿头蒜200亩，农户庭院种植

200 亩。西圪旦村集中连片种植螺丝菜 200 亩。贫困户庭院种植雪菊 23800 株。西圪旦村成功试种文冠果，腮林村绿头蒜繁育基地成功试种蔬菜产品，全乡特色种植业不断推广发展。在全乡推广肉羊改良试验，购进 100 只澳洲白种公羊，进行大范围的肉羊品种改良。配合农牧局开展土地确权颁证工作，年内共确权 3525 户 191910.64 亩土地。

【新农村新牧区建设】西拐子东老龙 28 户、西圪旦东队 7 户户厕改造全面完成。筹资 33 万元对 11 座厕所进行改造升级，改造后的公厕全部达到环保标准。开展新村环境卫生集中整治活动 3 次，累计投入人力 150 人次，机械 2 台，清理垃圾 400 余吨，清扫街道 10 万平方米。完成国道 335 辖区内 12.2 公里的征拆任务，共涉及农户 133 户，征占土地 446.37 亩，发放征占土地补偿款 509.9686 万元。结合村村通公路建设要求，共修建 16.4 公里通村砂石路。配合水利部门，开工建设席边河河道治理工程，项目总投资为 1402.4 万元，新建 3.9 公里护堤，建设公路桥一座。深化“河长制”工作，2019 年共开展巡河 6 次，重点对河流污染物、垃圾等进行清理，确保汛期不发生淤堵。

【社会管理】开展扫黑除恶专项摸排 2 次，累计发放宣传资料 2000 余份，书写固定标语 9 条，悬挂横幅 5 条。全面开展鼠疫防控工作。召开动员部署会议 3 次，印发鼠疫防控知识宣传单 3200 份，投放鼠药 950 公斤，累计对过往 454 辆车次、725 人次进行监测，全乡未发现鼠疫疫情。

【社会事业】为 104 户五保户发放生活费 104 万元，为 151 户低保户发放生活费 86.2 万元，为 31 名三民人员发放三民定量补贴 38.3 万元。积极落实残疾人就业扶持政策，为 227 户重度残疾人发放生活护理费 27.24 万元。为 302 名 80 岁以上高龄人员发放高龄补贴 36.24 万元，建立 54 名困境儿童和 17 名农村留守老人系统，为 120 名退伍军人发放光荣牌。驻村第一书记积极联系帮扶单位、企事业单位销售滞销南瓜 1000 余吨。投资 68 万元在西圪旦、波罗图、小城壕、黄合少村修建 4 条防洪坝。投资 15 万元在西拐子村修建水塔一座。

【基层组织】推进“不忘初心、牢记使命”主题教育，开展集中学习研讨 13 次，组织培训学习 500 余人次，现场教学 2 次，专题辅导讲座 1 次，开展应知应会理论测试 1 次。开展调研 14 次，形成调研报告 10 篇，主要领导讲党课 3 次。严格落实党内组织生活制度，做好党员发展工作，年内培训入党积极分子 12 名，确定发展党员 6 名，按期转正 4 名。召开小文公乡工会联合会第二次会员大会，选举产生工会主席 1 名，委员 6 名。召开共青团小文公乡第二次团员代表大会，选举产生团委书记 1 名、副书记 1 名、委员 2 名。开展妇女儿童工作，每月开展 1 次婚姻家庭矛盾排查,申报两癌妇女5人,贫困妇女5人,留守儿童1人。全年适龄青年兵役登记47人,上站体检5人,应征入伍2人。6月份专武干部代表达茂旗参加包头军分区组织的民兵比武活动荣获第一名。完成基层武装部规范化建设任务,设置民兵办公室1个,民兵之家活动室1个,器材库1间。

【党风廉政】落实党委主体责任和纪委监督责任,领导干部严格落实"一岗双责",开展干部谈心谈话12次,约谈提醒干部3人。持续推进"三务公开"制度,做到公开栏、三务公开查询机、"活力文公"公众号三同步更新和实时查询机制。

达尔汗苏木

【概况】总面积2088.8平方公里,草场面积313.32万亩,下辖6个嘎查,户籍人口1770户、3581人,常住人口543户、1337人。苏木辖7个党支部分别是机关党支部、查干敖包嘎查党支部、希拉哈达嘎查党支部、阿拉腾图格嘎查党支部、阿拉腾敖都嘎查党支部、哈沙图嘎查党支部、额尔登敖包嘎查党支部,共有党员196名(包含3名预备党员),其中农牧民党员153名,退休党员18名,在职党员25名。共有在职领导干部50人。

辖区内有乌兰察布岩画、金鋆壕、安达堡子古城、推喇嘛庙等众多历史文化遗迹。达尔汗苏木的蒙古族群众均为喀尔喀右翼旗的后裔,于清康熙年间自北方迁徙而来,后更名为达尔汗贝勒旗。解放初期,查干敖包苏木属于本旗第一努图克。1958年成立人民公社;1962年从下敖包公社划出部分地区重组几个公社后,形成现今行政区划;1984年社改乡时,改称查干敖包苏木;2006年撤乡并镇后,由原查干敖包苏木、查干哈达苏木、额尔登敖包苏木合并为达尔汗苏木。

【"不忘初心、牢记使命"主题教育】利用"周二集中学习日"及党支部"三会一课",组织党员集中学习21次,书记讲党课3次,专题研讨4次,参学人数450余人次,发放学习材料600余册;并因人施教,通过"流动送学""上门讲学",使党员参与主题教育全覆盖。丰富学习载体,邀请专家辅导讲学1次,参观百灵庙抗日武装暴动纪念馆170余人次;班子成员组成3个调研组,深入嘎查开展实地调研,形成专题调研报告3篇;班子成员个人检视问题共78条,并全部整改落实。

【基层党建】政治思想教育方面,形成"领导干部以上率下领学、邀请专家辅导讲学、党员干部谈心得深学"的浓厚氛围。全年开展中心组学习12次，周二集中学习42次，举办专题讲座3期，累计参与人数900余人次，为全体干部职工编印学习资料20余期，撰写心得体会30余篇，累计报送各类信息120余条。党员教育管理方面，更新完善苏木192名党员基本信息，全年按期转正党员3名，预备党员5名，发展积极分子3名，储备嘎查后备干部12名。

【党风廉政】全年共开展廉政讲堂2次、观看警示教育片2次，参观警示教育基地1次。“三务公开”公开各类信息160余条，保障群众的知情权、监督权。苏木纪委承办自治区巡视交办案件6件，均初核了结，立案1件。

【舆情引导】定期召开意识形态分析研判工作会议，研究讨论矛盾纠纷的热点难点和舆论风向，及时做好重要节点和敏感时期的舆论引导，继续做好宣传教育工作。严格落实网络意识形态责任制，每月向上级有关部门报告网络意识形态责任制落实情况报告，定期研究讨论网络热点和舆论风向，并确定专人负责苏木对外信息发布和网络舆情的日常监管工作。

【精神文明】苏木获得第五届自治区文明村镇荣誉称号，申报市级文明村镇2个，评选出市级美丽庭院1户。

【“三大攻坚战”】脱贫攻坚方面，苏木共有国贫人口1户2人，落实基本医疗和大病保险政策。入股达茂旗顺意养殖专业合作社的2万元扶贫资金，国贫人口每人分红1000元。污染防治方面，重点对4家工矿企业进行固体废弃物和大气污染物排放检查；全年共巡河62次，未发现“四乱”现象。防范化解重大风险方面，全面梳理排查存在的风险隐患和薄弱环节，针对排查出的5项风险隐患，及时制定相应的防范措施。

【集体经济】一产方面，引进优良畜种，完成自然改良14785只，申请上级资金20万元用于肉羊改良，申请少数民族发展资金45万元用于额尔登敖包嘎查肉牛养殖项目；申请2019年京津风沙源治理网围栏，集体围封优质草场3万亩，打机井4眼；全年共投保玉米315亩、小麦732亩、葵花4090亩、油菜籽1102亩，完成1887亩玉米种植核查工作。二产方面，天翊达、中节能2个风电清洁能源供热项目均已完工并投入使用；投资172万元在阿拉腾敖都嘎查、额尔登敖包嘎查、哈沙图嘎查以及查干敖包、希拉哈达、阿拉腾图格联合阵地分别建设50千伏光伏发电项目，完成并网发电。三产方面，协助呼和浩特市富邦房地产开发公司完成“达尔汗大草原”项目前期工作，目前该项目正在办理征占用地手续；推进“策格”项目落地，通过学习考察，与内蒙古马苏乳业有限公司初步达成意向性合作协议。

【民生事业】2019年为416户牧民发放灾民生活救助金54.24万元。新审批低保户1人，清退2人，有低保户18户

29 人,做到应保尽保。完成五保、三民、优抚对象等特殊人群的验证工作;城镇基本医疗保险缴费 2861 人,城乡居民养老保险缴费 386 人,缴费金额 19.3 万元。投资 20 万元实施安全饮水工程已完工;推进牧区厕所革命,共安排政策补贴资金 16.2 万元,为 54 户牧民进行户厕改造;完成 84 户的新能源户用升级改造工程。

查干哈达苏木

【概况】查干哈达苏木位于旗政府所在地百灵庙镇东北 82 公里处,东与四子王旗交界,南与达尔汗苏木、巴音敖包苏木相接,西与巴音花镇为邻,北与满都拉镇、蒙古国相邻,是一个以蒙古族为主体的纯牧业苏木。苏木总面积 2284 平方公里(342.6 万亩),边境线 8.57 公里,草场面积 318.8 万亩,年平均降雨量 200 毫米左右,总户数 923 户、2051 人,常住人口 325 户、835 人;辖内有哈达哈少、那仁宝力格、巴音赛汉、腾格淖尔 4 个嘎查。有产业化园区 1 处,农牧业合作社 2 家(在建 1 家);建有饲草料基地 2 处,共 4200 亩。达茂旗最大季节性天然湖泊腾格淖尔位于辖区腾格淖尔嘎查。辖哈达哈少、那仁宝力格、腾格淖尔、巴音赛汉 4 个嘎查村。苏木党委下辖 5 个党支部,共有党员 148 名,流动党员 24 人,少数民族党员 109 人,党代表 27 名。

【脱贫攻坚】针对 3 户 3 人国贫户,按照“两不愁、三保障”的要求,解决 3 户 3 名贫困户安全住房问题。利用产业扶贫项目资金从赛那合作社购买肉羊,以托管代养的形式享受年养殖托管收益资金 1000 元,贫困户青格勒在驻地风电企业打工的方式保障稳定收入,苏木 3 名贫困户年均收入达到脱贫标准。

【农牧工作】畜牧业防疫方面,完成羊三联、羊痘各 7.7 万只、羊口蹄疫(春、秋两次)13 万多只、牛口蹄疫(春、秋两次)0.5 万多头、狗包虫病驱虫 0.4 万次、狂犬病注射 490 多条、小反刍兽病共防 1.2 万、布病灌服 7.8 万头。新型农牧业经营体系方面,申报 3 户牧户为家庭农牧场。

【新牧区建设】开展“三清”整治活动,清理腾格淖尔湖区游客遗弃垃圾 2 吨左右,清理面积约达 2000 亩。深入企业矿山,排查 4 次,保障全苏木环境整洁。修缮漫水桥为牧民提供便利,落实一线牧民饮水工程项目,哈达哈少嘎查打井 4 眼、那仁宝力格嘎查打井 5 眼、巴音赛汉嘎查打井 6 眼。规范农牧区住宅、设施农业用地建设,年内共审核通过自建房屋 28 户。

【鼠疫防控】苏木辖区内出现4处鼠疫疫区、5次疫情，先后组织单位干部职工、牧民党员及边境派出所民警出动816人次、发放宣传单335份，旗派工作人员800余人次，使用灭鼠炮343箱，人工灭鼠面积达到20.8平方公里，配合旗林草局飞机撒药灭鼠面积达到2.16万亩，为牧民发放保护性灭鼠药720公斤。

【基层组织】苏木年内转正党员2名，发展党员2名。全年开展中心组学习14次，审核上报工作简报118篇，发放宣传单300余份。新建“学习讲堂”3个，建立健全组织机构、规章制度，并完成上墙。

【苏木行政嘎查概况】哈达哈少嘎查：草场面积88.6545万亩，591.03平方公里，人口238户、511人，常住户84户、218人，嘎查共22名党员，4名女性党员，21名少数民族党员。

那仁宝力格嘎查：草场面积63.639万亩，424.26平方公里，人口227户、448人，常住户91户、180人。嘎查共24名党员，5名女性党员，17名少数民族。

巴音赛汉嘎查：草场面积75.444万亩，502.96平方公里，人口254户544人，常住户77户、250人。嘎查共33名党员，6名女性党员，28名少数民族。

腾格淖尔嘎查：草场面积99.1455万亩，660.97平方公里，人口204户426人，常住户71户、182人。嘎查29名党员，9名女性党员，10名少数民族党员。

巴音敖包苏木

【概况】巴音敖包苏木是2012年10月由百灵庙镇划出的原巴音敖包苏木、都荣敖包苏木合并成立的一个牧区苏木。苏木总面积2331平方公里，总人口1969户、3883人，其中少数民族1462人，占总人口的38%，是一个以蒙古族为主体的边疆少数民族地区。苏木下辖7个嘎查、7个畜牧业产业化园区。苏木党委下辖8个党支部，有党员210名，其中机关党员27名、牧民党员183名。全年日照时数6000小时，可利用日照时数3200小时；有效风能资源3181万千瓦，可利用风能资源2497万千瓦。境内工业企业有冀东水泥、东盛科技、赛乌素黄金矿业、包钢蒙普；有风电场8座，已并网风电场6座。苏木境内有敖伦苏木古城遗址、旅游胜地吉穆斯泰景区、大海林树，境内的巴音宝格达敖包、那日图敖包是内蒙古自治区知名敖包。

【机构改革】按照旗委、政府关于机构改革工作的部署要求，巴音敖包苏木共设5个党政机构，分别为：党政综合办公室、基层党的建设办公室、乡村振兴办公室、社会事务办公室、平安建设办公室，其中城镇管理相关工作由乡村振兴办公室承担。将巴音敖包苏木农牧业服务中心、人口和计划生育服务中心、劳动社会保障事务所、综合执法中心、财政所、水利服务站等事业单位撤并整合,设置相当于副科级事业单位3个：党群服务中心(挂便民服务中心、退役军人服务站、新时代文明实践所牌子)、综合行政执法局、综合保障和技术推广中心。旗农牧局、林业和草原局派驻在巴音敖包苏木的畜牧兽医站、林业工作站实行属地管理,职责和人员、编制按照实际情况调整划入综合保障和技术推广中心。草原监督管理局按照赋权事项下沉执法力量,划入巴音敖包苏木综合执法局。党群服务中心核定事业编制9名，综合行政执法局核定事业编制10名,综合保障和技术推广中心核定事业编制13名。

【脱贫攻坚】巴音敖包苏木有国贫户1户,落实2019年扶贫对象动态管理和数据信息采集核查核准工作,按照程序对申请边缘户的8户10人进行入户核查、信息比对、研判，没有符合边缘户的标准。《中央第八巡视组脱贫攻坚专项巡视反馈意见》的4个方面10项问题,已经全部整改完成。十三届旗委脱贫攻坚专项巡察组列出的7项整改问题已全部整改完成。

【农牧业发展】全苏木葵花投保28户1985亩,玉米投保80户4623亩,缴纳保险费17.72万元。20户牧民购买33只种公羊进行肉羊改良,并足额领取公羊补贴。落实鼠疫防控措施,出动车辆100辆次,人员480人次,苏木境内1处疫点顺利通过验收。完成羊三联12.36万、羊痘13.17万、羊口蹄疫11.98万、小反刍6.53万头、牛口蹄疫免疫3760头、鸡免疫370只、猪免疫72口。推进牧区集中连片发展模式，上报4户牧户进行家庭农牧场认定。扶持农牧业专业合作社发展,完成茴香、阿都秦、圣洁等合作社基础设施项目的建设。

【美丽乡村建设】基础设施方面,争取兴边富民基础设施建设专项资金750万元,实施自来水管网改造、供热管网铺设等工程,完成工程量的70%。对苏木所在地太阳能集中供热设施进行升级改造,实现供热方式环保节能。协调市水务局投资80万元，改造东阿玛乌素移民区自来水地下管网等设施。人居环境整治方面,推进“厕所革命”,完成106户户厕、4座公厕改造任务。

【社会管理】信访方面，全年共接待来访群众23批73人次。妥善办理自治区第二巡视组反馈信访件8件,中央扫黑除恶督导组反馈信访件3件，市长热线6件。调处各类矛盾纠纷,确保国道210线、335线和旅游公路工程顺利实施。隐患排查方面，排查处理10家大型企业,22家草原经营单位各类安全隐患,下达1份责令整改通知书,6份责令停工通知书。

【社会事业】民生工程方面，截至2019年年底，发放禁牧补贴款947.2万元，发放民政救灾救济款24.5万元（344户548人）；新增低保2户3人，取消2户3人，发放16户22人低保款10.0052万元；发放五保户供养金2.9万元、优抚金3.69万元、退役士兵生活补助1.4175万元、大病救助款3.8302万元、孤儿补贴0.9万元、高龄补贴3.16万元。发放残疾人燃油补贴0.442万元，“三民”人员补贴20.528万元，残疾人护理补贴6.75万元。城乡居民养老保险个人缴费方面，共缴费51人2.8万元，新参保9人，灵活就业人员办理退休5人。计划生育服务管理方面，完成计划生育家庭奖励扶助48人7.488万元；计划生育特别扶助3人1.836万元。

【基层组织】全年召开党建工作专题会议6次，组织中心组集中学习18次，专题听取各支部党建工作汇报2次，深入各嘎查开展党建工作调研14次。阵地提档升级方面，对7个嘎查阵地和1个党员中心户的党建牌匾进行及时更新。壮大嘎查集体经济方面，投资179万元为5个嘎查新建4处50千伏光伏发电项目，其余2个嘎查通过租赁集体资源也实现集体经济增收。党员教育管理方面，全年培养预备党员9名（其中农牧民7名，机关行政人员2名），培养发展对象2名、积极分子10名。

【党风廉政】专题研究党风廉政建设工作4次，开展廉政教育和警示教育活动8次。开展廉政谈话21次。强化机关党员日常监督，排查岗位廉政风险点54个。全年用蒙汉双语公开信息193项，对45名“清风干部”实现动态管理。

【意识形态和精神文明】登记备案微信公众号2个、微信群11个，苏木宣传委员加入上述11个微信群，加强监督管理；建立完善苏木意识形态工作三级网格员，开展培训；2019年巴音敖包苏木被评为市级文明村镇。开展“德润草原·文明之行--学雷锋志愿服务在行动”主题实践活动，与驻地企业联合开展环境整治清理垃圾活动。扎实开展“文明家庭”和精神文明“四个一”创建工作，广泛开展社会主义核心价值观教育，选树1户最美家庭，救助贫困妇女4人。

【获得荣誉】巴音敖包苏木被包头市精神文明建设委员会评为“包头市文明村镇”。